Hans van der Geest: Unter vier Augen

Hans van der Geest

Unter vier Augen

Beispiele gelungener Seelsorge

T V Z
Theologischer Verlag Zürich

Die deutsche Bibliothek – CIP-Einheitsaufnahme

Die Deutsche Bibliothek verzeichnet diese Publikation in der Deutschen National-
bibliographie; detaillierte bibliographische Daten sind im Internet über
<http://dnb.ddb.de> abrufbar

© 1985 Theologischer Verlag Zürich
www.tvz-verlag.ch
ISBN 3-290-17226-0

1. Auflage 1981
2. Auflage 1984
3. Auflage 1986
4. Auflage 1990
5. Auflage 1995
6. Auflage 2002
7. Auflage 2005

Umschlaggestaltung
www.gapa.ch gataric, ackermann und partner, zürich
Druck
ROSCH BUCH GmbH Scheßlitz

Inhaltsverzeichnis

8

Vorbemerkung

Dieses Buch soll eine Einführung in die Seelsorge sein. Dabei will es die konkrete Praxis mit der theoretischen Reflexion verbinden. Es ist während der Arbeit in der klinischen Seelsorge-Ausbildung entstanden. Diese Ausbildung lebt vom dauernden Bezug zwischen Lernen und Tun.

Kati Hübner danke ich für ihr Mitdenken und für ihre unzähligen Anregungen, und Matthias Krieg für seine Hilfe in den vielen stilistischen und sprachlichen Problemen, die diese Arbeit mir verursachte. Auch danke ich den Kollegen, die bereit waren, ihre Gesprächsaufzeichnungen und den Ertrag der Supervisionsgespräche für diese Publikation freizugeben. Sie haben auch an der Vorbereitung des Materials für dieses Buch mitgearbeitet.

Einleitung: Die Seelsorgebegegnung – ihre Ermittlung und ihre Bewertung

In diesem Buch habe ich 27 Beispiele gelungener Seelsorge gesammelt. Jede Begegnung wird ausführlich erzählt. In dieser Erzählung findet nicht nur der Gesprächsinhalt Beachtung, sondern alles, was dem betreffenden Seelsorger aufgefallen und wichtig geworden ist. Jede Erzählung wird von Kommentaren begleitet, die die Begegnung zusätzlich erhellen und bewerten.

Auf zwei Aspekte dieser Seelsorgeberichte möchte ich hier eingehen und damit mein Verfahren rechtfertigen. Der erste Aspekt ist der der Ermittlung. Wie ist es möglich, einen Seelsorgebesuch wahrheitsgetreu zu beschreiben? Der zweite Aspekt betrifft die Bewertung. Was gibt mir das Recht, von diesen Begegnungen zu behaupten, sie seien gelungen?

Die Aufzeichnung einer Begegnung und das Supervisionsgespräch

Die Seelsorgebeispiele, die in diesem Buch besprochen werden, habe ich in meiner Supervisiontätigkeit gesammelt. Kollegen haben diese Gespräche geführt, sie nachher aufgeschrieben und in die Supervision mitgebracht. Meistens fand die Supervision in einer Gruppensitzung statt, in denen ein kleiner Kreis von Kollegen unter meiner Leitung die betreffende Seelsorgebegegnung betrachtete und diskutierte. Die Gesprächsaufzeichnung bildet den einen Teil der Unterlagen für diese Sitzung, der andere Teil besteht aus den zusätzlichen mündlichen Mitteilungen desjenigen, der das Gespräch geführt hat. Diese mündlichen Ergänzungen sind für die Supervisionsarbeit wesentlich, weil sie oft Gegebenheiten liefern, die vom betreffenden Seelsorger an sich nicht erwähnt werden. Erst das interessierte Mitdenken der Kollegen und des Supervisors führt den Seelsorger dazu, seinen schriftlichen Bericht zu ergänzen. Aspekte, auf die der Seelsorger nicht geachtet hat, werden auf diese Weise aufgedeckt.

Dieses Buch bietet nicht einfach die Aufzeichnungen, wie sie in der Supervisionsstunde zur Verfügung standen. Die ergänzenden Mitteilungen aus der Besprechung sind mit der Aufzeichnung zusammen jeweils zu einer Art Erzählung vereinigt.

Es handelt sich also um Seelsorgebegegnungen, soweit und wie der betreffende Seelsorger sich an sie erinnert. Damit ist ein beträchtlicher Teil Subjektivität impliziert. In der Beschreibung einer Begegnung mit einem anderen Menschen sind solcher Subjektivität zwar Grenzen gesetzt, nämlich in der Erinnerung an die Reaktionen dieses anderen. Dort läßt sich nicht beliebig phantasieren, wie das bei den eigenen Aussagen eventuell der Fall ist. Diese Reaktionen des anderen machen auch die Besprechung eines Seelsorgegespräches zu einem spannenden Abenteuer, weil sie in der Regel genau anzeigen, wie der betreffende Mensch den Seelsorger erlebt hat. So betrachtet enthält beinahe jede Aufzeichnung Anlässe zur Selbstkorrektur für den Ersteller.

In den meisten Gesprächen wurde Schweizer Dialekt gesprochen. Außer dem Problem der Übertragung von gesprochener in geschriebene Sprache hatten die Ersteller der Aufzeichnungen also auch noch das der Übersetzung vom Dialekt ins Hochdeutsche. In einigen Fällen habe ich Unkorrektheiten hingenommen, weil die Natürlichkeit der Sprache sonst zu sehr beeinträchtigt worden wäre.

Ein Problem der Supervisionsarbeit besteht in bezug auf das Berufsgeheimnis. Nicht zuletzt haben Seelsorger einen so großen Kredit, weil die Menschen wissen, daß der Inhalt ihrer Gespräche geheim bleibt. Die Gefahr einer Aufzeichnung ist, daß dieses Geheimnis verletzt wird. Das ist sicher nicht die Absicht desjenigen, der seine Gespräche aufschreibt. Es geht ihm nicht darum auszuplaudern. Er will lernen seine Arbeit besser zu tun. Es gibt einige Vorsichtsmaßnahmen, die im großen Ganzen die Verletzungsgefahr verhüten:

— Namen von Personen werden nie ausgeschrieben, sondern nur mit einem Buchstaben angegeben. In diesem Buch sind sie, der Lesbarkeit wegen, zwar voll erwähnt, aber verändert, damit jeder Schluß auf lebende Personen ausgeschlossen ist.
— Die Supervisionsgespräche stehen unter dem Amtsgeheimnis. Schon immer, auch ohne Aufzeichnungen, haben Seelsorger einander für ihre Arbeit zu Rate gezogen. Sie plaudern damit nichts aus. Sie teilen das Geheimnis miteinander.
— Der Seelsorger muß nicht alles aufzeichnen. Es gibt zwei Arten von Mitteilungen, die er für sich behalten soll. Die erste betrifft Geständnisse, die so hochgradig intim sind, daß sie nicht einmal im geteilten Amtsgeheimnis der Kollegengruppe erwähnt werden können.
Zweitens soll er keine persönlichen Mitteilungen weitergeben, wenn er damit rechnen muß, daß seine Kollegen erraten können, wen sie betreffen.

In der Regel stelle ich fest, daß die gemeinsame Arbeit an Aufzeichnungen konkreter Seelsorgebegegnungen die Verbundenheit unter den Teilnehmern stark fördert. Das Teilen des Amtsgeheimnisses bewirkt

14

eine kollegiale Intimität, auch wenn nicht bekannt ist, von welchen Personen die Rede ist. An solcher Kollegialität ist unter Seelsorgern im Allgemeinen ein großes Bedürfnis. Nicht zuletzt geht es dabei auch um Seelsorge an Seelsorgern. Ein mögliches Ausplaudern tritt dabei völlig in den Hintergrund des Interesses.

Die Bewertung der Seelsorgearbeit

Dieses Buch hat den Anspruch, Beispiele gelungener Seelsorge darzubieten. Die Absicht ist, an anschaulichen Beispielen klarzumachen, wie gute Seelsorge aussieht. Die Beispiele sind keine Vorbilder, die etwa zeigen wollen, wie «man» mit «Sterbenden» oder mit Menschen in anderen Situationen umgeht. Seelsorge ist immer eine lebendige Beziehung zwischen einmaligen und damit einzigartigen Menschen. Für seelsorgerliche Begegnungen gibt es deshalb keine Rezepte, höchstens vage Richtlinien. Jeder Seelsorger sucht in seiner persönlichen Weise den Weg zu den Menschen. Die Subjektivität ist wesentlich, weil erst sie eine lebendige Begegnung ermöglicht. Methoden sind kraftlos, solange sie nicht durch den Seelsorger hindurchgegangen und bei ihm integriert sind. Diese Tatsache macht es aber schwer, Seelsorge zu unterrichten. Der Seelsorgelehrer hilft seinem Schüler nicht, wenn er ihm sagt, wie er selber arbeitet. Der Schüler soll seinen eigenen Weg finden.

Der Sinn der Publikation gelungener Beispiele ist, mögliche Wege in ihren jeweiligen konkreten, anschaulichen Formen zu zeigen. Sie wollen ein Denkanstoß für Andere sein, die mit ihren Begabungen und ihren Beschränkungen ihre eigenen, anderen Wege suchen sollen. Hinweise können fruchtbar werden, wenn sie nicht isoliert und schematisch, sondern organisch aufgenommen und verstanden werden.

Nach welchem Maßstab sind diese Beispiele als gelungen zu betrachten? Das ist nicht einfach zu sagen. Man könnte versucht sein, eine Liste mit grundsätzlichen Maßstäben für den Seelsorger zusammenzustellen, um einer willkürlichen Beurteilung entgegenzutreten. Aber eine solche Liste wird der Realität nicht gerecht. «Zuhören» zum Beispiel ist ein wichtiges Kriterium für viele Gespräche, aber es gilt nicht immer. Ein Seelsorger, der aus eigener Initiative jemanden besucht, kann nicht mit «Zuhören» anfangen. So versagt jedes Kriterium, wenn es absolut gesetzt wird. In der Besprechung jeder Begegnung muß eine neue Prioritätenreihe der Kriterien gefunden werden. Alle vorliegenden Begegnungen sind in kollegialer Zusammenarbeit besprochen worden. In dieser Besprechung hat sich herauskristallisiert, daß die seelsorgerlichen Kontakte einen guten Verlauf genommen haben.

Die Besprechung verläuft weniger theoretisch, mehr dramatisch. Die Seelsorgebeziehung wird durch das gemeinsame Kollegengespräch dermaßen anschaulich, daß sie wieder ganz lebendig wird und vor Augen steht. Die klare und disziplinierte Beobachtung des Geschehens, das in der Aufzeichnung beschrieben und in den zusätzlichen Mitteilungen ergänzt wird, führt langsam zu gemeinsamen Eindrücken, was der betreffende Seelsorger im vorliegenden Gespräch jeweils gut gemacht hat oder anders hätte tun sollen. Grob gesagt: Fehler werden gefunden, bessere Wege als die tatsächlich gewählten werden sichtbar. Der Seelsorger ist anwesend und bürgt für die Realität und für die Durchführbarkeit eventueller Alternativen. Erst wenn ein Eindruck der Evidenz entstanden ist, ist die Besprechung fertig. Diese Evidenz wird gegenüber einer Kontrolliste mit festen Maßstäben durch einen viel weniger greifbaren Pauschaleindruck erreicht. Sie entspringt dem Konsens von Kollegen, die versucht haben, die Seelsorgebegegnung nach ihrem äußeren und inneren Verlauf noch einmal nachzugehen und kritisch zu reflektieren. Die kommentierenden Teile, die die Erzählung der Seelsorgekontakte unterbrechen und ergänzen, zeigen jedesmal auf, worin wir das Gelingen und die Qualität der Seelsorge gesehen haben.

Gelungene Seelsorge besagt nicht, daß kein besserer Kontakt denkbar wäre. Sie besagt aber, daß der betreffende Kontakt sinnvoll und hilfreich gewesen ist. Ich habe absichtlich keine oder kaum Begegnungen von blendender Kraft und Originalität aufgenommen. Dieses Buch will Seelsorger in ihren alltäglichen Anforderungen zu ihrer Arbeit ermutigen. Ich hoffe, daß sie sich mit den meisten der erwähnten Kollegen mehr oder weniger identifizieren können.

Zum Gebrauch dieses Buches

Die nachfolgenden Kapitel enthalten jeweils die Geschichte eines Seelsorgekontaktes, wie er in der Erinnerung des Seelsorgers aufbewahrt worden ist. Jede Geschichte wird einige Male von kommentierenden Bemerkungen unterbrochen. Seelsorgegeschichte und Kommentar sind durch einen Unterschied im Druck klar voneinander getrennt. Wer zuerst nur die ganze Geschichte lesen will, findet ihren Text ohne Mühe.

Die Kommentare enthalten Hinweise auf besondere Ereignisse in der beschriebenen Begegnung und theoretische Hintergrundinformationen. In der Supervision sind Arbeitsanalyse und theoretische Information einander in gleicher Weise zugeordnet. Der einmalige Fall, der zur Debatte steht, gewinnt dadurch an Allgemeingültigkeit, während die

Theorie durch den konkreten Bezug anschaulich, überzeugend und hoffentlich unvergeßlich wird. Bei dieser Arbeitsweise ist eine Gesamterfassung der Theorie natürlich nur in fragmentarischen Einheiten und nicht in einem übersichtlichen System möglich. Das Sachregister hinten im Buch soll aber einen bequemen Zugang zu den besprochenen Problemen ermöglichen.

Die Seelsorgebegegnungen sind in drei Kategorien gruppiert. Die Kategorien überschneiden sich, sie bilden kein System. Es ist unmöglich, die Seelsorgeprobleme sauber einzuteilen. Jeder Blickwinkel erfaßt einiges, nie alles. Ich habe zuerst einige Begegnungen von Seelsorgern mit Menschen in einer besonderen *Lebenssituation* aufgenommen. Hier sind klare äußere Sachverhalte der Anlaß für die Begegnung mit dem Seelsorger. In einer zweiten Reihe folgen die Kontakte mit Menschen, die sich in einer ausgeprägten *Grundstimmung* befinden. Nicht die äußere Situation ist hier das Kriterium für die Einordnung in diese Reihe, sondern die Art des individuellen Erlebens. Es gibt natürlich viele Gespräche mit Menschen, die sich nicht in einer klaren Grundstimmung befinden oder für die diese Stimmung nicht problematisch ist. In den in dieser zweiten Reihe gesammelten Begegnungen sind die, übrigens fast immer schwierigen Grundstimmungen, das eigentliche Hauptthema. Eine letzte Reihe zählt einige Kontakte auf, in denen der Seelsorger *eine besondere Initiative* ergreift. Das geschieht auch in einigen Gesprächen der anderen Reihen, aber in denen der letzten Reihe kommt jenen Initiativen eine prägende oder entscheidende Bedeutung zu. Das Schlußkapitel versucht, begrifflich zu formulieren, was das Spezifische der Seelsorge ist.

I   Lebenssituationen

1: Eine zufällige Begegnung
Einfühlen im Alltag

Karin Hauri (36) arbeitet seit neun Jahren als Pfarrerin in einer kleinen Vorortsgemeinde. Es ist ihre erste Gemeinde. Vor vier Jahren kam sie in engeren Kontakt zu Frau Werner, als diese durch einen Unfall ihren Mann plötzlich verlor und seither allein dasteht mit ihren fünf Kindern. Karin besucht sie ab und zu. Sie erzählt von einer zufälligen Begegnung mit ihr.

Ich mache am späteren Abend noch einen Spaziergang. Bei der übernächsten Straßenlaterne sehe ich Frau Werner auf mich zukommen, mit ihrem Hund. Ich will nicht einfach an ihr vorbeigehen, obwohl ich auch ganz gerne niemanden angetroffen hätte.

«Guten Abend, Frau Werner. Auch noch unterwegs?»

«Guten Abend, Frau Pfarrer. Ja», lacht sie, «es tut uns beiden gut: er muß seinen Rundgang machen, und ich kann noch ein wenig meinen Gedanken nachgehen. Und Sie, haben Sie bis jetzt gearbeitet?» fragt sie. Der Hund steht geduldig neben ihr.

«Ich habe noch jemanden besucht», sage ich. «Und jetzt wollte ich noch ein paar Schritte an der frischen Luft machen.»

«Ich war heute auch den ganzen Tag in der Kantine. Ich bin froh, daß ich den Hund habe, dann muß ich abends noch ein wenig hinaus, ob ich will oder nicht.»

«Eben, Sie sind auch viel drinnen», sage ich.

«Ja, und wenn ich nach Hause komme, dann sind da die Buben. Gerade heute abend, der Silvan, er macht mir einfach zu schaffen. Wir geraten immer aneinander.»

«Dann ist Silvan nicht mehr das brave, liebe Kind von einst.»

«Nein, gar nicht!» ruft sie aus. «Und ich bin das bei weitem noch nicht gewohnt von ihm. Früher, wie konnte er da lieb sein! Natürlich, er hat mich damit auch verwöhnt. Er war mir ein richtiger Sonnenschein in den schweren letzten Jahren. Vielleicht habe ich ihn überfordert.»

«Und statt Freude macht er Ihnen jetzt Ärger», sage ich.

«Richtig rasend kann er mich machen!», sagt sie erregt. «Dann schreien wir uns nur noch an. Sicher, ich bin manchmal auch empfindlich und müde. Aber schon wenn ich heimkomme, diese laute Musik! Und meinen Sie, daß er einmal mit dem Hund spazieren gehen würde? Dabei sagt er immer, es sei ihm langweilig», seufzt sie.

Wege der Einfühlung

a) Die Seelsorgerin spricht das Gefühl der Frau an

Was als kleiner, unverbindlicher Austausch beim Abendspaziergang anfängt, entwickelt sich zu einer seelsorgerlichen Begegnung. Wenn Karin auf die Mitteilung der Frau, daß sie wegen des Hundes abends noch ein wenig hinaus muß, «ob ich will oder nicht», gesagt hätte: «Und es ist noch angenehmes Wetter!» oder «Ich mache das eigentlich auch gerne», dann wäre es bei der Unverbindlichkeit geblieben. Das wäre nicht unbedingt falsch oder böse gewesen. Jetzt aber gibt Karin der Frau mit ihrem: «Eben, Sie sind auch viel drinnen», die Gelegenheit, mehr von sich zu sagen. Karin zeigt ihr ihre Aufmerksamkeit. Sofort greift Frau Werner die Gelegenheit auf und erzählt von ihren Kindern, besonders von Silvan, der so lästig ist.

«Und statt Freude macht er Ihnen jetzt Ärger.» Mit diesen Worten spricht Karin in Frau Werner an, wie es ihr zumute ist. Sie versucht anzusprechen, wie es in ihr aussieht: Ärger. Das ist Einfühlung. Im Unterschied zu anderen möglichen Aussagen, wie Verallgemeinerungen («kleine Kinder, kleine Sorgen, große Kinder, große Sorgen»), Interpretationen («Das gehört zur Pubertät»), Parallelgeschichten («Meine Cousine erlebt es genau gleich mit ihrem Sohn»), Beschwichtigungen («Ist das denn immer so?») oder Fragen («Wie alt ist er denn jetzt?»), ist das Charakteristische der Einfühlung, daß das Interesse auf die emotionale Ebene gelenkt wird. Menschen fühlen sich in ihren Problemen erst verstanden, wenn sie merken, daß ihre Gesprächspartner innerlich nachvollziehen und mitempfinden, was die jeweilige schwierige Situation bei ihnen ausgelöst hat. Wer nur die äußere Situation versteht, hat noch nicht den Menschen in dieser Situation verstanden. Die gleiche Situation löst in verschiedenen Menschen unterschiedliche emotionale Reaktionen aus. In der Emotionalität zeigt sich die Individualität.

Karin spricht das Erleben von Frau Werner ziemlich gezielt und differenziert an: Ärger. Das ist wichtig. Wer sich zu vage ausdrückt, kommt zu wenig nah und zeigt zu wenig Verständnis. Aussagen wie: «Das beschäftigt Sie», «Sie leiden darunter» oder «Das macht Ihnen Angst» sind selten brauchbar. Sie sind vage und dadurch selbstverständlich. Solche Sätze verhindern einen guten Kontakt. Ärger ist genau umrissen und nicht selbstverständlich. Frau Werner hat ihren Ärger im Ton ihrer Stimme, in «wir geraten immer aneinander» und in «nein, gar nicht!» signalisiert, aber klar ausgedrückt, daß sie sich über ihren Sohn ärgert, hat sie noch nicht. Das ist das neue Element in Karins Aussage: sie verbalisiert, was Frau Werner andeutet. Die fühlt sich verstanden und macht gerade am Ärger weiter: «Richtig rasend kann er mich machen.» Karin bekommt neue Einzelheiten über die für Frau Werner ärgerlichen Situationen zu hören. Diese erregt sich spürbar. Sie empfindet den Ärger, der in ihr schlummert, immer mehr. Sie kommt zu sich selber. Das ist die Frucht der Einfühlung.

Gefühle sind nicht immer bewußt. Sie können unterbewußt oder verdrängt sein. Sie warten aber immer darauf, bis wir sie bewußt erleben und empfinden. So drücken sie sich aus und kommen zur Sprache. Erst so werden sie auch hantierbar. Oft lösen sie sich dann auf. Einfühlung hilft Menschen, ihre Gefühle nicht länger isoliert in sich herumzutragen, sondern sie freizugeben. Mitteilen entlastet und befreit.

Bis zu einem gewissen Grad ist die Einfühlung eine allgemein menschliche Fähigkeit. Seelsorge braucht aber mehr als dieses Quantum, deshalb müssen Seelsorger sie lernen. Wer meint, daß Einfühlung eine leicht erlernbare Technik sei, irrt sich. Seit dem Einzug von Carl Rogers und seiner auf Einfühlung zielenden partnerzentrierten Gesprächsführung in die Seelsorge, gibt es viele «spiegelnde» Dilettanten. Sie verbalisieren Gefühle. Sie verwirklichen aber nur einen isolierten Aspekt aus einer Gesprächstherapie, die eine ganzheitliche und nicht eine technisch-methodische Einstellung voraussetzt. Das dilettantische Spiegeln erschöpft sich im sterilen Wiederholen, im Bohren nach Gefühlen und im Ausklammern der eigenen Spontaneität. Wer lernen will sich einzufühlen, braucht meistens eine gute supervisorische Begleitung.

Ich sage: «Besonders wenn sie noch müde von einem vollen Tag nach Hause kommen und schon selber viel auf den Schultern tragen. Dann braucht es nur wenig.»

«Ich rege mich unsinnig auf. Hinterher ist es mir dann leid. Was kann er dafür, daß er keinen Vater mehr hat? Und es ist sicher auch das Alter.»

«Aber eben, mit einem Vater wäre das anders, für ihn und für Sie.»

«Ich sehe immer Herrn Peter, unsern Nachbarn, wie der mit seinen Söhnen ... Der jüngere ist gleich alt wie unser Silvan. Ein Vater, wissen Sie, das fehlt ihm einfach. Der mit ihm mal etwas unternimmt.« Frau Werners Stimme wird plötzlich leiser und zittrig. «Und der mich manchmal unterstützen würde», sagt sie und sucht ihr Taschentuch.

«Daran dachte ich gerade», sage ich. «Sie sind dann zu allem auch noch allein mit diesen Problemen.»

«Das ist es ja. Vier Jahre sind es her, und ich bin immer noch nicht darüber hinweg.»

«Wie sollten Sie auch, so ein Unglück.»

«Ich vermisse Heinz auf Schritt und Tritt. Wir hatten es so gut zusammen, haben immer über alles zusammen geredet. Er war so gut zu uns, einfach ein lieber Mensch.»

«Gerade weil es so schön zwischen Ihnen war, tut es weh.»

«Ja», sagt sie, «das tut wahnsinnig weh. Und darum bin ich dann auch oft so verletzlich und ertrage wenig. Aber es hat mir jetzt richtig gut getan, daß ich Sie angetroffen habe. Wenn ich ab und zu mit einem Menschen darüber reden kann, das erleichtert mich.»

«Es freut mich, daß wir uns getroffen haben», sage ich.

«Ich danke Ihnen. Ich wünsche Ihnen eine gute Nacht.»

«Ich Ihnen auch, Frau Werner, und kommen Sie gut heim.»

b) Der Zusammenhang der äußeren Situation mit dem inneren Erleben

Zum Vorgang einer Einfühlung wird an diesem Gespräch noch ein zweiter wichtiger Aspekt deutlich (s. auch Kap. 20). In der Einfühlung konzentriert man sich nicht ausschließlich auf die Emotionalität, sondern auf Beides: auf die äußere Situation und auf das innere Erleben. Das Äußere löst das Erleben erst aus. Ohne die Erwähnung der Äußerlichkeiten wäre das Gespräch abstrakt. Man kann sich nur in Konkretes einfühlen. Nicht der Ärger an sich, sondern der Ärger der Frau Werner über Silvan, der rücksichtslos ist, laute Musik macht und seine Mutter anschreit, ist einfühlbar. Deshalb soll der Seelsorger beiden Komponenten Aufmerksamkeit schenken. Karin macht das, wenn sie sagt: «Besonders wenn Sie noch müde von einem vollen Tag nach Hause kommen und schon selber viel auf den Schultern tragen. Dann braucht es nur wenig.» Das ist anschaulich und realistisch. Frau Werner kann in Karins Worten hören, wie diese sich ihre Welt vorstellt und wie sie ihr Erleben begriffen hat. Sie merkt, daß Karin sich in sie hineinversetzt. Das kann sie nicht, wenn Karin nur sagen würde: «Ich verstehe Sie.» Würde Karin jedoch ausschließlich die Gefühle verbalisieren und sagen: «Sie sind wütend.» oder «Sie finden das gemein», so wäre das zu abstrakt und kein Beweis, daß sie sich wirklich hineinversetzt. In der einfühlenden Reaktion dürfen Gefühle nur selten aus ihrer konkreten Welt herausgenommen und isoliert werden.

Auch in der Aussage: «Gerade weil es so schön zwischen Ihnen war, tut es weh», behält Karin das Gefühl und die Situation, die es ausgelöst hat, zusammen. Ein isoliertes: «Das tut Ihnen weh» wäre farblos und in der Selbstverständlichkeit sogar peinlich. Die Konzentration auf die Emotionalität darf nicht zur Abstraktion führen. Sonst fühlen Menschen sich ausgestellt und entblößt.

Ich habe absichtlich diese kurze, zufällige Begegnung in den Anfang dieses Buches gestellt. Seelsorge ist oft kurz und zufällig, das gehört zu ihrem Charakter. Sprechstunde und Vereinbarung sind ihr eher fremd. Seelsorge gehört hauptsächlich in den Alltag.

Karin ist die Pfarrerin der Frau Werner. Im Wortlaut des Gesprächs ist das nicht erkennbar. Die vorangegangenen Kontakte wirken sich aber aus im Vertrauen, das sofort zwischen ihnen da ist. Aber dasselbe Gespräch wäre auch zwischen Frau Werner und irgendeinem anderen Nachbarn möglich gewesen. Seelsorge ist nicht die Sache der Seelsorger allein. Der Unterschied besteht darin, daß der berufliche Seelsorger (hoffentlich) schneller zuhört und schneller spürt, daß jemand etwas mitteilen will.

Das Gewicht des Gespräches zwischen Karin und Frau Werner liegt darin, daß Frau Werner das, was sie plagt, wirklich aussprechen kann, auch mit ihren Gefühlen. Und sie erlebt Interesse und Geduld, Verständnis und Anteilnahme. Die Aussprache hat sie erleichtert. Die Probleme sind nicht gelöst, aber sie hat einen Moment der Gemeinschaft erlebt.

2: Eine Krankenhausaufnahme –
Vom Plaudern zum tieferen Gespräch

Martin Frutiger (27) ist Pfarrer in einem Stadtviertel. Das Mitarbeiterteam der Kirchgemeinde hat die Arbeit einigermaßen nach Schwerpunkten eingeteilt. Martin besucht die Gemeindeglieder, die in einem Krankenhaus aufgenommen werden. Er kommt regelmäßig in eine medizinische Station, wo er manchmal mit der Stationsschwester Kontakt aufnimmt, bevor er zu seinen Leuten geht. Eines Tages vernimmt er, daß sie jetzt selber Patientin ist. Die Krankenschwester, die Martha heißt und ungefähr 45 Jahre alt sein mag, ist Nonne und wohnt in einem Kloster in der Stadt. Während ihrer Arbeit hat sie die Gelbsucht aufgelesen, weshalb sie vorläufig im Krankenhaus verbleiben muß, und zwar in einem Isolierzimmer. Martin will sie besuchen. Er wird in Bezug auf die hygienischen Vorschriften instruiert und geht in einem weißen Kittel in ihr Zimmer hinein:

Ich betrete das Zimmer und kann ein Lächeln kaum unterdrücken. Trotz der unangenehmen Situation weiß ich, daß ich dieser freundlichen Schwester wahrscheinlich eine Freude mache. Sobald sie mich sieht, lacht sie auch: «Das ist aber nett, Sie sind mein erster Besuch!»

«Sie sind erst seit heute hier?»

«Ja, ich hatte gerade Ferien, da sah ich plötzlich, daß meine Augen gelb werden. Wissen Sie, wenn man selber im Krankenhaus arbeitet ... da bin ich von selbst in die Aufnahmestation.»

«Und jetzt liegen Sie da, und ich muß Ihnen mit einem komischen Plastikhandschuh die Hand geben», sage ich und nehme einen Stuhl. Das Zimmer ist ziemlich groß, hell und leer. Nur auf dem Nachttisch liegen ein paar Sachen. Fast alles ist furchtbar sauber und weiß, sogar ihr Pyjama.

«Und die Krankheit kam ausgerechnet in Ihren Ferien!», sage ich. Schwester Martha nimmt einen Prospekt von ihrem Tisch und zeigt mir diesen. Es ist ein Reiseprogramm. «Ja, und ich habe mich doch für eine Ferienreise nach Italien angemeldet: ‹Kirchen und Klöster der frühen Christenheit›. Nächsten Montag hätte sie angefangen.»

«Oh!», reagiere ich, «das ist ja wirklich dumm, daß das gerade jetzt passieren mußte. Da glaube ich sicher, daß Sie das ärgert.»

«Ja, es hat mich zwar nicht so schwer erwischt, aber bis zum Samstag komme ich natürlich hier nicht raus.»

«Da müssen Sie diese Reise auf jeden Fall abschreiben? Das tut mir nun wirklich leid für Sie.»

Alltäglicher Kontakt als Chance für die Seelsorge

Seelsorge läßt sich heute nicht mehr sorgfältig geographisch und konfessionell organisieren. Wenn ein Pfarrer regelmäßig auf einer Krankenabteilung seine Patienten besucht, entsteht manchmal eine gute Beziehung mit den Krankenschwestern, die unter Umständen einen seelsorgerlichen Charakter bekommen kann. Natürlich hat jede Schwester, formell genommen, einen eigenen Seelsorger, wenn sie will. Aber durch die regelmäßige Beziehung zum Arbeitskollegen ist dieser oft viel besser in der Lage, Seelsorger auch für Sie zu sein. Persönliche Sympathie spielt dabei natürlich eine große Rolle.

Für Martin Frutiger scheint es selbstverständlich zu sein, daß er die Krankenschwester besucht. Diese Begegnung muß jetzt nicht unbedingt seelsorgerlich werden, sie kann auf der Ebene eines einfachen Kollegenkontaktes bleiben. Gerade in dieser Flexibilität liegt die Chance. Es muß gar nicht Seelsorge werden. Im Unterschied zur Psychotherapie, die vereinbart und zeitlich festgelegt wird, entsteht Seelsorge oft, ohne daß sie beabsichtigt war. Viele Seelsorgegespräche würden nicht zustande kommen, wenn sie geplant wären. Gerade die Freiheit und das Fehlen eines Leistungsdruckes ermöglichen, daß eine Begegnung seelsorgerlich wird.

Auffallend rasch rückt Martin von einem eher oberflächlichen Ton weg. Er interessiert sich ernsthaft für die Situation der Schwester. Damit ermöglicht er ihr ein tieferes Gespräch. Der heitere Anfang, das Lächeln, der «komische Plastikhandschuh», sie sind nötig, damit der Besuch nicht zu schwerfällig wird. Sowohl der Pfarrer als auch die kranke Schwester müssen sich noch an die neue Beziehung gewöhnen, in die sie hineingekommen sind: Nicht mehr Kollegen, sondern Kranke und Besucher. Rasch lenkt Martin dann sein Interesse auf ihre Lage, und die Schwester geht sofort darauf ein. Er bietet keinen billigen Trost an, zum Beispiel: «Hoffentlich machen Sie die Reise dann nachher bald einmal», sondern spricht klar aus, was der Schmerz ist: Die Reise muß abgeschrieben werden.

Schwester Martha sagt gefaßt: «Jetzt muß ich halt in Gedanken mitgehen. Ich habe mich ja vorbereitet. Zwei Bücher habe ich darüber gelesen. Ich finde, man hat nur so etwas davon.»

Ich schlage jetzt meine Beine übereinander, rücke den Stuhl ein wenig rückwärts und sage: «Dann war diese Reise für Sie ein wichtiges Ereignis. Sind sie früher auch schon gereist?»

«Ja», sagt die Schwester, «vor zwei Jahren war ich in Frankreich. Das war auch schon so interessant. Auch da hatte ich mich vorbereitet.» Sie lacht ein wenig dabei, als ob sie sagen will: «So bin ich halt.» Sie erzählt noch einiges mehr über die Reise nach Frankreich.

Ich merke, daß das Gespräch jetzt einen Konversationscharakter bekommt. Ich sitze auch weniger ernst als vorher. Ich bin aber unsicher, ob die Schwester wirklich nur plaudern will. Ich versuche vorsichtig, tiefere Ebenen anzusprechen.

«Es kommt nicht so oft vor, daß Sie Gelegenheit haben dazu. Und darum ist Ihnen da etwas Wichtiges weggenommen worden.»

Schwester Martha sagt: «Ja, wir kommen hier nicht so oft weg. Aber gerade wir Nonnen haben eine Horizonterweiterung nötig. Man kommt dann ganz anders wieder heim. Gerade die Begegnung mit einer anderen Welt gibt sehr viel.» Aha, denke ich, du willst doch von den Reisen erzählen, im Plauderstil. Gut, ich mache mit und jetzt ohne Unsicherheit.

«Ja, wenn man eine andere Kultur gesehen hat, dann lernt man auch die eigene Kultur wieder mit ganz anderen Augen kennen, durch den Vergleich.» So geht unser Gespräch eine Weile weiter. Nach einigen Minuten entsteht eine Pause. Jetzt geschieht eine Wende. Die Schwester sagt: «Ich bin schon noch nicht darüber hinweg. Manchmal muß ich noch die Tränen hinunterschlucken.»

Das Plaudergespräch. Die Kunst der Konversation in der Seelsorge

Der Seelsorger geht sofort mit, wenn die Schwester von ihrem jetzigen Schicksal ablenkt und von den Reisen spricht. Seine Körperhaltung lockert sich und paßt sich dem Konversationsstil an.

Konversationsgespräche werden in ihrer Bedeutung oft unterschätzt, als ob sie im Grunde unwichtig wären. Sie haben aber wichtige Funktionen. In der Konversation können Menschen einander testen. Die Frage, ob mir jemand sympathisch genug ist für ein intensiveres Gespräch, läßt sich meistens nur in einer Plauderkonversation abklären. Wenn der Seelsorger die inhaltlich noch nicht so wichtige Konversation ernst nimmt und nicht einfach schwätzt, ermöglicht er dem anderen, zu ihm Vertrauen zu fassen. Geht er uninteressiert oder zu dramatisch auf das Thema ein, dann bringt der Andere keine wichtigeren Mitteilungen. Martin sagt: «Dann war diese Reise für Sie ein wichtiges Ereignis.» Hätte er statt dessen gesagt: «Ja, das stimmt schon», dann wäre damit sein Interesse am Thema nicht klar angezeigt. «Reisen gehört für Sie zur Lebensfülle» wäre dagegen viel zu persönlich gewesen.

Gerade weil der Seelsorgebesuch meistens von der Initiative eines Seelsorgers ausgeht und selten von der Bitte des Kranken, soll ein Seelsorger Konversation führen können. Konversation ist eine besondere Kunst. Sie unterscheidet sich von Konversation à tout prix, aber auch von einer intensiven Gesprächsart. In der Konversation redet man im «man»-Stil, genau wie es Martin tut: «Wenn man eine andere Kultur gesehen hat ...». Wer hier «persönlich» reden will: «Wenn Sie eine andere Kultur gesehen haben ...», ist zum Scheitern verurteilt. Konversation im allgemeinen «man»-Stil kann trotzdem persönlich sein: Unterschwellig testet man einander, und das ist spannend, entscheidend und eben höchst persönlich.

Übrigens hat die Konversation auch ohne diese Testmöglichkeit ihren Wert. Es gibt seelsorgerliche Gespräche, die nur aus Konversation bestehen. Auch in ihr kann sich echtes Interesse des Seelsorgers für den Betreffenden gestalten. Es gibt Menschen, die gerne Kontakt haben, aber die nicht von Problemen reden wollen. In unproblematischen Situationen, wie bei manchen Hausbesuchen oder auch am Krankenbett, ist die Konversation sogar die einzige gute Kontaktform. Die Auffassung, daß Seelsorger nur für tiefere Gespräche Zeit haben, verkennt den Wert der Oberfläche.

Die Konversation hat ihre eigenen Regeln. Sie soll geistreich, klug und interessant sein, nie schwerfällig. Sie zeigt einen besonderen Takt, tiefere Beteiligung zu vermeiden. Sie ist eine Kunst der Oberfläche. Otto F. Bollnow hat ihr einige schöne Seiten gewidmet. Er zeigt klar auf, daß diese Kunst der Oberfläche ihre Tiefsinnigkeit hat, «ein verborgenes Wissen der Tiefe, nur weiß man zugleich, wie sehr sich diese dem direkten Zugriff entzieht» («Sprache und Erziehung», Stuttgart, 1969², S. 50).

Es gibt auch eine Gesprächsart, die der Konversation ähnlich scheint, aber die doch einen ganz anderen Charakter hat. Sie tritt dort in Erscheinung, wo Menschen anstandshalber miteinander reden, aber entschieden alles Wichtige vermeiden, weil sie einander im Grunde negativ oder unverbindlich gegenüberstehen. In diesem Fall wird über Belanglosigkeiten geredet. Das ist keine gute Konversation, da wird gute Miene zum bösen Spiel gemacht. Für den sensiblen Betrachter unterscheidet sich dieses Schwatzen von der Konversation durch die nonverbalen Signale. Wer nur redet, um einen gewissen Anstand aufrecht zu erhalten, sagt fast immer mit unbeabsichtigten Zeichen, daß es ihn langweilt. Er schaut plötzlich auf die Uhr, zeigt nervöse Fuß- oder Fingerbewegungen, sein Blick ist unruhig, oder er atmet merkwürdig. Während einer guten Konversation sind die Menschen entspannt, heiter und spontan.

Allerdings sollen Seelsorger auch hellhörig und beweglich sein, um aus dem Plaudern in ein tieferes Gespräch umsteigen zu können. Konversation in Situationen, in denen der Andere ein tieferes Gespräch will, ist seelsorgerlich nicht vertretbar.

Martin war aber unsicher geworden. Will die Schwester wirklich die Konversation? Vorsichtig versucht er auf Tieferes, auf ihre Enttäuschung zurückzukommen. Die Schwester fährt aber fort mit Reiseberichten und Martin respektiert, daß sie jetzt nicht von sich selber reden will. Er paßt sich an und redet mit ihr über die Reise. Erst nach der Pause kommt Schwester Martha selber auf ihre Situation zurück. Pausen haben oft diese Wirkung. Jetzt stellt sie selber die Weichen für ein intensiveres Gespräch. Martin spürt es sofort.

Ich sage: «Es ist jetzt noch so neu.»

«Ja, ich muß kämpfen gegen die Enttäuschung. Vielleicht ist es eine gute Führung. Wenn ich die Krankheit nun in Italien bekommen hätte! ...»

Ich merke, wie sie versucht, sich selber zu trösten. Offenbar fällt es ihr schwer, einfach enttäuscht zu sein. Lieber scheint sie sich zu sagen, daß sie im Grunde dankbar sein muß. Ich habe ein wenig Mühe mit ihrer Einstellung. Ich kenne sie bei mir selber und finde sie falsch. Aber ich will jetzt erst einmal Schwester Martha verstehen.

«Sie suchen jetzt nach dem Sinn: Für was könnte es gut sein?», sage ich.

Ein tieferes Gespräch entsteht:

a) Einfühlung

Die letzten zwei Aussagen des Seelsorgers tragen entscheidend dazu bei, daß aus der Konversation ein Gespräch wird. In der ersten zeigt er sofort sein Mitgefühl, als die Kranke sagt, daß sie die Enttäuschung noch nicht überwunden hat. In der zweiten folgt er ihrem Sinnen und ihrem Bewältigungsversuch, übrigens ohne daß er diesen unterstützt. Er läßt sie nur merken, daß er versucht, sie zu verstehen. Er fühlt sich in ihre Welt ein.

Sofort hakt sie bei diesen Worten ein: «Ich muß nach dem Sinn suchen. Ich möchte nicht hadern gegen Gott. Ich möchte nicht die Faust im Sack machen», sagt sie ernst und ein wenig verkrampft. Sie kämpft gegen ihre Enttäuschung. Am liebsten würde sie eben hadern und die Faust machen, aber ihr fehlt der Mut dazu. Arme Frau. Sie verbaut sich den Zugang zu sich selber. Sie muß jetzt sein, was sie nicht ist: Gefügig und dankbar. Wie stark muß der Zwang zum braven und angepaßten Verhalten in ihr sein!

«Sie kämpfen darum, das anzunehmen. Aber manchmal sind sie nahe dabei, die Faust zu machen.»

b) Der Seelsorger nimmt den Widerstand gegen ihr eigenes Gefühl ernst

Nur Seelsorger, die sich in andere Menschen einfühlen können, sind zu solchen Reaktionen fähig, wie sie diese letzte Aussage zeigt. Hier geschieht eine Gratwanderung, wo viele andere schon rechts oder links abgestürzt wären. Die erste Möglichkeit zu stürzen, gibt Schwester Martha selber mit ihrem Versuch, sich selber zu trösten. Wie leicht könnte der Seelsorger dort mitmachen! Statt «Sie suchen jetzt nach dem Sinn», hätte er dann gesagt: «Ja, das wäre tatsächlich noch viel schlimmer, da können Sie wirklich froh sein, daß es gerade hier passiert ist.» Warum wäre das falsch gewesen? Weil der Seelsorger dann den Druck der Bravheit verstärkt und Schwester Martha noch weiter von ihrem eigenen, echten Gefühl entfernt hätte. Schematisch dargestellt sieht das, was Schwester Martha von sich zeigt, folgendermaßen aus:

Stimme ihrer moralischen Überzeugungen: →	Man soll immer Gottes gute Führung in allem sehen und sich nicht auflehnen.

Druck

Stimme ihres spontanen Gefühls →	Ich bin enttäuscht und böse, daß mir die Ferien verdorben sind.

Wer die obere Stimme unterstützt, erhöht den Druck. Menschen, die ihr Gefühl erdrücken lassen, sind blockiert und unnötig unglücklich.

Eine andere Falle wäre die, einfach die untere Stimme zu unterstützen. Das hätten unvorsichtigere Seelsorger getan, besonders diejenigen, die selber den gleichen inneren Konflikt hätten wie Schwester Martha und ihn bei sich selber zu wenig gelöst hätten. Sie hätten gesagt: «Wissen Sie, Sie dürfen ruhig hadern. Es hat keinen Zweck, einfach alles herunterzuschlucken.» Sie übersähen dabei, daß gerade diese Einstellung Schwester Martha Angst macht. Sie unterdrückt ihr Gefühl nicht von ungefähr. Sie hat Angst davor. Ihr Gebot zur Bravheit gibt ihr nun die Gelegenheit, sich gegen ihr Gefühl zu wehren. Dieser Druck ist für sie letztlich weniger schlimm als die Hingabe an ihr Gefühl der Enttäuschung.

Das einzig Richtige ist, den Druck selber, die Ambivalenz, die Spannung des inneren Konfliktes hervorzuheben. Das tut Martin: «Sie kämpfen darum, das anzunehmen. Aber manchmal sind Sie dabei, die Faust zu machen.» Beachtenswert ist seine Vorsicht. Er sagt nicht: «Im Grunde machen Sie die Faust», nein: «manchmal» und «nahe dabei». Er versteht, wie beängstigend die Auflehnung gegen das Schicksal für die Frau ist. Auch die Reihenfolge in seiner Aussage ist richtig. Er fängt an mit der Stimme ihres moralischen Druckes und schließt mit der Stimme ihres Gefühls. Hier könnte Schwester Martha jetzt weitermachen. Denn eine Verheißung liegt nur bei diesem Letzten. Wenn die Frau zu ihrem Gefühl kommt und es voll erlebt, hat sie wenigstens sich selber wieder gefunden. Das ist die Voraussetzung für inneres Wachstum.

Entschieden, fast streng sagt sie: «Aber ich will das nicht. Ich will tapfer sein. Heute war ich noch nicht richtig tapfer.»

Ich bin erstaunt, wie die Frau sich gegen sich selber wehrt. Schon ein ganz vorsichtiges Zugehen auf ihr Gefühl wehrt sie sofort ab. Ich will versuchen sie anzunehmen, wie sie ist.

«Sie glauben, daß Gott das von Ihnen verlangt: Daß Sie stark sind und gerade jetzt nicht aufbegehren.»

30

«Ich glaube sicher, daß Gott denkt: Martha könnte eigentlich ein bißchen tapferer sein.» Sie schaut mich an, ihre Augen scheinen zu sagen: «Das stimmt doch, das findest Du doch auch?»

Jetzt will ich mich vorsichtig, aber offen gegen den Druck wehren, den die Schwester sich auferlegt. Ich lächle, drehe ein wenig auf meinem Stuhl. «Vielleicht verlangt Gott das nicht von Ihnen, jetzt nicht. Sicher, daß Sie einmal mit dieser Enttäuschung fertig werden, aber ich glaube, er läßt Ihnen Zeit, und er versteht es, wenn Sie die Faust im Sack machen.» Ein gutes Gefühl kommt über mich. Ich darf jetzt barmherzig etwas Schönes austeilen.

Schwester Martha weint. Mit feuchten Augen und stockender Stimme sagt sie: «Heute bin ich noch nicht tapfer. Tränen wollen manchmal noch kommen.» Es ist eine Weile still. Ich bin langsam ein wenig nähergerückt. Ich möchte dieser Frau gerne helfen, noch einen Schritt weiter zu sich selber zu kommen Wie?

Ich sage: «Ich denke jetzt an Jesus. Er ist ja gerade zu denen gegangen, die nicht stark, sondern schwach sind. Bei ihm darf man schwach sein.»

Da erwidert sie aber: «Er hat selber nicht gehadert und alles auf sich genommen.» Fertig! Der Druck ist wieder da. Denn sie sagt im Grunde, daß sie auch alles auf sich nehmen soll. Ich bin einen Moment lang irritiert. Fast hätte ich von Jesus in Gethsemane und von seinem aufbegehrenden Wort am Kreuz geredet, aber ich merke, daß ich sie damit verurteilen würde. Ich bleibe still. Ich habe Frieden damit, daß die Schwester doch eine Weile lang zu ihrem Gefühl der Traurigkeit gestanden hat und jetzt wieder zurück will in die Sicherheit, die der moralische Druck zur Tapferkeit ihr offenbar gibt.

c) Der Seelsorger fordert sie heraus

Dieser Abschnitt zeigt ein subtiles Hin- und Herpendeln zwischen Verstehen und Herausfordern. Am Schluß des vorhergehenden Abschnittes hatte der Seelsorger mit «die Faust machen» versucht, ihr eigentliches Erleben anzusprechen. Die Schwester weicht aber entschieden aus: «Aber ich will das nicht». Sofort ändert Martin seine Strategie und nimmt ihre Abwehr ernsthaft auf. Aber als die Schwester das dann bestätigt und ihn fragend anschaut, stellt er sich wieder auf Konfrontation ein. Vorsichtig, aber trotzdem klar, spricht er ihr die Erlaubnis zu, enttäuscht und empört zu sein. Das wirkt. Durch seine liebevolle, behutsame Art kann die Frau einen Augenblick die Befreiung vom Druck annehmen und geschehen lassen, was in ihr lebt. Sie weint. Sie kommt zu sich selber. Dieser Moment ist der Höhepunkt des ganzen Gesprächs. Im Hinblick auf die Größe der Widerstände bei der Schwester ist das ein Wunder.

Als Martin diesen Moment und diese Haltung der Hingabe an das Erleben, mit Jesus rechtfertigen will, sind die Widerstände der Schwester wieder da. Hätte Martin etwas Anderes tun müssen? Vielleicht wäre ein näheres Eingehen auf ihr jetziges Empfinden, ein Lokalisieren ihrer Schmerzen, besser gewesen. Aber ich glaube, daß Martin so oder so wenig Chancen hatte, die Schwester noch lange bei ihrem eigentlichen Gefühl zu behaften. Das Weinen ist für sie wahrscheinlich so unüblich, daß sie ein Verweilen in einer solchen Haltung nur kurz erträgt. Innerlich stellt Martin, nach einem kurzen Moment der Irritation, sich wieder auf sie ein. Er nimmt die Schwester mit ihrem Widerstand ernst. Wenn sie sich wieder moralisch einengen will, darf sie das bei ihm auch. Wenn er sie noch mehr herausforderte, würde er, statt sie zu befreien, nur neuen Druck verursachen. Es ist richtig, daß er zufrieden ist mit dem, was sich jetzt ereignet hat.

«Meine Mutter», sagt Schwester Martha, «ist mir ein Vorbild. Sie hat ihren Mann früh verloren, aber sie war nie verzweifelt, blieb immer ruhig, und sie war für uns Mutter und Vater zugleich.» Sie erzählt noch mehr von ihrer Mutter.

«Sie denken jetzt: Was meine Mutter alles annehmen konnte! Da muß ich doch auch stark sein und diese Enttäuschung ertragen. All das ist doch viel weniger schwer als das, was die Mutter bewältigen mußte.»

«Jetzt bin ich für meine Geschwister die, bei der man immer alle Sorgen ablädt. Die meinen, ich sei immer stark, ich brauche selber nichts.»

«Ihre Geschwister würden ganz erstaunt dreinschauen, wenn Sie einmal schwach und hilflos wären.»

«Dann würden sie denken: ‹Wofür ist sie eigentlich Nonne geworden?› Aber es ist schön, die Probleme, die die Anderen einem sagen, in die Stille mitzunehmen und im Gebet abzulegen.»

Sie hat ihre Fassung wieder gefunden, die Tränen sind versiegt. In ruhiger Stimmung redet sie noch ein wenig weiter, bis es dann still wird. Ich spüre, daß das Gespräch langsam ein Ende findet. Ich meine, daß die Schwester jetzt wohl erwartet, daß ich mit ihr bete. Will ich das? Ich bete nicht so oft mit Kranken, aber doch, jetzt will ich es tun.

«Möchten sie, daß wir zusammen beten?»

«Ja gerne,» sagt sie und faltet sofort ihre Hände. Ich warte noch kurz, und das Gespräch kommt mir wieder ganz in Erinnerung.

«Du, Herr, Du kennst unsere Wünsche. Du weißt, was tief in unserem Herzen lebt. Auch siehst Du es, wenn wir enttäuscht sind wie ein Kind. Lieber Gott, wir danken Dir, daß Deine Güte über uns ist, auch dann. Wir bitten Dich, besonders auch jetzt in diesem Krankenzimmer, daß wir Dir in schweren Zeiten näherkommen können. Segne Du, Herr, alle Kranken in diesem großen Haus. Amen.»

Mit einem langen Blick schaut Schwester Martha mich an. Langsam nickt sie mit dem Kopf, als ob sie sagen will, «ja, so ist es tatsächlich». Etwas Fragendes, Unsicheres ist in ihrem Blick. Ich verstehe es nicht ganz.

«Danke für dieses Gespräch. Es war wichtig», sagt sie und gibt mir die Hand. Ich stehe auf. Wichtig? Was war ihr wichtig? Soll ich sie fragen, was sie damit meint?

«War es Ihnen wichtig? Das verstehe ich nicht ganz.»

«Ich habe mich sehr verstanden gefühlt von Ihnen, und Sie haben Geduld mit mir gehabt.»

«Das freut mich, Schwester Martha, jetzt wünsche ich Ihnen gute und baldige Besserung. Es wird ja wohl einige Zeit dauern.»

«Sicher vier Wochen.»

«Ich komme gerne wieder vorbei, wenn ich die nächste Woche hier bin.»

«Das ist lieb von Ihnen. Auf Wiedersehen, Herr Pfarrer.»

«Auf Wiedersehen, Schwester Martha.»

d) Der Seelsorger ist mit wenig zufrieden

Martin fordert die Frau nicht mehr heraus. Schwester Martha zieht sich in diesem Abschnitt wieder hinter die ihr vertraute Fassade zurück. Die Fassade ist ziemlich bedauerlich, aber sie läßt sich nicht so einfach verändern. Das schöne Ereignis in dieser Begegnung ist, daß Schwester Martha sich doch eine Weile lang ganz echt verhalten hat. Sie hat, wenn auch nur kurz, den Zugang zu sich selber gefunden. Wahrscheinlich deutet sie das am Schluß an mit ihrer Aussage, daß sie sich verstanden gefühlt hat.

Das Gebet verdient Beachtung. Martin mißbraucht das Gebet nicht, um ihr einzutrichtern, daß man zu seinen Gefühlen stehen soll. Trotz seiner anderen Lebenshaltung findet er Worte, die sowohl zu der Schwester als auch zu ihm selbst passen.

Am meisten gefällt mir an diesem Gespräch, wie behutsam der Seelsorger mit Schwester Marthas Abwehr umgeht. Sie wehrt ihr eigenes Erleben von Empörung und Enttäuschung ab aus Angst, daß sie sich schuldig machen würde. Martin kommt nicht mit dem Holzhammer, um diese Lebenshaltung zu verurteilen. Ganz sanft führt er die Schwester einen Moment lang zu ihrem Gefühl, und er ist, nach kurzem Zögern, auch zufrieden, daß mehr jetzt nicht drin liegt. Er geht nicht mit einem Abwehrsystem, sondern mit einem Menschen um. Der Respekt vor ihrem Lebensweg zeichnet den Seelsorger aus.

3: Ein Schlaganfall –
Seelsorge ohne Echo

Andreas Heim (35) ist seit einiger Zeit Pfarrer in einem Krankenhaus. Er versucht, seine Arbeit in die ärztlichen und pflegerischen Bemühungen um die Patienten zu integrieren. Eine Abteilungsschwester
begegnet ihm zufälligerweise, als sie gerade eine ältere Besucherin zum
Lift begleitet. Sie stellt Andreas dieser Frau vor und erzählt, daß Frau
Ballmer ihren Mann begleitet hat, der ins Krankenhaus transportiert
werden mußte. Herr Ballmer habe heute einen Schlaganfall erlitten und
liege jetzt im Zimmer 25. Sie legt Andreas nahe, ihn bald zu besuchen.
Andreas:

Frau Ballmer sagt mir nicht viel, sie nimmt nur meine Hand und sagt: «Beten Sie für
ihn, beten Sie für ihn. Er ist ein guter Mensch.» Es ist viel Betrieb im Korridor. Ich verabschiede mich und gehe sofort ins Zimmer 25. Es sind zwei Patienten da. Der eine ist mir
bekannt, er liegt still im Bett am Fenster. Ich begrüße ihn kurz und sage, daß ich jetzt zu
seinem Zimmerkollegen komme.

Herr Ballmer liegt regungslos in seinem weißen Bett. Ich schätze sein Alter auf siebzig
Jahre. Er hat einen großen Kopf mit einem schönen grauen Haarkranz. Tiefe Runzeln geben seinem Gesicht etwas Großväterliches. An seinem Arm ist eine Infusion angeschlos-
sen. Es ist sehr still im Zimmer. Herr Ballmer schaut mich an.

«Grüezi, Herr Ballmer, ich bin der Krankenhauspfarrer, mein Name ist Heim.» Ich
will ihm die Hand geben, aber er reagiert nicht. Ich nehme an, daß er gelähmt ist. Ich berühre kurz seine große Hand und suche mir einen Stuhl.

«Ich habe gerade vor der Türe Ihre Frau kennengelernt. Die Schwester sagte mir, Sie
seien heute hierher gebracht worden.» Ich verlangsame mein Reden noch ein wenig. Es
ist noch unruhig in mir und Herr Ballmer strahlt Trägheit aus. Er versucht, seine Lippen
zu bewegen. Er stößt etwas aus: «Aawaue, Aawau, Ech.» Ich verstehe kein Wort. Er
blickt mich aber fest an.

«Sie möchten mir etwas sagen, Herr Ballmer. Ich verstehe Sie nicht. Das tut mir leid
ich möchte Sie gern verstehen.»

«Ech-ch-che, wauaah,» tönt es wieder. Dann ist es still.

Nach einer Weile sage ich: «Sie kennen mich natürlich nicht. Wie ich sagte, bin ich der
Pfarrer. Ich komme zu allen Patienten in diesem Haus. Ich hoffe, daß es Ihnen nicht unangenehm ist. Ich kann Sie nicht fragen, ob ich einen Moment bei Ihnen bleiben darf.» Stille. Herr Ballmer blickt mich ziemlich fest an. Er hat große, hellblaue Augen.

«Ich möchte Sie kennenlernen und Ihnen alles Gute wünschen. Ich merke, daß Sie sich
jetzt nicht bewegen können. Das muß sehr unangenehm für Sie sein.» Es kommt kein
Echo, nur der regelmäßige Blick. Sagt der mir: «Bitte, bleib bei mir», oder: «Geh endlich
fort»? Ich weiß es nicht. Ich will damit rechnen, daß ihm mein Besuch recht ist.

Die Zeit vergeht. Ich kann nicht pausenlos reden. Aber die Stille ist nicht drückend
oder peinlich. Meine Augen wandern ein wenig, von seinen großen Händen zum Nachttisch, wo eine kleine Tasche steht. Was da wohl drin ist? An der Stange vom Infusionsge-
rät ist die Farbe hier und da abgeblättert. Die Wände sind so weiß. Und er, der Mann,
liegt einfach da, regungslos. Es gibt eben nichts anderes für ihn als passiv zu sein.

«Sie müssen jetzt natürlich warten, einfach warten, bis Sie sich wieder bewegen können. Ich hoffe, daß Ihre Kraft bald zurückkommt. Die Ärzte hier tun sicher ihr Möglichstes, Ihnen zu helfen. Ich bin sicher, daß heute noch ein Arzt mit Ihnen redet. Oder vielleicht war er schon da?» Stille. Die Augen.

Der Schlaganfall

Ein Schlaganfall (Apoplexie) beeinträchtigt die Gehirnfunktionen. Infolge mangelnder Blutzufuhr oder einer Blutung im Gehirn kommt es zu Ausfallerscheinungen. Schlaganfallpatienten im Krankenhaus sind fast immer teilweise gelähmt, oft halbseitig. Wenn sie rechtsseitig gelähmt sind, ist das Sprachvermögen meistens auch ausgefallen oder eingeschränkt. Sie machen dadurch den Eindruck, unansprechbar zu sein. Aber das ist nur selten der Fall. Die Apoplexie nimmt das Gehör nicht weg, auch das Sehvermögen ist oft intakt. Am klaren Blick ist zu erkennen, ob Menschen geistig präsent sind.

Wer das Krankheitsbild nicht kennt, wird durch das Fehlen von Reaktionen in der Begegnung mit diesen Patienten sofort verunsichert. Viele Besucher übersehen den meistens klaren Blick der Augen und nehmen zu Unrecht an, daß der aphasische (sprachunfähige) Patient entweder schlecht hört oder verblödet ist. Sie fangen an, ihn anzuschreien oder sie schweigen einfach und verursachen mit diesem Verhalten unnötiges, zusätzliches Leiden für den Patienten.

Die Heilungschancen sind sehr verschieden. Es gibt Menschen, die ihre Muskelkraft wieder voll zurückbekommen, andere sterben bald an einem zweiten Schlag. Die meisten machen langsame Fortschritte, aber sie gewinnen doch nie mehr die alte Kraft ganz zurück. Eine allgemeine Verlangsamung der Bewegungen zeichnet sie aus. Oft zeigen sich schon nach einigen Tagen kleine Besserungen. Das gibt den Patienten großen Mut und die Hoffnung, daß sich bald alles wieder machen läßt. Schwierig wird es für sie, wenn sie merken, daß der Weg zur Besserung sehr lang ist oder wenn sie feststellen, daß Grenzen erreicht sind, und daß eine gewisse Behinderung wohl bleiben wird. Oft ist die Angst da, wieder einen Schlag zu erleben und zwar einen, der zum Tod oder zum geistigen Verfall führen würde. Diese Bedrohung ist tatsächlich nicht imaginär.

«Ich probiere mir vorzustellen, wie das für Sie sein muß – so plötzlich ins Krankenhaus geführt zu werden. Nicht reden können, nicht bewegen ... Das ist sicher nicht einfach. Und von daheim weg, hier in das Zimmer ... sicher ist es ein gutes Krankenhaus und bald kann es wieder vorwärts gehen. Aber ich kann mir vorstellen, daß Sie jetzt Mühe haben – eher überfordert sind vom Ganzen ...»

Wieder raffen seine Lippen sich auf, etwas zu sagen. «Wech-ech-ech-auwau.» Zuerst reagiere ich nicht. Dann sage ich langsam:

«Was wollen Sie mir wohl sagen? Sie würden gerne reden – ja, wer will das nicht? Aber Sie können jetzt nur Eines: warten, einfach warten. Unglaublich ist das.» In mir ist eine leichte Spannung. Wenn ich mich bewegen will, mache ich es merkwürdig langsam. Das soll so sein, finde ich.

«Ich möchte Ihnen etwas Liebes sagen, ich möchte Ihnen Mut machen. Ich finde das aber nicht leicht. Wir kennen uns erst kurz. Mögen Sie etwas von Gottes Treue und Nähe spüren, daß Sie in dieser Ohnmacht gehalten sind.»

Herr Ballmer sieht mich an. Er könnte auch wegschauen. Ich fasse seinen Blick als Kontaktwillen auf.

«Im Leid geht uns manchmal Wesentliches auf, vom Leben, von Gott, von Liebe und Vertrauen. Gott behüte Sie», sage ich und streichle kurz seine Hand.

«Für Sie fängt jetzt die erste Nacht in unserem Hause an. Ihre Frau denkt sicher sehr an Sie. Ich habe sie kurz kennengelernt. Sie kommt sicher morgen zu Ihnen. Ich hoffe, daß Sie bald wieder daheim zusammensein können.»

Nach einer Weile stehe ich auf. Ich fasse noch einmal seine Hand. «Alles Gute, Herr Ballmer. Auf Wiedersehen und gute Nacht.»

Ich verlasse das Zimmer. Das «Adieu, Herr Pfarrer», vom anderen Patienten tönt wie ein Fremdkörper nach meinen Monologen.

Seelsorgerlicher Umgang mit Schlaganfallpatienten

Bei Schlaganfallpatienten müssen wir unterscheiden zwischen denen, die nicht mehr oder nur noch beschränkt reden können und denen, die ihr Sprachvermögen noch haben. Ich spreche hier nur vom Umgang mit Patienten der ersten Kategorie.

Eine der wichtigsten Bedingungen eines sinnvollen Besuches ist hier: Reden! Alle tiefsinnigen Überlegungen über den Wert des Schweigens sind hier nicht am Platz. Hier liegt ein Mensch, der wahrscheinlich gut hören kann und sich darnach sehnt, als mündiger Mensch behandelt zu werden. Genauso wie es unverständlich wäre, am Bett irgendeines anderen Patienten zu schweigen, ist es das hier. Schweigen paßt nur in bestimmten Situationen und nicht im Erstkontakt mit einem Schlaganfallpatienten. Zwar ist das Schweigen verständlich, wenn wir an den Seelsorger denken, der vielleicht plötzlich von dieser Situation überfallen wird. Wer wird nicht verlegen und sprachlos, wenn der angesprochene Mitmensch einfach nichts sagt? Aber vom Seelsorger darf man erwarten, daß er diese Schwelle überwindet und sich vom Schweigen des anderen nicht stören läßt. Er soll reden und weiterreden.

Aber Reden allein genügt nicht. Was reden? Es hat schon Seelsorger gegeben, die mit ihrem Reden große Fehler gemacht haben. Sie haben die Schwelle des echolosen Kontaktes mutig überschritten, aber dann unbedeutende Themen ausgebreitet: Geschichten erzählt, vorgelesen, von der Kirchgemeinde, von der eigenen Familie oder von der Tagespolitik geredet. Alles das ist gut gemeint, aber es trifft daneben. Gerade frisch eingelieferte Patienten sind im allgemeinen dermaßen schockiert, daß sie nur Interesse für ihr eigenes Schicksal haben. Das hat nichts mit Narzismus oder einer egozentrischen Lebenshaltung zu tun. Ihre Aufmerksamkeit ist vorübergehend auf ihre eigene Existenz reduziert. Das soll der Seelsorger respektieren (s. William B. Daylong, «Beyond the Wall of Silence: Pastoral Care of the Stroke Patient», in: The Journal of Pastoral Care, 28. Jg., 1974, S. 122–133; Walter Schulte, «Die Welt des psychisch Kranken», Göttingen, 1974, S. 83–95).

Andreas Heim zeigt in seinem Besuch ein richtiges Verhalten. Ich hebe die wichtigsten Elemente daraus hervor.

Er läßt sich durch das Ausbleiben eines Echos nicht verunsichern, er nimmt sich einen Stuhl und redet weiter.

Sobald er merkt, daß Herr Ballmer nicht reden kann, aber es trotzdem versucht, sagt er ihm, daß er ihn nicht versteht und daß ihm das leid tut. Das ist besser als Verständnis vorzutäuschen.

Er informiert Herrn Ballmer darüber, was er schon über ihn weiß: er erwähnt die kurze Begegnung mit seiner Frau und die Mitteilung, daß er heute eingeliefert wurde. Diese Klarheit verhindert Mißtrauen. Es ist für einen Patienten unangenehm, wenn er im Unklaren darüber ist, was der andere schon über ihn weiß.

Es ist unsicher, ob Herr Ballmer jetzt von einem Seelsorger besucht werden möchte. Er kann seine Wünsche nicht erkennbar machen. Bleibt Andreas, so besteht die Möglichkeit, daß sich Herr Ballmer manipuliert vorkommt. Geht Andreas weg, in der Annahme daß er nicht willkommen ist, so ist Herr Ballmer möglicherweise enttäuscht. Vielleicht verlangt er sehr nach Zuwendung und Trost. Was der Seelsorger auch tut oder nicht tut, es kann immer falsch sein. Dieses Problem ist nicht lösbar. Andreas wählt einen guten Weg. Er bleibt, aber er entschuldigt sich für das eigenmächtige Verhalten («Ich kann sie nicht fragen ...»).

Er bemüht sich bewußt, das Tempo seines Redens und seines Verhaltens dem Rhythmus des Kranken anzupassen. Das ist immer von großer, in Kontakten mit Menschen, die selber nicht reden können, sogar von entscheidender Bedeutung. Im Kontakt mit Herrn Ballmer entstehen jetzt immer wieder ruhige Pausen, die aber nicht peinlich lange dauern.

Er stellt Herrn Ballmer nie Fragen. Unerfahrene Besucher machen oft den Fehler, daß sie mit Fragen den aphasischen Patienten überfordern.

Die Themenwahl entspricht den zwei Bedingungen, die allen guten Seelsorgegesprächen gestellt sind: die Gesprächsthemen sind dem Patienten wichtig, sie sind aber nicht so persönlich, daß es indiskret ist, davon anzufangen.

Der Seelsorger spricht an, was er wahrnimmt und was ihm auffällt: «Ich merke, daß Sie sich nicht bewegen können». Die Tendenz vieler Besucher ist es, schmerzliche Tatsachen wie Lähmung und Aphasie «liebevoll» zu übersehen und nicht davon zu reden. Aber damit lassen sie den Patienten mit seinen Schmerzen allein. Nicht zu reden über etwas, das sich aufdrängt, ist auch eine Botschaft: «Das ist zu schrecklich um darüber zu reden». Solches Verhalten verstärkt die Isolation des Patienten.

Hier nimmt der Seelsorger in klaren Worten Anteil am Leid, soweit es direkt in die Augen springt. Ohne daß es Herr Ballmer selber sagen muß, findet der Seelsorger die Stellen, wo er sein Verständnis zeigen kann:
- die Unfähigkeit zu reden
- die Unfähigkeit sich zu bewegen, das «Warten» müssen
- die Entwurzelung: die erste Nacht nicht daheim
- die Überrumpelung durch den neuen Zustand («überfordert»).
- Das Gespräch wird nicht düster, auch nicht wo der Seelsorger schmerzliche Tatsachen ausspricht. Er versucht dort, wo es realistisch ist, Mut zu machen und hoffnungsvolle Erwartungen zu wecken oder zu verstärken.

Er sagt dem Kranken in klaren, einfachen Worten Gottes Verheißung. Die Frage, ob der Kranke das hören will, ist unbeantwortbar – wie die Frage, ob er den Besuch wünscht. Eine Tatsache ist es, daß viele Menschen gesegnet werden wollen, ohne daß sie es sagen. Das gilt auch, wenn sie reden können (s. Paul Pruyser, «The Minister as Diagnostician. Personal Problems in Pastoral Persepective», Philadelphia, 1976, S. 71). Hier muß der Seelsorger behutsam sein. Diese Behutsamkeit wird sichtbar in der Kürze, in der er die Verkündigung ausspricht, ohne daß sie unklar wird. Behutsam ist auch, daß er mit «Liebe» und «Vertrauen» Werte anspricht, die jedem Menschen wichtig sind. Der Zuspruch weckt dadurch nicht den Eindruck einer religiösen Verengung.

Der «Spruch»: «Im Leid geht manchmal wesentliches auf ...», wäre billig, wenn er nicht im Rahmen eines einfühlenden Besuches stehen würde. Jetzt dürfte er angebracht und tröstlich sein.

Andreas ist sehr sparsam mit körperlichen Berührungen. Das ist richtig im Kontakt mit Menschen, die einen erwachsenen Eindruck machen und die hören können. Erst in regressiven Momenten, wie bei Weinen, ist eine größere und intensivere Annäherung angemessen.

38

4: Ein Herzinfarkt –
Behutsamer Umgang

Silvia Keller (28) arbeitet halbtags in einem Krankenhaus als Seelsorgerin. Nach ihrem Theologiestudium wählte sie sich diese Arbeitsmöglichkeit, weil sie ihr genügend Zeit für die Familie und für die Pflege ihrer Wohnung läßt. In der Intensivstation besuchte sie Herrn Döring, als er nach einem Herzinfarkt ins Krankenhaus aufgenommen worden war. Sie blieb nur sehr kurz, Herr Döring war dösig. Nach einigen Tagen trifft sie ihn in einer anderen Abteilung. Sie weiß dadurch, daß es Herrn Döring besser geht und daß akute Lebensgefahr nicht mehr da ist. Sie erlebt folgendes:

Ich erschrecke als ich das Zimmer betrete. Ein großes Fernsehgerät schaut mich an, auf dem Tisch neben Herrn Dörings Bett steht ein Telefonapparat, zwei große Haufen Bücher türmen sich auf und mehrere Blumensträuße schmücken das Zimmer. «Herr Döring hält Hof», geht mir durch den Kopf. Es herrscht eine unverkennbare Unruhe in dem Krankenzimmer. Ein zweites Bett ist unbelegt. Sobald Herr Döring mich erblickt, ruft er mir freundlich entgegen: «Aha, Frau Pfarrer, kommen Sie herein!» Hier ist nicht die übliche, besinnliche Krankenhausatmosphäre, sondern ein betriebsamer, lautstarkerer Umgangstil wie in einem Geschäft. Ich finde den ziemlich laut redenden Herrn Döring dennoch sympathisch. Eine Freundlichkeit strahlt von ihm aus, die ich für echt halte. Ich freue mich darüber, daß er mich noch kennt. Offensichtlich bin ich willkommen, das tut mir gut.

«Grüezi, Herr Döring. Jetzt besuche ich Sie an einem neuen Ort.» Wir reichen uns die Hand.

Sofort redet er schon wieder. «Jawohl. Hier habe ich mehr Platz, Sie zu empfangen. Nehmen Sie sich doch einen Stuhl. Wie geht es Ihnen, Frau Pfarrer?»

Nochmals bin ich verblüfft. Wie soll es mir gehen? Das fragt man mich selten. Nett, daß mal jemand an mich denkt. Trotzdem ist mir nicht so wohl. Ich komme ja zu sehen, wie es ihm geht!

«Mir geht es gut», sage ich, während ich den Stuhl zurechtrücke. «Und Ihnen?»

«Ich bin zufrieden», meint er strahlend. «Es geht mir besser. Aber aufstehen darf ich noch nicht.» Das «darf» sagt er ein wenig verschmitzt, wie wenn er jemanden lächerlich machen wollte.

«So?» sage ich. Ich merke, daß ich bei weitem nicht soviele Worte produzieren kann wie er. Ich muß mich seinem Tempo noch anpassen.

«Man muß halt Geduld haben. Ich habe ja gerade einen schweren Herzinfarkt gehabt ...»

Mich stört jetzt seine laute Stimme. Ist es möglich, so nüchtern und unbetroffen über einen schweren Infarkt zu reden? Er berichtet darüber wie über einen lustigen Abend, den er erlebt hat. Aber er schnattert weiter wie ein Maschinengewehr. «In Arosa, in den Ferien und dann ist es halt solange gegangen bis ich überhaupt in ein Krankenhaus kam. Zehn Tage war ich jetzt auf der Intensivstation und ich habe praktisch nichts von mir gewußt.»

Er schaut mich an, wie wenn er stolz eine abenteuerliche Geschichte erzählte. Der Inhalt seiner Mitteilungen macht mich eigentlich betroffen, aber seine Redensart hindert mich, die Betroffenheit zuzulassen. Ich merke, daß ich langsam in seine extravertierte Art hineinrutsche. «Ja, da haben Sie einen tüchtigen Schlag zu verarbeiten bekommen. Spüren Sie Schmerzen?»

«Total nichts. Ich fühle mich prima.»

Jetzt wird es mir unheimlich. Dieser Mann war und ist in einer lebensgefährlichen Situation und redet, wie wenn nichts los wäre. Ich will behutsam sein. Ich weiß auch, daß es besser ist, nicht so lange bei Herzinfarktpatienten zu bleiben. Inzwischen redet Herr Döring weiter.

«Zum Teil ist die ganze Sache ein Problem der Ärzte. Die trauen der Regenerationskraft des Körpers zu wenig zu. Ich habe einmal gelesen, man solle die Anweisungen der Ärzte nie ganz befolgen, sonst bleibt man krank. Wissen Sie, ich bin schon mehrere Male aufgestanden. Das macht nichts.»

«Das machen Sie auf eigene Faust?»

«Was soll ich da Auseinandersetzungen auslösen? Die Ruhe hier tut mir übrigens gut. Ich wollte schon lange einiges lesen, aber ich könnte, glaube ich, gut nach Hause. Sie entlassen mich sicher bald.»

«Aber arbeiten können Sie wohl noch nicht gleich?» frage ich.

«Nein, dieses Jahr nicht mehr. Ja, das muß ich dann noch sehen ...»

«Kommt es sehr darauf an, daß Sie bald wieder arbeiten können?»

«Ja, das ist so eine Sache. Sorgen mache ich mir nicht. Das muß ich dann irgendwie regeln. Der Arzt hat mir gesagt, ich hätte alle Chancen, einen dritten Herzinfarkt zu bekommen.»

«Ja, was? Ist das jetzt denn Ihr Zweiter?» frage ich erstaunt.

«Ja, ja, vor zwei Jahren machte ich die erste Übung.»

Das Wort «Übung» tut es bei mir. Ich lache, ohne daß ich es will. Ich finde die Sache gar nicht zum Lachen. Es ist die scheinbar souveräne Art, wie Herr Döring über seinen Zustand redet, die mich mitreißt. Eine kecke Stimme in mir wird geweckt, ich könnte fast sagen: «Ach, Herr Döring, haben Sie da eine tolle Geschichte erlebt, zum Schießen!» Aber ich lache verhalten und sage: «Sie reden so ulkig darüber ...» Und schon rast er weiter:

«Man darf einfach keine Angst haben. Ich gehe nach Hause und alles ist wie früher. Vor dem Tod darf man keine Angst haben. Sie müssen sterben, alle müssen sterben und ich muß natürlich auch sterben! Ich lebe einfach wie immer.»

«Ist Ihnen das schon ein wenig klar, inwieweit Sie Ihr gewohntes Leben wieder aufnehmen können?»

Die Seelsorgerin paßt sich an und hält vorsichtig Distanz

Es fällt auf, daß Herr Döring vom Sterben spricht und zwar sehr deutlich. Es fällt auch auf, daß die Seelsorgerin nicht darauf eingeht, sondern das Interesse auf seine zukünftige Lebensgestaltung lenkt. Verpaßt sie hier eine Chance zur Vertiefung des Gespräches? Ich glaube nicht. Sie tut das Richtige. Denn Herr Döring hat zwar inhaltlich über das Sterben geredet, aber mit seinem Stimmton hat er deutlich gemacht, daß er nur sehr nüchtern und oberflächlich über dieses Thema reden will. Intellektualistische, unsensible Menschen würden natürlich das

40

wichtige Thema Sterben aufgreifen, auch sensible, aber unerfahrene Seelsorger. Was würden sie auslösen? Ein unverbindliches, nicht mit wirklichem Empfinden verbundenes Theoretisieren über das Thema Sterben, oder die tief verborgenen Ängste des Patienten würden erwachen, mit der gut denkbaren Konsequenz, daß er einen dritten Herzinfarkt erleidet. Die Seelsorgerin orientiert ihr Verhalten richtigerweise an der nonverbalen Kommunikation und nicht an den verbalen Inhalten, an seinem Stimmton und nicht am Inhalt seiner Worte. Sie schont den hilflosen Mann, der mit seinen Ängsten nicht anders umzugehen weiß als sie zu verharmlosen. Sie nimmt zwar die Divergenzen zwischen seinem Auftreten und seinem wirklichen Zustand, zwischen seiner souveränen Art und seinen verdrängten Ängsten wahr, aber sie läßt sich führen. Sie schweigt vorsichtig und barmherzig über die tieferen Schichten, die sie bemerkt. Jetzt ist nicht der Moment, den Mann mit seiner Fluchttechnik zu konfrontieren. Daß er, wenn er wieder gesund ist, vielleicht nicht mehr für die Seelsorge oder für irgendeine andere Art Besinnlichkeit erreichbar sein wird, ist nicht das Problem, das Seelsorger lösen müssen.

Übrigens lenkt die Seelsorgerin das Gespräch auf ein sinnvolles Thema. Wie will Herr Döring weiterleben? Im allgemeinen haben die Ärzte Mühe, Herzinfarktpatienten von der Notwendigkeit einer entscheidenden Beschränkung zu überzeugen. Da hat der Seelsorger eine Chance, ein wenig zu helfen. Auch wenn der Patient vordergründig souverän über die Ärzte schimpft, kann eine vorsichtige Parteinahme für die therapeutischen Anweisungen des Arztes von Seiten des Seelsorgers ihren Einfluß haben.

Im allgemeinen ist es unvernünftig, wenn ein Seelsorger sich im Kontakt mit einem gesundheitlich gefährdeten Menschen, der seine Qual selber bagatellisiert, auf ein tieferes Verstehen konzentriert. Gute Zuhörer merken natürlich bald das Versteckspiel des Patienten, und mögliche Zugangswege zu den Ängsten lassen sich in einem solchen Fall schon finden. Aber für eine solche Selbstbetrachtung ist die Zeit jetzt nicht reif, und bei ihnen vielleicht nie. Einfühlende Seelsorge kann hier lebensgefährlich sein. Die meisten Patienten haben allerdings ein so starkes Widerstandssystem, daß jeder Zugang zum wirklichen Erleben, auch in einem einfühlenden Gespräch, sofort effektiv abgewehrt wird.

Nicht alle Herzinfarktpatienten sind in jenem Maß extravertiert und unpersönlich. Häufig ist aber kein tieferes Gespräch möglich. Es gibt auch massivere Beispiele als Herr Döring. Er redet noch offen über seine Situation. Es gibt andere, die nur über völlig ungefährliche Themen wie die Touristenindustrie auf den griechischen Inseln und die Implikationen der Ölverteuerung reden wollen.

Sich einfühlen in Menschen, die ihre Gefühle dermaßen massiv abwehren, kann sich besser als freundliches Interesse für ihre Situation und die Zukunftspläne gestalten, genau wie die Seelsorgerin es getan hat. Die verdrängten Emotionen bleiben leider gefangen und sie wüten weiter, aber mit Gewalt ist dieses Problem nicht zu lösen.

Auf meine Frage: «Ist Ihnen das schon ein wenig klar, inwieweit Sie Ihr gewohntes Leben wieder aufnehmen können?», sagt Herr Döring: «Ja, ziemlich. Natürlich mit einigen Einschränkungen.»

«Vorsichtig sein?» forsche ich.

«Ja das und, vielleicht muß ich mich pensionieren lassen.»

«Oh, das ist doch ein ...» Bevor ich zu Ende geredet habe sagt er: «Ja, das schon. Das muß man dann halt sehen. Jedenfalls muß man tun als ob nichts wäre, als ob man nichts wüßte.»

«Sie wollen leben ohne immer zu überlegen ‹Darf ich das jetzt, tut mit das gut›?»

«Ja. Bei jedem Hügel gleich ans Herz denken, das will ich nicht!» Es tönt entschieden.

«Sie treffen dann lieber ein paar große Maßnahmen, zum Beispiel mit der Pensionierung, damit Sie doch in einer rechten Art weiterleben können. Ich frage mich, ob Sie das auch offen mit ihrem Arzt besprechen können.»

«Ärzten muß man nicht alles sagen. Das weiß ich selber am besten.»

«Ich könnte mir gut denken, daß er versteht, daß Sie nicht übersorgsam leben möchten. Ich nehme an, daß er Ihnen angemessenen Rat geben kann.»

«Ich hoffe, daß er mich bald entläßt.»

Jetzt entsteht eine Pause. Er neigt sich nach hinten, streckt sich im Bett und schaut einen Moment lang zur Decke. Es scheint mir ein guter Moment zu sein, mich zu verabschieden. Ich will ihm ganz vorsichtig etwas Tröstendes sagen, ohne daß er merkt, daß ich seine überspielten Ängste gesehen habe. Ich merke, daß ich fast im gleichen, extravertierten Ton rede wie er.

«Ich freue mich, daß es Ihnen schon viel besser geht und ich hoffe, daß Sie zuhause sind, wenn ich diese Abteilung wieder besuche. Gott behüte Sie, Herr Döring. Hoffentlich finden Sie bald die rechten Lösungen.»

Er drückt mir kurz die Hand. «Danke sehr, Frau Pfarrer. Ich habe das sehr geschätzt, daß Sie mich besucht haben. Alles Gute, Ihnen auch.»

Ein leidenschaftlicher Seufzer entgeht mir, sobald ich aus dem Zimmer bin.

Der Herzinfarkt

Zur Erhaltung seiner physischen Existenz ist der Mensch darauf angewiesen, daß sein Blutkreislauf reibungslos funktioniert. Entscheidend ist, daß das Blut flüssig bleibt und in seiner Zirkulation nicht behindert wird. Es können sich aber im Blut feste Bestandteile ausscheiden oder Substanzen in das Kreislaufsystem eindringen, die sich nicht mit dem flüssigen Blut assimilieren, zum Beispiel ein Thrombus, ein an der Wand eines Blutgefäßes entstandener Pfropfen. Sobald dieser in Bewegung gerät, besteht die Gefahr, daß das Teilchen (jetzt heißt es Embolus) in einem engeren Teil der Kranzarterie steckenbleibt. In diesem Fall löst eine Embolie einen Herzinfarkt aus. Die Kranzarterien sind die

Schlagadern, die den Herzmuskel ernähren. Wenn eine dieser Arterien verstopft ist, stirbt der dahinterliegende Gewebebezirk ab, weil er nicht mehr mit genügend Sauerstoff versorgt und ernährt wird. Diesen Vorgang nennt man Infarkt. Die Aktivität der Herzmuskulatur wird dadurch mehr oder weniger beeinträchtigt. Weil von ihrer Funktionstüchtigkeit unser Kreislauf und damit unser Leben abhängt, ist ein Herzmuskelinfarkt (Myokardinfarkt) eine lebensbedrohende Angelegenheit. Die Schwere ist abhängig von der Lokalisation und vom Ausmaß des betroffenen Gebietes. Oft kommt die Blutzirkulation nach einiger Zeit durch Neubildung kleinster Gefäße wieder in Gang. Es bildet sich an der Stelle des Infarktes eine Narbe. Die medizinische Behandlung zielt darauf, die Möglichkeit solcher Verstopfungen zu beschränken, unter anderem durch sofortige Ruhe und durch Medikamente, die die Blutgerinnung verzögern.

Der Herzinfarkt kommt besonders in der westlichen Welt vor. Die psychosomatische Forschung ergibt, daß er im Zusammenhang mit einer gewissen Lebensart steht. Ohne direkt von Ursachen zu sprechen, deutet sie damit klar auf Beziehungen zwischen seelischem Verhalten und körperlichem Schicksal. Eine vergleichende psychologische Untersuchung an Herzinfarktpatienten hat eine klar profilierte Lebenshaltung an den Tag gebracht, die viele dieser Menschen auszeichnet. Es gibt aber Ausnahmen. Das soll jeden, der von diesen Forschungsergebnissen Kenntnis nimmt, sehr vorsichtig machen. Psychosomatische Studien geben zu einer Einstellung, mit der Diagnose ein «Aha, ist das so einer» zu verbinden und damit eine Charakteroffenbarung in Händen zu haben, keinen Anlaß. Nur Dilettanten mißbrauchen die Ergebnisse auf solche Art. Trotzdem soll ein Seelsorger das aufgedeckte Menschenbild kennen, damit er schneller Zusammenhänge wahrnimmt, wenn sie sichtbar werden.

Es fällt auf, daß Infarktpatienten selten, nicht oder zu spät zum Arzt kommen. Sie beachten die Signale ihres Krankseins in der Regel zu wenig. Sie wollen nicht zimperlich sein, auch nicht mit sich selber.

In ihrer Lebensführung sticht hervor, daß sie sehr stark beschäftigte Menschen sind. Sie tun nichts halb, und sie machen gerne alles selber. Für Erholung ist keine Zeit vorhanden. Es sind vitale Menschen, manchmal Führernaturen, hauptsächlich Männer. Ihr Leben ist Arbeit. Das steht oft stolz in Todesanzeigen. Arbeiten ist auch ein ehrgeiziges Kämpfen für sie. Angst zeigen sie keine. Ihre Konflikte verschweigen sie.

Es gibt Kulturen, zum Beispiel die indische, in denen man solches Verhalten höchst abnormal nennen würde. Bei uns ist das nicht der Fall. Der Verhalten, das zum Infarkt führen kann, ist gerade die Realisierung unserer Ideale. Daß wir daran krank werden, macht uns die Verlogenheit und Unmenschlichkeit dieser Ideale klar. («Schaffen und Streben ist Gottes Gebot. Arbeit ist Leben, Nichtstun der Tod», Hausinschrift).

Wer die Menschen, die dem gezeichneten Bild entsprechen, besser kennenlernt, merkt, daß einiges nicht stimmt. Hinter dem Aktivismus und Optimismus liegt große Angst und Ungewißheit. Die Hetze erträgt keine Ruhe. Alles Passivsein wird durch Treiben verdrängt. Sie wollen führen und bestimmen, nicht geführt werden. Ihre Konflikte bringen sie nicht oder unangemessen, oft auch jähzornig zum Ausdruck. Rationalisieren ist ihr Abwehrmechanismus. Rauchen, übermäßiges Trinken und Essen, sind zu gleicher Zeit Ausdrücke der verdrängten Spannung und neue krankmachende Faktoren.

In ihrer Jugend sind sie fast immer streng erzogen worden. Sie identifizieren sich mit dem Vater und der sogenannten Männlichkeit. Das führt sie regelmäßig zu Autoritätskonflikten. Der Herzinfarkt tritt oft auf in oder nach einer Stress-Situation, in der auf dem Spiel stand: «Kann ich es verkraften?» Das Problem der Autonomie ist offensichtlich ihr Hauptproblem.

Jeder Mensch muß schon in der sogenannten analen Lebensphase lernen, ein Gleichgewicht zwischen Aktiv- und Passivsein, zwischen Leistung und Lässigkeit, zwischen Autonomie und Geborgenheit, zwischen Selbständigkeit und Abhängigkeit, zu finden. Beide Seiten gehören jeweils zum Leben. Wer sich aber für den passiven, weichen, kindlichen Aspekt des Lebens schämt, bekommt Angst, daß man merkt, wie sehr er auf dieser Seite des Lebens doch auch seine starken Bedürfnisse hat. Aus dieser Angst heraus versucht er aller Welt und sich selber mit Aktivität und Leistung zu beweisen, daß er wirklich nicht ein kleines Kind, sondern ein großer, kräftiger Bursche ist. Die Sehnsucht nach einem Getragensein wird verdrängt. So kämpft diese Sehnsucht gequält weiter, bis der Herzinfarkt die Ruhe schenkt, ungewollt und unterschwellig doch gewollt.

Die Arbeit hat hier also einen neurotischen Stellenwert. Sie soll die Geborgenheitssehnsüchte verdecken. Nur deswegen «überarbeiten» die Menschen sich. Überarbeitung entsteht nicht aus der Quantität oder der Wichtigkeit der Aufgaben. Es gibt Menschen, die sehr viel arbeiten und gesund bleiben und alt werden. Die entscheidende Frage ist immer, weshalb jemand arbeitet, welchen Stellenwert seine Arbeit für ihn hat.

Das Wort von Paulus: «So liegt es nun nicht an Jemandes Wollen oder Laufen, sondern an Gottes Erbarmen» (Röm.9,16), ruft zu einer völlig anderen Lebenshaltung auf als die, die wir an vielen Infarktpatienten feststellen und die wir in unserer Kultur eingeübt haben. Nur gilt Paulus' Wort auch dem Seelsorger. Er soll sich, gerade bei diesen

Patienten, nicht von einem Leistungsdruck hetzen lassen. Besser zeigt er dem anderen ein ruhigeres Bild einer Berufsausübung.

Die tiefere Problematik eines Herzinfarktpatienten ist für den Seelsorger nur selten zugänglich. Das kann ihn entmutigen und traurig machen. Im Bereich der psychosomatischen Leiden gilt überhaupt, daß Lösungen eher selten möglich sind, auch wenn fachmännische Hilfe erwünscht und vorhanden ist. Seelsorge ist aber nicht darauf angewiesen, daß die Probleme gelöst werden. Sie ist ein Hinweis auf die Erlösung, die nur Gott schenken kann und die nicht mit einer Problemlösung identisch ist. Dieser Sachverhalt macht die Seelsorge sowohl hilflos als auch hilfreich. Sie weist über das Elend hinaus auf die Verheißung Gottes, die auch dort gilt, wo die Menschen nicht einmal von ihren Ängsten reden können. In dieser Perspektive ist der schlichte Besuch der Seelsorgerin eine Botschaft an Herrn Döring. Sie läßt ihn erleben, daß er zu der Gemeinschaft, die sie vertritt, gehören darf.

Die (fast immer vorhandene) Frau des Infarktpatienten wird oft vergessen und vernachlässigt. Dabei leidet sie sehr oft am meisten. Manchmal ist die Frau eines solchen Mannes emotional eher unselbständig. Jetzt fürchtet sie, ihren Mann und mit ihm ihren Halt zu verlieren. Auch wenn sie nicht unselbständig ist, droht ihr natürlich ein schwerer Verlust.

Weitere Literatur: Gion Condrau, «Medizinische Psychologie, psychosomatische Krankheitslehre und Therapie». Neu bearbeitete und stark erweiterte Ausgabe, München, 1975 (Kindler Taschenbücher, Geist und Psyche, 2154), S. 228 ff. P. Hahn, «Die Psychosomatik der Kranken mit Herzinfarkt», in: Arthur Jores (Hg.), «Praktische Psychosomatik», Bern, 1976, S. 118 ff.

5: Ein Selbstmordversuch –
Der Seelsorger als Anwalt der Hoffnung

Menschen, die einen Selbstmordversuch unternommen haben, werden meistens in ein Krankenhaus gebracht. Dort wird ihnen die erste Hilfe geboten: der Magen wird ausgepumpt oder eine Wunde versorgt. Die Patienten werden dann in der Regel einige Zeit auf der Intensivstation untergebracht. Dort sind sie unter dauernder Kontrolle von Krankenschwestern.

Herbert Brandenberger (48) ist Krankenhauspfarrer. Täglich besucht er die Intensivstation. Regelmäßig überlegen sich Arzt und Seelsorger, welche der Suizidenten sie weiter betreuen sollen und wer von ihnen die Betreuung auf sich nimmt. Diese Aufgabe fällt meistens Herbert zu. Öfters kommt eine langfristige Beziehung zu den Suizidenten und ihren Angehörigen zustande. Aus seinem Kontakt mit Herrn Enderlin beschreibt Herbert die ersten zwei Begegnungen.

Beim Morgenbesuch auf der Intensivstation sagt mir Schwester Ursula, daß ich «Arbeit» habe. Ein Herr Enderlin ist eingeliefert worden, nachdem er eine Überdosis Rohypnoltabletten geschluckt hatte. Ich gehe zu seinem Bett, aber der Mann schläft. Am Nachmittag versuche ich es nochmals. Eine Schwester hilft ihm gerade beim Trinken. Er hält mit beiden Händen zittrig das Glas. Die Schwester senkt das Bett bis auf die richtige Höhe für ein Gespräch.

Das leise Surren von Apparaten an anderen Betten, das gedämpfte Licht und die dann und wann lauten Stimmen der Schwestern sind mir schon vertraut in diesem Saal. Herr Enderlin liegt wie erschöpft zurück. Er ist groß und robust, ich schätze sein Alter auf ungefähr sechzig Jahre. Er hat zwei Wattepfropfen in der Nase und eine Infusion am Arm. Die Augen hat er geschlossen.

Will er Kontakt mit mir? Ich bin unsicher. «Grüß Gott, Herr Enderlin. Ich bin Brandenberger, der Krankenhauspfarrer. Ich möchte Sie besuchen.»

Er macht die Augen auf, schaut mich nervös an, aber sagt nichts.

«Sie sind noch sehr müde.»

«Ja», sagt er trostlos, «ich habe das Dümmste gemacht.»

Enorm stehen diese Worte im Raum. Resignation, Selbstbeschuldigung und Hilflosigkeit sind greifbar nah.

Bald sage ich: «War es so schwer?»

«Katastrophe», sagt er mit einer lallenden Stimme.

Was meint er wohl konkret? Ich will ihn nicht ausfragen. Vielleicht kommt er selber dazu, mehr zu sagen. Ich glaube, ich soll geduldig warten. Aber ich will ihm zeigen, daß ich ihn nicht verurteile. Möglicherweise hat er die Vorstellung, daß für Seelsorger der Selbstmord ein Greuel ist.

«Sie haben offenbar nicht mehr weiter gewußt», sage ich.

«Ich habe halt nie mehr geschlafen», sagt er, als ob er sich rechtfertigen will.

«Das muß furchtbar sein, keine Ruhe zu finden.»

46

Solidarität in der Bedrängnis

Wer die Stimmung auf einer Intensivstation kennt, weiß, daß man dort nur selten einfach ein Gespräch anfangen kann. Dort warten die Patienten nicht, wie in vielen anderen Krankenzimmern, bis ein Besucher ihnen Gesellschaft leistet. Auf dieser Station wird intensiv gelitten und gegen den Tod gekämpft. Wer in dieses Zimmer hinein will, muß sich zuerst vorbereiten. Er bekleidet sich mit einem Kittel und mit Überschuhen. Innerlich braucht er die Einstimmung auf ein langsames Tempo, noch mehr als sonst im Krankenhaus schon nötig ist. Im Gespräch, das Herbert mit Herrn Enderlin führt, gibt es viele Pausen. Besonders der Anfang gestaltet sich stockend. Das gibt jeder Aussage mehr Gewicht, als es sonst in Gesprächen der Fall ist.

Herbert zeigt sofort den Willen zum Verständnis. «War es so schwer?», fragt er nach der Äußerung des Patienten, er habe «das Dümmste» (also einen Selbstmordversuch) gemacht. Auch Herberts folgende Worte sind anteilnehmend und einfühlend. In keiner Weise liegt eine Wertung in seinen Aussagen. Das wäre der Fall, wenn er sagen würde: «Gott sei Dank leben Sie noch», «Jeder Mensch kann einen Fehler machen» oder «Hoffentlich geht es Ihnen bald wieder besser.» Mit solchen Aussagen würde er sich den Zugang zu einem Menschen, der vielleicht immer noch sterben möchte, verbauen. Herbert zeigt sogar mehr Bereitschaft zum Verständnis der Verzweiflungstat als Herr Enderlin selber. Dieser hat jetzt wohl Schuldgefühle. Ein schlechter Seelsorger würde das ausnützen, um dem Anderen das Gewissen zu stärken: «Ich bin froh, daß Sie es selber ‹das Dümmste› finden.» Auf diese Weise findet man nur einen Zugang zu den rationalen Schichten des Patienten, nicht zu den Emotionen, die zum Selbstmordversuch geführt haben. Herbert versucht, solidarisch zu sein mit dem Patienten in seiner Bedrängnis, ohne ihn zu verurteilen. Diese Haltung ermöglicht das Vertrauen, dem Seelsorger Dinge zu sagen, die zu furchtbar oder zu peinlich wären in einem Gespräch mit einem Besserwisser. In der Solidarität, die Herbert zeigt, liegt eine Hoffnung. Sie wird weniger verbal ausgedrückt, als in der liebevollen Zuwendung realisiert. Wo Liebe ist, ist Hoffnung.

Der Selbstmord wird in unserer Kultur im allgemeinen verurteilt. Weil Seelsorger in den Augen vieler Menschen die Werte und die Moral unserer Gesellschaft vertreten, nimmt man in der Regel an, daß sie Gegner des Suizids sind und kein sonderliches Verständnis dafür haben. Positiv stellt man sich meistens vor, daß Seelsorger Mut zum Leben machen wollen. Davon weiß die Telefonseelsorge zu erzählen. Der Anruf an einen Seelsorger ist oft die letzte Tat vor einem Selbstmordversuch oder aber die Alternative dazu.

Das Evangelium von Jesus Christus will eine Frohbotschaft an alle Menschen sein. Jedem Menschen wird das Heil zugesagt. Damit steht das Evangelium quer zu jeder Verzweiflungstat, mit der Menschen sich oder anderen Unheil zufügen. Aus diesem theologisch-ethischen Satz folgt aber nicht, daß seelsorgerlich kein Verständnis möglich ist für einen Menschen, der versucht hat sich umzubringen. Wer hier Seelsorger sein möchte, soll darum zuerst lang und intensiv zuhören, um den anderen Menschen in seiner Not wirklich kennen zu lernen. Dieses liebevolle, persönliche Interesse zeugt mehr von christlicher Hoffnung als die Verkündigung evangelischer Sätze.

Jetzt geschieht etwas, das mich sehr bewegt. Herr Enderlin gibt mir mit geschlossenen Augen die Hand und sagt: «Nie mehr machen!»

Gott, was will er sagen? Meint er: «Ich will nie mehr einen Selbstmordversuch machen», oder: «Man soll mich das nächste Mal nicht mehr retten»? Die Stimmung zwischen uns ist so geladen, daß ich nicht nüchtern fragen will, was er genau meint. Aber ich soll wissen, was er sagt!

«Nie mehr machen», wiederhole ich.

«Ich hoffte, ich erwache nie mehr.»

«Und damit sei alles Elend endlich vorbei», ergänze ich fragend.

«Ja», stöhnte er. Noch immer hat er die Augen zu und ruht seine große Hand in meiner Hand.

«Was war denn so schwer zu ertragen?», wage ich.

«Alles, alles.»

«Das Ganze war schwierig geworden», fasse ich zusammen.

Da richtet er sich auf, nimmt seine Hand weg und erzählt. «Ich bin Filialleiter der Firma Z. (einer großen Lebensmittelfirma) gewesen. Vor einigen Monaten hatte ich eine Herzoperation. Nachher wäre die Arbeitsaufgabe zu schwer für mich gewesen. Das hat man vorausgesehen, deshalb bin ich an einem anderen Posten eingesetzt worden, nicht mehr als Filialleiter. Die neue Stelle ist nicht in der alten Filiale. Jetzt muß ich Fleisch schneiden. Vor drei Wochen habe ich an diesem Posten angefangen, noch halbtags. Ich habe weniger Verantwortung zu tragen, und das ist gut. Aber ich bekam doch sofort Schwierigkeiten. Ich kann das Tempo der jüngeren Kollegen nicht einhalten. Ich war dann wieder einige Tage daheim und versuchte es nochmals. Aber ich kann nicht schneller. Alle Anderen schaffen es rascher als ich.» Er spricht tröpfelnd und macht die Augen immer wieder zu.

«Die Anderen sind Ihnen vorgefahren», sage ich, «und Sie mit halber Kraft hintennach.»

«Das sind alles junge Leute, ich konnte nicht mitkommen. Das hat mir so etwas wie einen Schock gegeben.»

«Daß Sie den Eindruck hatten, für mich ist der Zug abgefahren. Wenn ich nur noch halb schaffen kann, dann lieber gar nich mehr.»

Prompt schaut er mich an und sagt: «Obwohl es wahrscheinlich wieder gekommen wäre!»

«Meinen Sie? Aber Sie wollten, daß es sofort wieder klappte.»

«Ja, blöd, völlig blöd. Das weiß doch jeder, daß das nicht geht.»

«Sie verstehen eigentlich selber nicht, weshalb Sie nicht geduldiger waren.»

«Ich soll einfach geduldiger werden, wie Sie sagen.»

«Nein, das habe ich nicht so gemeint,» sage ich. «Vielleicht haben Sie recht, daß mehr Geduld nötig wäre. Aber Ihre Ungeduld muß doch einen Grund haben.»

Das Lokalisieren der Schmerzen

Herr Enderlin teilt dem Seelsorger nicht nur hilflose Resignation mit, er sucht auch Geborgenheit bei ihm. Seine große Hand findet Wärme und Halt in der Hand dieses Mitmenschen. Aber Herbert läßt es nicht bei dieser tröstlichen Geste bewenden. Er startet eine Fahndung. Was hat Herrn Enderlin zum Selbstmordversuch getrieben? Welche Angst, welche Verzweiflung? Mit «alles, alles» ist er nicht zufrieden. Ohne zu drängen, führt er Herrn Enderlin zum Erzählen. Jetzt kann Herbert sich langsam einfühlen. In abstrakte Emotionen, wie «alles ist schwer», kann niemand sich hineinversetzen, nur in konkrete Geschichten. Nachdem Herbert die Leidensgeschichte gehört hat, sucht er weiter. Denn was ist nun genau das Problem? Fast hat Herbert es gefunden: «Lieber gar nicht mehr arbeiten als nur halb.» Aber Herr Enderlin differenziert: Arbeiten mit halber Kraft wäre nur eine vorübergehende Phase gewesen. Es stellt sich heraus, daß er selber nicht versteht, weshalb er verzweifelt war.

Sofort korrigiert Herbert ihn, als er sich auf Geduld verpflichten will. Er legt ihm nahe, zu entdecken, weshalb er ungeduldig war. Die Fortsetzung des Gespräches und das zweite Gespräch bringen an den Tag, wo die wunde Stelle wahrscheinlich liegt. «Wie wenn die Arbeit ein Wettkampf ist, bei dem Sie nicht verlieren dürfen.» Herr Enderlin mag eine rivalisierende Einstellung haben und ungemein viel Kraft brauchen, Überflügelungen zu ertragen. Die Herzoperation hat an seinen Kräften gezehrt. Aber die Beschränkung, die dadurch entstanden ist, hat er noch nicht angenommen und verarbeitet. Die Gespräche mit dem Seelsorger können ihm eine Hilfe sein, klarer zu sehen, in welcher Krise er sich befindet und in welcher Richtung eine Zukunft liegt.

Die Suchaktion, um die Schmerzen zu lokalisieren, kann entscheidende Bedeutung haben. Unbekannte Gegner sind bedrohlicher als bekannte, weil sie unfaßbar sind. Lokalisieren kann helfen, eine Gefahr faßbar zu machen. Wenn Elend ausgesprochen wird, kommt es in das Licht, vorläufig vielleicht nur in das Licht des Bewußtseins. Angst führt dazu, die Bedrohungen nur anzudeuten. Hoffnung läßt uns die Dinge beim Namen nennen. Indem sie mitgeteilt werden, können sie eher getragen werden. Menschen werden oft von Illusionen und Ängsten geplagt, die durch das Bewußtwerden an Kraft einbüßen, weil die Einsicht andere, realistische Kräfte mobilisiert. Vielleicht kann Herr Enderlin seine Ansprüche etwas relativieren, wenn er merkt, wie er die Arbeit zum Kampfplatz gemacht hat. Vielleicht verlegt er seine Kampflust auf angemessene Gebiete oder entdeckt den Reiz der Kampflosigkeit. Aber zuerst braucht er die Entdeckung, daß er gerne rivalisiert! Der Seelsorger hilft ihm sehr, wenn er diese Tendenz mit ihm findet.

«Warum soll ich ungeduldig sein?», belehrt er mich. «Die Betriebsleitung schätzt mich, das weiß ich, und die haben gesagt, ich solle es einfach probieren. Sonst suchen sie eine andere Lösung. Besser kann man es doch nicht haben, nichtwahr?»

«Haben die jüngeren Kollegen Ihnen denn Vorwürfe gemacht?»

«Nichts Vorwürfe, niemand hat mir Vorwürfe gemacht.» Ich bin erstaunt, wie viel griffiger und kräftiger er mit mir redet als am Anfang.

«Also hatten Sie keinen Grund, ungeduldig zu sein. Und doch waren Sie es.»

«Ja. Blöd.»

«Ich versuche mir vorzustellen, wie das ist. Zuerst waren Sie Filialleiter. Jetzt müssen Sie sich umstellen. Da merken Sie, daß andere schneller und vielleicht besser und effektiver arbeiten als Sie. Ist das eine neue Erfahrung für Sie, oder kannten Sie das als Filialleiter auch?»

«Das ist ganz anders. Da bist Du Chef. Das gibt auch Schwierigkeiten, aber andere. Hochgenommen wirst Du nie. Aber ich könnte es nicht mehr, es wäre zu strapaziös.»

«‹Hochgenommen› sagen Sie, Herr Enderlin. Tut Ihnen das so weh am neuen Arbeitsort? Obwohl niemand Ihnen Vorwürfe macht, haben Sie doch den Eindruck, so etwas wie ein Pinsel zu sein. Und das möchten Sie um alle Welt nicht. Verstehe ich Sie so?»

Jetzt schweigt er. Habe ich ihn nicht mehr verstanden? Oder habe ich eine wunde Stelle getroffen?

«Ich lasse Sie jetzt wieder schlafen, meinen Sie nicht auch?», frage ich ihn.

«Ja, das ist gut. Danke für Ihren Besuch.»

«Ich danke Ihnen für das Vertrauen», sage ich. «Sie haben mir viel gesagt. Das hat mich sehr berührt. Ich würde gerne wiederkommen.»

«Das ist gut. Tun Sie das.»

«Für heute wünsche ich Ihnen, daß Sie gut schlafen. Gott behüte Sie.»

Er hält meine Hand lange fest, bevor wir uns Adieu sagen.

Zwei Tage später besuche ich ihn wieder. Inzwischen ist er auf eine andere Abteilung verlegt worden. Ich treffe ihn in einem Zweierzimmer. Außer einem anderen Patienten ist seine Frau anwesend, obwohl die Besuchszeit vorbei ist. Sie macht auf mich einen überbesorgten und dominierenden Eindruck. Sie redet viel. Nach einigen Minuten merke ich, daß ein persönliches Gespräch in der Anwesenheit des anderen Patienten nicht möglich ist. Weil Herr Enderlin aufstehen darf, schlage ich vor, daß wir hinausgehen und unser Gespräch im Aufenthaltszimmer weiterführen. Beide sind sofort einverstanden. Offensichtlich haben beide das Bedürfnis nach einer Aussprache.

Frau Enderlin sagt, daß ihr Mann viel zu früh wieder mit der Arbeit angefangen habe. Er solle noch einige Wochen daheim bleiben. Selber mache sie sich Vorwürfe, ihn allein gelassen zu haben, weil sie auch arbeite. In Zukunft wolle sie daheim bleiben, damit «das» (der Selbstmordversuch) nicht wieder passiert. Sie bemuttert ihn furchtbar, schließe ich aus ihren Worten und aus ihrem ganzen Verhalten, besonders aus ihrer Redeweise. Oder ist sie durch das Ereignis des Selbstmordversuchs nur vorübergehend so aufgeregt?

Herr Enderlin sagt: «Wenn ich nicht bald wieder einsteige, komme ich nie wieder hinein.»

Frau Enderlin äußert sich aber pessimistisch in bezug auf seine Arbeitsfähigkeit.

50

«Sie machen sich Sorgen», sage ich ihm, «daß Sie ganz aus Ihrer Arbeit herausfallen, wenn Sie nicht aufpassen.»

«Ja, genau. Ich kann doch nicht den ganzen Tag daheim sitzen. Ich fühle mich gut, ich bin nicht krank.»

«Und wenn Sie Ihr langsames Tempo ertragen würden, könnten Sie gut einsteigen?», frage ich.

«Das habe ich ihm schon hundertmal gesagt», unterbricht Frau Enderlin. «Das kommt doch mit der Zeit wieder in Ordnung.»

«Das sehen Sie an sich auch so, nichtwahr?», frage ich ihn.

«Ich weiß es», antwortet er resigniert.

«Da muß etwas liegen, was Sie aufregt und was Ihnen Angst macht. Vielleicht ist es gut, wenn Sie das noch besser verstehen könnten.»

Jetzt schweigen beide. Haben beide den Eindruck, daß wir an einem wichtigen Punkt sind?

«Wie ist das denn für Sie», frage ich ihn, «wenn sie beschäftigt sind und merken, daß es den Anderen schneller von der Hand geht ...»

«Ich war nie gerne das Schlußlicht», sagt er.

«Und jetzt ist es nicht anders möglich, vielleicht nur vorübergehend. Aber das ertragen Sie schlecht. Wie wenn die Arbeit ein Wettkampf ist, bei dem Sie nicht verlieren dürfen.»

«Er war auch dreizehn Jahre Chef, wissen Sie», fügt sie zu.

«Also hat Ihr Mann gezeigt, was er kann. Das ist sicher eine große Leistung», antworte ich ihr.

«Ich muß mit weniger zufrieden sein», sagt Herr Enderlin.

«Nur ist noch offen, ob Sie dazu bereit sind. Es wäre sicher kein leichter Schritt für Sie», sage ich ihm.

«Wenn ich ruhig darüber rede, ist es gar nicht schwierig. Ich bin keine zwanzig mehr. Jeder muß zurückstecken.»

«Sie sind vernünftig genug, das einzusehen», sage ich. Aber wenn die Arbeit läuft, gelingt es Ihnen noch nicht, eine bescheidenere Rolle zu haben. Wenn Sie es wollen, ist es gar nicht so schwierig. Aber die Frage ist, ob Sie es so wollen, ob Sie Ja sagen wollen dazu.»

Hoffnung als Herausforderung

Die genaue Lokalisierung der Schmerzen macht das Profil einer Lebenskrise sichtbar. Eine Illusion wird entlarvt. Für Herrn Enderlin ist die Zeit vorbei, in der er in der Arbeit alle Anderen überflügeln konnte. Jetzt überflügeln die Anderen ihn. Sein Selbstmordversuch war aus der Illusion entstanden, daß die Glanzzeiten noch andauerten. Es war eine Absage an ein Leben abnehmender Kräfte. Im Gespräch mit dem Seelsorger ist diese Krise deutlicher profiliert worden.

Was ist jetzt Hoffnung? Der Seelsorger ist doch Anwalt der Hoffnung? Wie sieht die Hoffnung in dieser Verzweiflung aus? Soll Herbert Herrn Enderlin auf erfreuliche Tatsachen in seinem Leben aufmerksam machen? «Sie haben doch ...», «Sie können doch noch ...»? Diesen Fehler macht Herbert nicht. Das wäre keine Hoffnung, sondern Verschleierung des Elends. Herr Enderlin würde nur sagen: «Ja, aber ...» Der Fehler dieses «Sie können / Sie haben doch noch»-Stils liegt in der Anmaßung, daß wir verzweifelten Menschen konkret sagen könnten, wie ihre Hoffnung aussieht. Seelsorgersein rechnet mit einer Hoffnung, die nicht immer sichtbar ist. «Hoffnung, die man sieht, ist keine Hoffnung; denn was einer sieht, weshalb hofft er es noch? Wenn wir dagegen hoffen, was wir nicht sehen, so warten wir darauf mit Geduld.» (Röm. 8, 24 f.). Hoffnung wird geschaut, nicht immer gesehen. Sie läßt sich nicht machen, weder mit Leistungen, noch mit Analysen. Sie kommt von der anderen Seite des Lebens, aus dem Geheimnis, aus Beziehungen. Sie kommt als Gabe, über nichtverbale Wege, als Ansteckung. Wie die Gnade wird sie gefunden, empfangen und geteilt. Sie ist irrational. Konkret heißt das, daß Seelsorge eine Zusage dieser Hoffnung ist, aber daß es dem anderen Menschen überlassen bleibt, die konkreten Formen zu finden. Hoffnung ist mehr eine schöpferische Vorstellungskraft als eine konkrete Garantie und Sicherheit.

Herbert blickt realistisch vorwärts. Darin zeigt sich die Hoffnung an erster Stelle. Er redet mit Herrn Enderlin darüber, wie ein Weiterleben und Weiterarbeiten aussehen würde: eine bescheidenere Rolle spielen. Außerdem unterstreicht er zweimal die Tatsache, daß Herr Enderlin selber entscheidet, ob ein solches Leben für ihn in Frage kommt. Herr Enderlin kann auf diese Weise das Gelände seiner Lebenssituation bei klarem Licht überblicken und entscheiden, in welche Richtung er gehen will, anstatt sich in trüben und wirren Momenten von dumpfen Ahnungen und Ängsten in einen Selbstmordversuch treiben zu lassen.

Soll Herbert ihm nicht empfehlen, Ja zum Leben zu sagen, statt nochmal Selbstmord zu versuchen? Mir scheint das überflüssig zu sein. Die Empfehlung ist da, nur wird sie nicht verbal zum Ausdruck gebracht. In der Verborgenheit wirkt sie wohl kräftiger als in einer verbalen Äußerung, die leicht moralisierenden und damit herablassenden Charakter bekommt. Die Empfehlung zum Leben ist wirksam in der intensiven Zuwendung und in der Offenheit, in der über die Probleme gesprochen wird. Liebe und Licht sind da. Was soll hier noch eine verbale Empfehlung?

Besser ist die Herausforderung, mit der Herbert an diesen Mann herantritt. «Nur ist noch offen, ob Sie dazu bereit sind.» «Die Frage ist, ob Sie es so wollen.» Damit appelliert er an seine Kraft und an seine Freiheit. Implizit mag er ihn damit auffordern, es mit seiner neuen Lebenssituation zu wagen und die Möglichkeit in ihr zu entdecken.

Ich kann mir vorstellen, daß mancher Leser Mühe hat, den christlichen Charakter in der Arbeit von Herbert Brandenberger mit Herrn Enderlin zu entdecken. Außer dem «Gott behüte Sie» am Schluß des ersten Besuches ist scheinbar von Gott und vom Glauben nie die Rede. Mir scheint diese Arbeit gelungene Seelsorge zu sein, weil Herbert mit einem Menschen, der sich selber meinte verdammen zu müssen, in realistischer Art einen Weg in die Zukunft sucht. Das Vorzeichen dieses Lebens wandelt sich von Unheil in Heil. Das Evangelium wird unausgesprochen erfahren.

Frau Enderlin erzählt mir, wie sie vom Tablettenversuch erschrocken ist. Wir reden zu dritt darüber, wie das wohl ist, wenn man nicht mehr weiter weiß. Dann denkt man auch nicht mehr an die Auswirkungen seines Handelns auf die Anderen. Darauf verabschieden wir uns.

Ich traf Herrn Enderlin noch zweimal, bevor er eine Woche später entlassen wurde. Wir sprachen noch über die Bedeutung der Arbeit und über die Frage, was es sonst im Leben an Möglichkeiten der Erfüllung gibt.

Drei Tage nach der Entlassung aus dem Krankenhaus fing er mit der Arbeit an. Wir hatten abgemacht, daß er mich ab und zu anrufen würde. Ich rief ihn selber nach dem zweiten Arbeitstag an. Er sagte, es sei bis dahin gut gegangen. Er könne den Unterschied im Tempo etwas gelassener hinnehmen. Man sei sehr freundlich zu ihm gewesen. Eine Woche später rief er mich an und sagte, daß es ihm wesentlich besser gehe.

Selbstmordversuche

a) Unterschiedliche Tendenzen

Jeder, der sich umbringen will, bringt sich um. Aber nicht jeder, der einen Selbstmordversuch unternimmt, will sich umbringen. Man kann verschiedene Tendenzen in Selbstmordversuchen unterscheiden. Die Möglichkeit, daß der Versuch gelingt, ist am größten, wenn der Selbstvernichtungswille überwiegt. Man wählt sich dann auch meistens drastische Wege: den Sprung aus einem Hochhaus, den Sprung vor den Zug oder in ein tiefes Wasser. Meistens überwiegt aber eine andere Tendenz, nämlich der Ruf um Hilfe. Mit dem Selbstmordversuch will man, oft unbewußt, an die Aufmerksamkeit und die Zuwendung bestimmter Menschen appellieren. Die Mittel sind in diesem Fall weniger drastisch, manchmal sogar ziemlich harmlos. Eine dritte Tendenz ist die Sehnsucht, die in irrationaler Art nach dem Todesschlaf einen Neuanfang erwartet. Wenn die zweite oder die dritte Tendenz überwiegen, suchen die Suizidenten nicht wirklich den Tod. Ihre Selbstmordversuche sind parasuizidal (s. W. Feuerlein, «Tendenzen von Suizidhandlungen», in: «Wege zum Menschen», 26. Jg., 1974, S. 182 ff.). Das heißt aber nicht, daß wir diese Suizidversuche nicht ernst nehmen sollen. Der Selbstvernichtungswille ist fast immer auch da. Er kann sich plötzlich verstärken.

Der Appell an die Aufmerksamkeit und Zuwendung bestimmt die meisten Selbstmordversuche, mit denen Seelsorger es zu tun bekommen. Dem Tötungsversuch haftet in diesem Zusammenhang etwas Erpresserisches an, das in den Appellierten fast immer Verärgerung weckt. Wohl deswegen hat sich, irrtümlicherweise, herumgesprochen, daß Menschen, die vom Selbstmord reden, es nicht tun. Tatsächlich gibt es solche, die einen Selbstmord nur androhen, und zwar um durch diese Ankündigung allein schon die Aufmerksamkeit zu bekommen, die sie haben wollen. Aber auch sie können plötzlich derart verzweifelt oder aggressiv werden, daß sie Selbstmord begehen, sei es um sich selber zu töten, sei es um die Anderen für ihre Gleichgültigkeit zu bestrafen.

Das Ertragen von Erpressungsversuchen ist eines der heikelsten Kapitel der Seelsorge. Mancher unerfahrener Pfarrer wird gequält und ausgebeutet von raffinierten Seelen, die der Zuwendung nimmer satt werden. Sobald der Seelsorger sich für das Leben dieser Anderen verantwortlich fühlt, ist er gefangen. Wer dagegen seine Autonomie im Umgang mit einem Erpresser bewahren will, riskiert nun einmal, daß der Erpresser seine Drohung realisiert.

b) Hintergründe

Hinter einem Selbstmordversuch liegt immer eine Lebenskrise. Das Leben ist nicht oder nicht mehr so, wie man es haben will. Es fehlt etwas, das dem Betreffenden unerläßlich zu sein scheint. Im Gespräch ist es immer wichtig, diesen Mangel genau zu finden, wie es in der Begegnung von Herbert mit Herrn Enderlin geschieht. Jeder Mensch hat seine eigenen Lebenswerte, die für ihn unerläßlich sind. Wenn ein solcher Wert bedroht oder vernichtet wird, reagiert er verzweifelt. Alle Menschen haben in dieser Situation einen Absolutheitsanspruch. Sie erleben sich äußerst unglücklich und sagen, «alles», sei zwecklos, «niemand» könne ihnen helfen, «nie» und «nimmer», «völlig» und «total» sei dies oder das der Fall. Solche Ausdrücke sind Hinweise darauf, daß man ein Traumbild hat, dessen Erfüllung genau so sein soll, wie man es sich wünscht. Die Unmöglichkeit solcher Erfüllung löst die Verzweiflung aus. Jeder Mensch kennt diese Stimmung, nur läßt nicht jeder sich davon mitreißen.

In einer Lebenskrise werden oft Illusionen entlarvt. Entweder ist meine Jugend zu Ende, oder ich muß feststellen, daß andere stärker sind als ich, wie Herr Enderlin das erleben mußte. Oder meine Selbständigkeit hat wesentliche Einbußen erlitten, und ich entdecke, daß ich ein hilfloses, auf die Hilfe Anderer angewiesenes Geschöpf bin. Der Verlust eines Partners zeigt mir meine Einsamkeit. Über Jahrzehnte sind solche Beschaffenheiten im Leben eines Menschen nicht aktuell, bis sie in einer neuen Lebensphase an den Tag treten. Die Krise fängt mit einer verzweifelten Verwirrung an, in der sich Auflehnung gegen den neuen Zustand, Angst vor der Zukunft und Sehnsucht nach der alten Geborgenheit vermischen. Es hilft Menschen, wenn der Seelsorger sie verstehen will, oder wenn er auch nur etwas von dieser Vielfalt von Empfindungen begreift. (s. Hans Frör, «Zwischen Lebenswillen und Todessehnsucht. Erfahrungen aus der Telefonseelsorge», in: «Evangelische Kommentare», 12. Jg., 1979, S. 89 ff.).

Eine Lebenskrise ist nie verheißungslos. Am Anfang ist das nie klar. Zuerst sollen die Schmerzen erlebt werden können. Der Seelsorger, der sie hören will, weist damit auf einen Horizont der Hoffnung hin, jenseits der Krise.

c) Das präsuizidale Syndrom

Selbstmordversuche können manchmal verhütet werden, wenn wir auf ihre Vorzeichen achten. Erwin Ringel hat die auf einen Selbstmordversuch hindeutenden Signale als präsuizidales Syndrom zusammengefaßt («Selbstmord. Appell an die anderen. Eine Hilfestellung für Gefährdete und ihre Umwelt», München/Mainz, 1974, S. 15 ff.). Es umfaßt hauptsächlich drei Elemente: Erstens die örtliche Absonderung und die Reduktion der Wahrnehmung bis auf die ausschließliche Empfindung von schmerzlichen Tatsachen: eine Einengung, die Menschen von ihrer Umgebung und ihren eigenen lebenspendenden Kräften isoliert. Zweitens die Unterdrückung aggressiver Gefühle und die Umkehrung ihrer Zielrichtung, sodaß man sich selber angreift, beschuldigt oder unter Druck setzt. Drittens das Aufkommen von Selbstmordphantasien. Die Kombination dieser drei seelischen Aktivitäten bilden den klaren Hinweis auf einen drohenden Selbstmordversuch.

Es wäre vermessen, zu behaupten, daß diese Erkenntnis genügt, um gefährdeten Menschen zu helfen, ihr Leben zu retten. Jeder, der sich umbringen will, bringt sich um. Aber eine Aufmerksamkeit, ein liebevolles Nachfragen und ein persönliches Gespräch können ein entscheidender Beitrag zum Überleben sein. Ein merkwürdiges Element aus dem verhängnisvollen Prozeß, der zum Suizidversuch führen kann, kommt dem seelsorgerlichen Mitmenschen oft zu Hilfe: im letzten Moment sucht ein Verzweifelter manchmal den Kontakt. Die Telefonseelsorge leistet hier täglich einen unermeßlichen Dienst.

6: Chronischkrank –
Seelsorge hautnah

Kurt Hoch ist ein junger Pfarrer in seiner ersten Gemeinde. Als Nebenaufgabe hat er ein Pflegeheim in der Bezirkshauptstadt zu betreuen. Einmal in der Woche verbringt er einen Nachmittag in diesem Haus, das sechzig pflegebedürftige, ausschließlich betagte Menschen beherbergt. Er besucht einige Patienten jede Woche. Zu ihnen gehört auch Frau Maurer. Sie ist vierundsiebzigjährig, vor einem halben Jahr hat sie einen Schlaganfall erlitten. Erst lag sie lange Zeit im Krankenhaus, dann wurde sie ins Chronischkrankenheim überführt. Sie ist linksseitig gelähmt und in ihrer Sprachfähigkeit stark behindert. Aus verschiedenen Gründen setzten die Bemühungen der Physiotherapie spät ein. Die nur wöchentlichen Übungen dienen mehr dazu, ihre intaktgebliebenen Kräfte zu pflegen als die verlorengegangenen wieder zu gewinnen. Kurt sagt über seine Kontakte zu Frau Maurer:

Ich hatte bald einen festen Kontakt zu ihr. Sie gibt mir zu verstehen, daß sie sehr unter dem Zustand der Lähmung leidet. Sie freut sich immer sichtbar, wenn sie mich kommen sieht. Verwandte hat sie fast keine. Sie bekommt selten Besuch. Sie liegt in einem kleinen Saal, in dem noch drei andere Frauen sind.

Zwei von ihnen sitzen am Fenstertisch als ich hineinkomme. Eine dritte Frau schläft. Ich setze mich eine Weile an den Tisch und rede mit den beiden. Nachher gehe ich zu Frau Maurer. Sie liegt ziemlich ausgestreckt im Bett und lächelt mir zu. Offensichtlich kennt sie mich und freut sich auf mein Kommen.

Ich schaue sie an. «Guten Tag, Frau Maurer».

«Herr Pfarrer,» sagt sie mit leicht erregtem Ton. Ich ergreife ihre Hand.

«Sie sind heute wieder im Bett. Also geht es Ihnen noch nicht anders als letzte Woche», sage ich. Es war nämlich die Rede davon, daß sie am Nachmittag einige Stunden am Tisch sitzen könnte, falls es ihr etwas besser gehen würde.

Sie hält meine Hand so fest, daß ich mir keinen Stuhl herbeiholen kann. Aber ich stehe ruhig neben ihr und es ist mir recht so. Ich bin an ihrer rechten Seite, dort, wo sie nicht gelähmt ist. Ich bin ihr ziemlich nah. Frau Maurer weint, aber ihre Gesichtsmuskulatur um die Augen verkrampft sich, die Tränen kommen nicht recht. Bald drückt sie meine Hand noch fester. Manchmal zucken ihre Finger etwas nervös. Sie zieht mich fast noch näher zu sich heran. Ich spüre, daß sie meine Nähe braucht.

«Soll ich Ihnen meine andere Hand auf die Stirne legen, Frau Maurer?» frage ich. Sofort sagt sie «Ja».

Ich lege meine Hand auf ihre Stirne. Langsam entspannt sich Frau Maurer. Ab und zu schließt sie die Augen. Ihre Hand bewegt sich kaum mehr. Eine Weile vergeht.

Die nichtverbale Kommunikation

Seelsorge ist mehr als ein Gespräch. Sie findet in mehr Dimensionen statt als nur im verbalen Gedankenaustausch. Diese Tatsache drängt sich besonders auf in Begegnungen, die wenig Worte umfassen, aber sie gilt auch dort, wo viel und intensiv geredet wird. Die nichtverbale Dimension gehört zum Entscheidungsfeld. Hier wird bestimmt, ob eine Begegnung als seelsorgerlich erfahren wird oder nicht. Die Begegnung mit Frau Maurer bietet uns die Gelegenheit, die nichtverbalen Kontaktformen deutlich zu sehen.

Der nichtverbale Bereich umfaßt alles außer der Bedeutung der gesprochenen Worte. Das ist sehr viel: Was das Ohr sonst noch hört außer den Worten in ihrem Bedeutungsgehalt, was das Auge sieht, was die Hand fühlt, was die Nase riecht und was die körperliche Existenz als Ganzes an Nähe des anderen Menschen spürt. Sichtbar sind die Bewegungen, die Körperhaltung des anderen, sein Blick, die beweglichen Finger, aber auch seine Kleidung, seine Umgebung. Hörbar sind sein Stimmton, sein Redetempo, sein Dialekt, seine Wortwahl, sein Seufzen und Lachen, seine Zwischentöne. In der Berührung teilen Menschen oft unsagbar viel mit: Ablehnung, Angst, Distanz, Liebe, Verlangen, Ungeduld. Unser Riechen ist so verkümmert, daß wir hier leider fast jeden Reiz als unangenehm erleben. Unsere Kultur ist geruchfeindlich (s. Herbert Marcuse «Triebstruktur und Gesellschaft. Ein philosophischer Beitrag zu Sigmund Freud», Frankfurt, 1968, S. 43 f.).

Von der verbalen Kommunikation unterscheidet sich die nichtverbale auch durch die Intensität. Mit unseren Augen nehmen wir viel mehr und viel schneller wahr, als wenn wir auf Worte hören. Die Qualität einer Beziehung kommt uns im Gesicht des Anderen und im Blick seiner Augen genauer und stärker als in seinen verbalen Äußerungen entgegen. Die unmittelbare Mitteilung des Körpers ist überzeugender als die gedankliche der Worte. Nichtverbale Kommunikation hat einen höheren Grad der Zuverlässigkeit. Der verbale Kontakt erlaubt uns zwar, schneller und leichter auf den Anderen zu reagieren, aber sie verlangt weniger innere Beteiligung. Es ist leichter, andere Menschen mit verbalen Ausdrücken in die Irre zu führen als mit nichtverbalen.

Manche Gefühle lassen sich nur nichtverbal ausdrücken. In vielen Situationen, besonders wo Angst, Scham oder Feindschaft herrscht, können Menschen keine Worte finden für das, was sie bewegt. Trotzdem bringen sie ihre Emotionen zum Ausdruck, in ihrer Körperhaltung und in ihren Bewegungen. Aber auch sprachlich ausgedrückte Gefühle werden im nichtverbalen Bereich verdeutlicht. Der Grad, die Intensität wird selten in klaren Worten, eher in Gesichtsausdruck und Stimmton bekanntgegeben.

Wer Menschen verstehen und auf sie eingehen will, soll ihre nichtverbale Sprache beachten und fähig sein, sich selber angemessen in dieser Dimension auszudrücken. Der nichtverbale Rapport fängt schon beim Begrüßen und Platznehmen an. Nur nichtverbale Körpersignale sagen uns, wie nah wir kommen sollen, wo die Grenzen sind. Steht mein Stuhl zu dicht am Krankenbett oder zu weit entfernt, so ist oft schon über die Art der Beziehung negativ entschieden. Auch das rechte Redetempo finde ich nur, wenn ein gewisser Grad von Harmonie zwischen dem Tempo des Anderen und meinem zustande kommt. Wer zu langsam spricht, verursacht peinliche Stillen, wer zu schnell redet, überfährt den Anderen. Menschen sagen einander selten, daß sie langsamer oder schneller reden sollen, aber sie strahlen es aus. Diese Signale sollen Seelsorger gut verstehen und zu Herzen nehmen. Frau Maurer sagt ihrem Seelsorger «Herr Pfarrer» anders als es in einer konventionellen Begrüßung üblich ist. Was sie genau ausdrückt, ist für verschiedene Interpretationen offen. Kurt versteht es als Ausdruck einer großen Freude. Wenn sie darauf seine Hand umklammert, wird ihm dadurch klar, daß sie seine Nähe braucht. Er versteht die Zeichen und beantwortet sie damit, daß er sich unbefangen gibt und umklammern läßt. Das ist richtig, wenn der Andere das braucht und es weiterhilft, und wenn der Seelsorger das gerne macht.

«Frau Maurer, ich bin mit Ihnen traurig. Sie hofften doch, heute Nachmittag im Stuhl sitzen zu können, wie die Schwester mir sagte. Und jetzt geht es doch nicht. Sie haben soviel Schweres.»

Das verspannte Weinen kommt wieder. «Ja, ja», sagt sie.

«Ich bin jetzt bei Ihnen, ein kleines Stück Weg bei Ihnen», sage ich.

Mühsam sagt sie mir: «Sie müssen immer kommen, kommen Sie wieder.» Die Worte folgen einander langsam, während sie mich fest anschaut und meine Hand drückt.

«Ich komme wieder. Sicher komme ich wieder.»

Wir sitzen jetzt einfach zusammen. Ab und zu nehme ich meine Hand von ihrer Stirne weg. Einmal streichle ich leicht durch ihre Haare. Ich empfinde große Sympathie für sie. «Soll ich für Sie beten?» frage ich.

«Ja», sagt sie klar. Das verkrampfte Weinen setzt wieder ein. Meine Rechte hält noch immer die rechte Hand von Frau Maurer, meine Linke liegt auf ihrer Stirne.

«Vater im Himmel, ich bete für Frau Maurer. Du kennst sie. Du kennst sie und liebst sie noch viel viel mehr als ich. Du weißt, wie sie leidet. Sie hat es jetzt so schwer und sehnt sich nach Deiner Hilfe. Mach es ihr nicht zu schwer, lieber Gott. Trage jetzt das schwere Los mit ihr. Gib ihr Mut, gib ihr Kraft. Ich danke Dir, daß Du das tust. Amen.»

Wir sehen einander wieder an. «Habe ich es so gesagt, wie es für sie recht ist?» frage ich.

«Ja», sagt sie, «danke, Herr Pfarrer, danke.»

Wir sitzen noch eine Weile zusammen.

«Ich komme in einer Woche wieder zu Ihnen. Denken Sie, daß ich jetzt wieder von Ihnen weggehen darf, Frau Maurer?» frage ich.

«Ja», sagt sie, «wenn Sie wiederkommen.» Trotz des langsamen Redens tönt ihre Stimme entschieden.

«Ja, gewiß», erwidere ich. Langsam nehme ich meine Hand von ihrer Stirne weg. Mit beiden Händen fahre ich über ihre rechte Hand. «Jetzt ist mir noch ein Bibelwort in den Sinn gekommen, das ich sehr tröstlich finde. Denn bei Ihnen merke ich immer die große Not, daß Sie etwas sagen möchten, daß es aber doch nicht recht geht. Vielleicht sagt das Bibelwort etwas von dem, was Ihnen wichtig ist. Soll ich es Ihnen vorlesen?»

«Ja», sagt sie mir.

Ich sage den Anderen, daß ich Frau Maurer ein Bibelwort vorlesen möchte. «Soll ich es so machen, daß Sie es auch hören können?» frage ich.

«Ja, tun Sie das», sagt die eine der zwei Frauen. Die andere nickt zustimmend.

Ich stelle mich in die Mitte des Zimmers. Aus meiner Taschenbibel lese ich Römer 8,26–28:

«Wir wissen nicht, was wir beten sollen, wie sich's gebührt. Aber der Geist selbst tritt für uns ein mit unaussprechlichen Seufzern. Der jedoch, der die Herzen erforscht, weiß, was das Trachten des Geistes ist. Denn er tritt für die Heiligen ein, wie es Gott gefällt. Wir wissen aber, daß denen, die Gott lieben, alle Dinge zum Guten mitwirken.»

«Das ist nicht leicht zu verstehen: Daß alles zum Guten mitwirken kann. Auch eine lange Krankheit und schweres Leiden. Sicher bäumt sich oft viel in uns dagegen auf. Ich denke, daß es Ihnen auch so geht. Gott kennt Ihre Seufzer, ihre unaussprechlichen Seufzer. Wir haben Gott viel Schweres zu sagen, und nun hat er uns auch etwas zu sagen. Daß er mit uns, mit Ihnen, auf einem Weg ist. Und der Weg ist ein guter Weg, es ist Gottes Weg. Alles Böse und Schmerzliche kann nicht verhindern, daß er mit uns ans Ziel kommt. Diese Botschaft will Sie trösten und Ihnen Mut machen.»

Ich stecke meine Bibel wieder in die Tasche. «Ich wünsche Ihnen genug Kraft für diesen Tag und guten Mut», sage ich und gebe allen die Hand. Auch Frau Maurers Hand berühre ich nochmals.

Die Situation der Chronischkranken

Der Ausdruck «chronischkrank» ist umstritten. Man redet lieber von «Langzeitpatienten», «langwierig Kranken», «Pflegebedürftigen» oder noch anders. Die Varianten in der Benennung weisen wohl auf eine Unsicherheit hin. Unsere Gesellschaft weiß nicht so recht, was machen mit den vielen Menschen, die nie wieder bewegungsfähig, gesund und selbständig werden. Mit dem Anstieg der durchschnittlichen Lebenserwartung ist auch die Zahl der gebrechlichen Betagten gewachsen, und zwar enorm. Wir bauen Heime, viele und große, und immer noch fehlt es an Platz für pflegebedürftige Menschen. Junge Familien sind immer weniger bereit und imstande, mit behinderten Verwandten zusammenzuwohnen und sie zu versorgen.

Für die Ärzte sind die Langzeitpatienten in der Regel nicht interessant. Krankenhausleitungen kämpfen gegen die wachsenden Zahlen der Dauerpatienten. Es wird für selbstverständlich gehalten, daß man nicht gerne in die Situation einer «Verstopfung» gerät. Die Gründe sind zum Teil respektabel, besonders im Hinblick auf die Ausbildungsmöglichkeiten von Krankenschwestern und jungen Ärzten. Aber die Lasten bekommen die Chronischkranken zu tragen, zusätzlich zu ihrem Zustand der Behinderung. Meistens kommen sie zuerst als Kranke in ein Krankenhaus. Sobald dort klar wird, daß sie nicht mehr selbständig wohnen können, werden sie in ein Heim verwiesen. Das verursacht nochmals eine Umstellung, nochmals eine Entwurzelung. Dazu kommt, daß die Suche nach einem «Heim» für sie mühsam ist. In der Regel ist in der Nähe ihres alten Wohnortes kein Platz für sie vorhanden. Sie müssen dann mit einem Platz weiter weg zufrieden sein, womit ihre Entwurzelung auch lokal vollzogen ist. Oft ist der Gang und der Aufenthalt in einem Krankenheim auch ein großes finanzielles Problem. Die Krankenkassen bezahlen meistens nur den Krankenhausaufenthalt. Im Krankenheim leisten sie viel weniger oder gar nichts. So müssen Angehörige oder die Gemeinde um Unterstützung gebeten werden.

Nicht selten wird die Frage erhoben, ob die Existenz dieser Menschen sinnvoll ist. «Sinn» wird dabei stillschweigend mit «leistungsfähig» gleichgesetzt. Wer nichts mehr tut, wofür ist er noch da? Wenn auch noch das Denkvermögen angetastet wird, scheint das Weiterleben völlig absurd geworden zu sein. Daß wir in solchen Argumenten von den Vorurteilen und Einseitigkeiten unserer Gesellschaft bestimmt werden, ist uns meistens nicht klar. Mensch-Sein umfaßt eben mehr als Selbständigkeit, Denken und Leisten. Die Existenz der zahllosen Dauerpatienten kann uns darin belehren, denn die wenigsten dieser Menschen wollen nicht mehr leben. Einigen gelingt es, den kleinen Spielraum zwischen den ihnen auferlegten Beschränkungen zu einer überzeugenden Lebensfreude auszunützen. Die vielen aber, denen das nicht gelingt, haben doch auch ihre Sehnsüchte und Hoffnungen. Sie wollen auch atmen, leben, möglichst glücklich sein.

Seelsorger haben sich seit jeher für Menschen in aussichtsloser Lage interessiert. In den Heimen für Chronischkranke, wo die raffiniertesten Künste der modernen Medizin versagen, wird der Pfarrer gerne zugelassen. Gehört das nicht zur Würde der Seelsorge? Wo keine Hoffnung mehr ist, wo die Probleme nicht mehr lösbar sind, wird es merkwürdig still. Eine Leistungsgesellschaft wird dort sprachlos. Aber der Seelsorger, dieser Anwalt der Hoffnung, er ist dort am Platz.

Chronischkranke gibt es in mehreren Kategorien. Frau Maurer gehört zu denen, die geistig voll präsent sind. Ihr Vokabular hat sich aber bis auf zehn Worte eingeschränkt. Medizinisch rechnet man mit keinem Fortschritt mehr. Sie ist aber nicht krank! Vielleicht lebt sie noch lange Zeit. Physiotherapeutisch sind einige Fortschritte nicht undenkbar, aber die werden zu einer Entlassung nach Hause nicht reichen.

Ein Seelsorger, der mit ihr «ein Gespräch führen» möchte, bleibt bes-

60

ser daheim. Der Gedankenaustausch allein genügt wohl nie in der Seelsorge, in der Beziehung zu Menschen wie Frau Maurer wird das in verstärktem Maße klar. Seelsorge ist eine ganzheitliche Begegnung, eine Begegnung der Liebe.

Hautnah. Die körperliche Berührung

Kurt sagte mir, daß er nirgends in seiner Arbeit so sehr seine Finger und seine Hände braucht, wie bei seinen wöchentlichen Besuchen im Heim für Chronischkranke. Das sagt sicher nicht nur etwas über die seelsorgerlichen Bedürfnisse der Patienten aus, sondern auch etwas über Kurt. Er berührt Menschen im Allgemeinen gerne und hat offensichtlich selber Freude daran. Soviel ich weiß, ist er aber nicht aufdringlich oder kontaktsüchtig. Er findet jeweils die angemessene Nähe und die angemessene Distanz. Ich glaube, er ist ziemlich frei von Tabus in dieser Hinsicht.

Damit sind wir am wichtigsten Punkt in der Diskussion um die nichtverbale Kommunikation: Was ist angemessenes Reagieren? Noch weniger als für den verbalen Bereich der Seelsorge lassen sich für den nichtverbalen etwa Regeln oder Methoden erfinden. Angemessen reagieren heißt immer persönlich, originell und damit einzigartig reagieren. Nur soll niemand meinen, daß sich der nichtverbale Kontakt automatisch richtig gestaltet, weil er so oder so einzigartig ist. Wir können große Fehler machen und damit den Kontakt zu einem Menschen belasten oder verderben.

Die erste Voraussetzung für eine gute, nichtverbale Beziehung ist, wie schon gesagt, eine hochgradige Feinfühligkeit. Es gibt Seelsorger, die sie immer gehabt haben. Bei ihnen gestaltet sich die nichtverbale Begegnung in einer natürlichen Weise. Andere haben Mühe. Nicht weil sie an sich weniger sensibel wären, sondern weil sie von persönlichen Problemen her bestimmt werden. Ich wage diese kühne Behauptung, weil ich wiederholt an Menschen, die in der Regel taktlos, unfein und unsensibel sind, plötzlich eine ganz zarte Sensibilität entdeckt habe, wenn sie verletzt oder tief berührt wurden. Deshalb glaube ich, daß wohl alle Menschen im Grunde ein feines Gespür haben und daß Seelsorger, die auf diesem Gebiet unbeholfen oder störend sind, den Weg zur Sensibilität oft ein Stück weit zurückfinden können. Besonders in einer Seelsorgeausbildung, die in einer kleinen Gruppe stattfindet, können diese Aspekte der Begegnung in Betracht gezogen werden.

Die zweite Voraussetzung für einen unbefangenen, nichtverbalen Kontakt ist der erwachsene Umgang mit den Tabus, die in unserer Gesellschaft gelten. Besonders Berühren ist ein sehr geladenes Thema, und wer sich da zu wenig auskennt, läßt sich entweder einschüchtern, sodaß er zuviel auf Distanz bleibt, oder er unterschätzt in naiver Art die Widerstände, die in vielen Menschen gegen menschliche Nähe existieren, sodaß er ihnen zu nahe tritt und sie damit innerlich brüskiert.

Wenn sich Kurt von den Gedanken-Assoziationen beeindrucken ließe, die die anderen Zimmerbewohner und eine hereinkommende Schwester über seine Nähe zu Frau Maurer oder über sein Streicheln machen könnten, würde er sich viel distanzierter verhalten. Seelsorger sollen genau wissen, was sich in ihnen selber abspielt, damit sie die Grenzen in ihrem Verhalten richtig bestimmen können. Kurt sagte uns, er sei hauptsächlich in einer mütterlichen Position, wenn er bei Frau Maurer ist. Die Frau hat sehr viel zu tragen. In ihren erwachsenen Kräften, die noch vorhanden sind, wird sie von den Schwestern und der Physiotherapeutin angesprochen. Das große Bedürfnis, sich trösten zu lassen und zu regredieren, will Kurt für die Beziehung, die sie zu ihm hat, anerkennen und gelten lassen. In großer Not und Hilflosigkeit bleibt Menschen wohl nicht viel Anderes übrig als zu regredieren. Gott sei Dank gibt es das. In solchen Kontakten entstehen oft Abhängigkeiten. Es gehört zur Verantwortung des Seelsorgers, das zu beachten. Kurt weiß darum und besucht die Frau regelmäßig. Dadurch wird die Beziehung verbindlich. Nur in diesem Rahmen scheint mir das große Maß an regressiver Nähe und die Abhängigkeit, die eventuell damit entsteht, erlaubt. Kurts Kontakte mit der Hausleitung tragen dazu bei, daß er seine seelsorgerliche Beziehung zu Frau Maurer kritisch reflektieren kann.

Für die Betreuung Chronischkranker ist diese tabufreie Umgangsart eine große Hilfe. Viele dieser eingeschränkten Menschen sehnen sich nach menschlicher Nähe, und selber können sie kaum Initiativen dazu nehmen. Besonders jene, die ohne Angehörige oder Freunde sind, mit denen sie einen intimen Kontakt haben, sehnen sich oft schmerzlich nach Liebe. Und gerade für Chronischkranke, die in solche Abhängigkeit und Hilflosigkeit versetzt sind, ist Liebe oft nur verständlich in der leiblich-seelischen Ganzheit, die im Grunde immer zur Liebe gehört. Von den sie betreuenden Krankenschwestern und Pflegerinnen dürfen wir in dieser Hinsicht nicht immer viel erwarten. Die Arbeit drängt, und die Tabus sind streng. Eifersüchte drohen. Hier kann gerade der Seelsorger etwas bieten.

Vielleicht ist es überflüssig zu sagen, daß Berührung Geborgenheit erleben lassen kann. Die Haut ist, wie kein anderer Teil unseres Wesens, die Stätte der Begegnung. Wie ein Himmelsgewölbe streckt sie sich über unsere ganze Existenz aus. Die differenzierten Bewegungen der Finger und der Hand sind wohl ein ausgezeichneter Hinweis auf die Aufmerksamkeit und Liebe Gottes.

Wenn Jesus Menschen berührt – was er oft tut (s. zum Beispiel Mt. 8,3; 8,15; 9,29; 17,7; 20,34) – ist das manchmal die Verletzung eines Tabus (zum Beispiel Luk. 5,13). Menschen, die durch Verschuldung oder Schicksal in eine isolierte Position geraten sind, werden durch seine Berührung in mitmenschliche Nähe und in die Gemeinschaft geführt. Verlangt Seelsorge an Chronischkranken nicht eine ähnliche Art? Nutzlose Menschen, von denen oft gesagt wird, sie seien besser nicht mehr da, werden geliebt und zwar in einer ganzheitlichen Art, wenn ein treuer Seelsorger sich Zeit für sie nimmt und in angemessener Art zärtlich mit ihnen ist.

Der Besuch, den Kurt Frau Maurer macht, zeigt klar, wie sich die Begegnung körperlich gestaltet. Wie viele und intensive Formen des Kontaktes: Der Blick der Augen, das Halten, Drücken und Streicheln der Hände, die Handauflegung auf die Stirne, das Streicheln der Haare, die räumliche Nähe. Besonders im Kontakt mit Bettpatienten können Seelsorger den Menschen räumlich manchmal sehr nah kommen. Deshalb ist eine sorgfältige Körper- und Kleiderpflege unerläßlich. Übelriechende Kleider oder Mundgeruch verderben allen Einsatz, wie gut er auch gemeint ist und wie technisch-perfekt er ausgeführt wird.

Die Bibellesung und die einfachen Worte von Kurt sind wertvoll als kurze Feier, als ganz kleiner Gottesdienst. Sie bringen auch etwas von außen herein und versuchen, die Aufmerksamkeit der meistens sehr auf sich selber konzentrierten Menschen einen Moment lang auf etwas Überpersönliches zu lenken.

Dies ist kein Rezept für die Betreuung Chronischkranker! Es ist nur ein Beispiel. Jede Beziehung soll ihre eigenen Formen finden, ihre eigene Nähe und ihre eigene Distanz. Aber nicht die Tabus sollen uns bestimmen. Durch Verklemmtheiten des Seelsorgers würden diese Patienten zu kurz kommen. Hier will Gottes Wort nicht nur verbal sein, nicht nur «Wort» im abendländischen Sinn, sondern «dabar»: Wort, wie es in der hebräischen Sprache heißt: sprechende Tat, Wort und Handlung in einem.

7: Patienten in einem Mehrbettzimmer –
Der Seelsorger auf Gruppenbesuch

Herr Bauer liegt wegen Krampfaderbeschwerden im Krankenhaus. Er ist Kriminalpolizist und 47 Jahre alt. Regelmäßig kommt er in den Gottesdienst. Zum Gemeindepfarrer, Matthias Wolf (31), hat er eine gute Beziehung. Frau Bauer hat den Pfarrer auf die Krankenhausaufnahme ihres Mannes aufmerksam gemacht. Matthias berichtet über seinen Besuch.

An der Pforte habe ich die Nummer des Zimmers vernommen. Ich freue mich, Herrn Bauer zu sehen. Ich weiß, daß seine Operation zwar heikel ist, aber keinen ernsthaften Charakter hat. Ich melde mich bei den Schwestern. Ich kann sofort in den Krankensaal gehen, ein Vierbettzimmer. Als ich die Türe aufmache, merke ich, daß in dem Zimmer geredet wird. Es wird aber still, als ich eintrete. Man schaut mich an. Ich sehe Herrn Bauer sofort am Fensterplatz.

«Grüezi mitenand», sage ich laut. «Ich heiße Wolf und bin Pfarrer von B...dorf. Ich möchte Herrn Bauer besuchen. Ein «Grüezi, Herr Pfarrer» kommt zurück. Ich gehe auf Herrn Bauer zu, der sich zurecht macht. Er räumt Zeitschriften weg und setzt sich auf, um mich zu begrüßen.

«Das freut mich, Herr Pfarrer, daß Sie mich besuchen. Setzen Sie sich.»

Ich merke, wie das Interesse der anderen Patienten auf mich gerichtet ist. Ich vermute, daß sie gerade alle miteinander geredet haben. Ich bin ein Eindringling in eine Gemeinschaft.

«Ich möchte Ihren Kollegen auch schnell Grüezi sagen, bevor ich zu Ihnen komme.» Ich gehe zu allen und gebe ihnen die Hand. Darauf setze ich mich zu Herrn Bauer.

Die Probleme des Mehrbettzimmers

Mancher Seelsorger findet es unangenehm, ein Mehrbettzimmer zu betreten. Seinen eigenen Patienten besucht er vielleicht gerne, aber die Tatsache, daß er sich möglicherweise mit ihm unbekannten anderen Patienten einlassen muß, macht ihn unsicher und schreckt ihn ab.

Wie sieht das Mehrbettzimmer vom Patienten her gesehen aus? Wer als Patient ins Krankenhaus kommt und in einem Mehrbettzimmer untergebracht wird, wächst in eine einzigartige Gruppe von Menschen hinein. Selten sind Menschen äußerlich dermaßen total zusammen wie in einem Krankenhauszimmer. Die Bettpatienten leisten einander vierundzwanzig Stunden pro Tag Gesellschaft. Das kommt nicht einmal in einer Ehe vor. Die Intensität des Zusammenseins wird in der Regel durch den Ernst der Situation gefördert. Die meisten Patienten leben in einer Spannung, wie lange ihr Krankenhausaufenthalt dauern und ob

64

die ärztliche Behandlung Erfolg haben wird. Man merkt, wie es den anderen Patienten im Zimmer geht, und man tauscht Erfahrungen aus. Kranke haben Zeit, sie erzählen einander oft noch Anderes, als was zur Krankheit gehört. So erlebt man die gemeinsamen Tage manchmal in einer starken Solidarität.

Natürlich gibt es eine Vielfalt der Formen dieses Zusammenwachsens. Die Zahl und die räumliche Distanz der Betten spielen eine Rolle. In kleinen Mehrbettzimmern kommt eine gegenseitige Vertrautheit eher zustande als in den größeren. Auch gibt es Zimmer, in denen die Patienten große Distanz bewahren, aneinander vorbei leben oder in einer gereizten Stimmung sind.

Beim ersten Besuch weiß der Seelsorger über dies alles nichts. Wenn er Gemeindepfarrer ist, gilt sein primäres Interesse meistens nur einem der Patienten. Der Krankenhauspfarrer will alle besuchen, eventuell auch nur diejenigen, die zu einer bestimmten kirchlichen Gemeinschaft gehören. Aber in jedem Fall hat es Gewicht, daß der Seelsorger zu einer Gruppe von Menschen kommt und nicht nur zu einem einzelnen.

Diese Tatsache fällt schon in den ersten Sekunden ins Gewicht. Was macht der Seelsorger, wenn er zur Türe hineingetreten ist? Matthias sagt laut: «Grüezi mitenand. Ich heiße Wolf und bin Pfarrer von B...dorf. Ich möchte Herrn Bauer besuchen.» Er macht die drei Angaben, die am Anfang jedes Besuches stehen sollen: er sagt, wie er heißt, in welcher Funktion er kommt und was er will. Er sagt es laut, damit ihn alle verstehen können. Meistens ist das die beste Art. Alle Anwesenden wissen jetzt, was los ist. Für die Patienten ist es nicht angenehm, wenn sie erraten müssen, wer da außerhalb der Besuchszeit zu einem von ihnen kommt. «Kommt der auch zu mir?», fragen sie sich. «Was will er?» Matthias schafft Klarheit. Es braucht ein wenig Mut, sich sofort auf diese laute Art zu profilieren. Aber gerade in einem Krankenhaus geschieht schon so viel, das nicht erklärt wird und wobei Patienten in der Schwebe gelassen werden, daß der Seelsorger dieses Vorgehen nicht noch verstärken soll. Durch seinen Gruß und seine klaren Angaben nimmt Matthias auch Rücksicht auf die Tatsache, daß sein Patient jetzt zu einer Gemeinschaft gehört. Matthias begrüßt die Anderen sogar alle persönlich. In seinem Fall ist das richtig, weil er sofort die Solidarität der Patienten spürt.

Nicht immer ist es möglich oder erstrebenswert, den Anfang so zu gestalten wie Matthias es tut. In einem sehr großen Mehrbettzimmer, mit acht oder mehr Betten, müßte man zu laut reden, um sich verständlich zu machen. Dort genügt ein viel kürzeres und nichtverbales Grüßen, oder es unterbleibt wohl besser. Schwieriger ist es, wenn der Seelsorger das Gemeindeglied nicht kennt oder nicht sofort wiedererkennt.

Manchmal gibt es einen Bettenplan an der Zimmertür. Wenn diese Orientierung fehlt oder nicht benutzt wird, bleibt fast nichts anderes übrig als eine kollektive Anrede. In kleineren Zimmern ist eine allgemeine Begrüßung nicht angemessen, wenn einige Patienten intensiv mit Besuchern oder Pflegepersonal beschäftigt sind, oder wenn sie schlafen.

Übrigens haben Mehrbettzimmer einen Vorteil gegenüber Einzelzimmern: Die Tatsache, daß mehrere Menschen im Raum sind, macht die Atmosphäre eher locker. Es sind noch andere Geräusche oder Stimmen vorhanden außer denen zwischen dem Kranken und dem Seelsorger. Im Einzelzimmer gerät der Besuch des Seelsorgers schneller unter den Druck, daß jetzt ernst geredet werden muß. Wo mehr Menschen sind, können Kontakte sich oft viel natürlicher entwickeln.

«Sie sind hier in einer Großfamilie, wenn ich es recht sehe», sage ich.

«Wir kommen sehr gut miteinander aus, wir haben es toll zusammen.»

«Das freut mich für Sie. Ich merke, wie hier Stimmung herrscht. Und wie geht es Ihnen, wie ist die Operation verlaufen?»

Mit einer mächtigen Gebärde wird die Decke zurückgeschlagen. Herr Bauer zeigt mir sein linkes Bein. Ich bin zuerst sehr überrascht. Ein großes, nacktes Bein sehe ich nicht alle Tage. Eine lange Operationswunde ist sichtbar. «Von hier bis zum Glied hat man mir eine Plastikader eingesetzt.»

Herr Bauer redet in der Regel sehr vertraulich zu mir. Seine Art hat etwas Bubenhaftes an sich. Sie amüsiert mich und macht mich zu gleicher Zeit verlegen.

«Und tut es weh?», frage ich.

«Am Abend manchmal», sagt er und schlägt die Decke wieder zu. Er berichtet von der Operation und von der Vorgeschichte.

«Klasse, daß man das reparieren kann», sage ich. «Am andern Bein haben Sie keine Beschwerden?»

«Viel weniger, das war schon immer so. Nein, da ist eine Operation nicht nötig.»

«Wie ist es eigentlich, so plötzlich aus der Arbeit weg und in einen Krankensaal?»

Ernst blickt er mich an. «Sehr instruktiv, Herr Pfarrer. Hier lernt man seine Gesundheit wieder schätzen. Für mich eine große Erfahrung.»

Wir reden über den Gegensatz zwischen seiner Arbeitswelt, mit Fahndungen, Kraft, Schlauheit und Gewalt, und dem Krankenhaus, mit Gebrechlichkeiten und Sanftheit. Ich fühle mich wohl in diesem Gespräch. Es gibt keine schwerwiegenden Probleme, aber eine Besinnlichkeit ist da, die mir Herrn Bauer sehr nah bringt.

Inzwischen reden zwei andere Patienten auch miteinander, ein älterer und ein jüngerer. Plötzlich höre ich, daß der Ältere sagt: «Paß mal auf mit solchem Geschwätz, es ist ein Pfarrer im Haus.» Der andere reagiert: «Ich fluche, wann ich will.»

Herr Bauer scheint es nicht zu merken. Wir reden an unserem Thema weiter.

«Herr Pfarrer», ruft jetzt der ältere Patient, «wenn in der Kirchenpflege ein Platz frei wird, soll man ihn (er meint Herrn Bauer) wählen. In ihm haben Sie einen guten Mitarbeiter.»

«Herr Jenzer ist katholisch», erklärt Bauer mir, «aber wir kommen gut aus miteinander.» Das «aber» amüsiert mich.

«Aber zu ihm sollen Sie mal gehen», sagt Bauer mir und zeigt auf den jungen «Flucher». «Der glaubt an nichts, und wir können es ihm nicht klar machen. Wir haben hier schon viel ernsthaft geredet, nichtwahr Giuseppe?», fragt er Jenzer.

Mir wird es sehr unwohl. Es gibt kein Entrinnen mehr, schon zwei von den drei anderen Patienten sind in das Gespräch einbezogen. Besonders die Situation um den «Flucher» macht mir Mühe. Ich finde solche Gruppengespräche eine schlimme Arbeit.

«Aber fluchen kann er wie keiner. Das ist doch auch eine Art Glaube, nicht wahr?», fragt mich Bauer.

«Menschen haben oft Grund zum Fluchen, das passiert mir auch mal», sage ich in einer klaren Parteinahme für den jungen Patienten.

«Siehst Du, Pfarrer fluchen auch», sagt der Junge.

«Sind Sie schon lange hier?», frage ich ihn.

«Sechs Wochen.» Er teilt mir mit, daß er einen Arbeitsunfall hatte und auch Diabetiker ist. Gott sei Dank verändert sich die Stimmung. Ich frage ihn, ob er vom Unfall ganz genesen kann. Er sagt, er könne vielleicht keine Kinder mehr erzeugen.

Jetzt stehe ich auf und gehe einige Schritte näher zu ihm. «Das ist dann keine Bagatelle.» Ich versuche, ihm meine Betroffenheit zu zeigen.

«Und haben Sie eine Familie?», frage ich.

«Ja, und eine Tochter. Dabei bleibt es dann wahrscheinlich.»

Die anderen Patienten unterbrechen unser Gespräch und erzählen von dieser Tochter, wie lieb sie sei und so weiter.

«Ich wünsche Ihnen alles Gute», sage ich ihm noch.

Der Seelsorger als Gruppenteilnehmer

Nachdem Matthias sich für den Zustand von Herrn Bauer interessiert und mit ihm über den Alltag im Krankenhaus geredet hat, wird er in ein Gruppengespräch hineingezogen. Schon vorher hat er gemerkt, daß die anderen mit seiner Präsenz rechnen. Mit der Aussage über die Kirchenpflege fängt das Gruppengespräch nun förmlich an. Matthias hat das nicht provoziert, es ergibt sich einfach.

Wegen der Solidarität, wie sie in vielen Mehrbettzimmern herrscht, ist diese Entwicklung durchaus verständlich. Sicher haben Herr Jenzer und Herr Bauer schon soviel miteinander geredet, daß man die Lust des Herrn Jenzer, sich nach einer gewissen Zeit auch am Gespräch mit Bauers Pfarrer zu beteiligen, als natürlich ansehen muß. Vielleicht hat Bauer schon von seinem Pfarrer erzählt! Über Kirche, Glauben und Pfarrer wird in Krankenzimmern relativ viel geredet, einmal weil es interessante Themen sind, zweitens wegen der besinnlichen Atmosphäre, die zum gemeinsamen Erleben des Krankseins gehört, und drittens weil Seelsorger nun einmal Krankenbesuche machen und sich dadurch der Aufmerksamkeit aufdrängen. Vier Patienten haben eventuell vier Gemeindepfarrer, mit zwei Krankenhauspfarrern ergeben das insgesamt sechs Herren und Frauen Pfarrer. Die werden in den Gesprächen auf dem Zimmer wahrscheinlich miteinander verglichen und besprochen. Kein Wunder, daß Herr Jenzer Bauers Pfarrer auch einmal erleben will.

Matthias findet diese Herausforderung nicht sehr angenehm. Das verstehe ich. Er ist ein Außenseiter in dieser Gemeinschaft und muß jetzt mitmachen. Er ist natürlich unsicher: Was sind das für Leute? Wird er jetzt angegriffen, ausgelacht vielleicht? Oder wird er mit einem Pfarrerbild identifiziert, das nicht das seine ist? Wie stehen diese Menschen zur Kirche? Das Thema Fluchen ist schon hinter seinem Rücken in einer Art hochstilisiert, die ihm wahrscheinlich Mühe macht. Ihm werden vielleicht Gesprächsthemen aufgezwungen, die ihm zuwider sind. Das alles zusammen bildet eben das eigentliche Problem des Mehrbettzimmers!

Die schlagfertigen, extravertierten und versierten Typen haben es leicht. Sie wissen kurz etwas zu sagen und schon lacht alles. Mit einem Schlag erobern sie einen ganzen Saal. Aber abgesehen davon, daß solche Pfarrer oft Mühe haben, den wirklichen Zugang zu den Menschen zu finden: dieses Charisma besitzen nur wenige. Lernen kann man es nicht. Matthias kann es auch nicht, aber trotzdem findet er einen guten Weg. Übrigens macht er sich wahrscheinlich zu viel Sorgen. Angegriffen wird er wohl kaum in diesem Zimmer. Natürlich, soviele Patienten es gibt, soviele unterschiedliche Haltungen der Kirche gegenüber gibt es, auch feindselige. Aber bis auf bestimmte Zimmer mit vielen jungen Männern gibt es kaum Säle, wo die Patienten den Seelsorgern nicht mit Respekt entgegenkommen.

Herr Bauer will mit seinem Pfarrer auf den jungen Flucher los. Ich finde es gut, daß Matthias als Einziger Verständnis für das Phänomen Fluchen zeigt. Er wehrt sich damit gegen die Frontenbildung von Bauer. Noch besser finde ich die Wendung, die er dem Gespräch gibt durch sein persönliches Interesse für den jungen Patienten. Dadurch, daß dieser Wichtiges von sich erzählt, verändert sich die Stimmung. Eine wahrscheinlich sinnlose Diskussion über das Fluchen ist durch die Teilnahme an einem schweren Schicksal ersetzt worden. Natürlich ist das nicht immer möglich, aber Matthias hat seinen Beitrag zu dieser Entwicklung geleistet durch sein interessiertes Fragen. Ohne diesen Schritt hätte der junge Mann wohl nichts Persönliches gesagt.

Der Seelsorger redet kurz mit diesem Patienten und nachher auch kurz mit den anderen. Das ist eine der möglichen Lösungen des Problems, wie man mit den anderen Patienten, die nicht zur eigenen Gemeinde gehören, umgehen soll: eine Serie von Einzelgesprächen. Daß Matthias sich mit den anderen kürzer als mit Herrn Bauer unterhält, versteht jeder.

Es gibt auch eine andere Lösung, nämlich das Gruppengespräch. Oft ist diese Lösung angemessener oder sogar die einzig mögliche. Der Seelsorger kann darin die Funktion eines Gruppenteilnehmers haben, der vielleicht lange nichts sagt, sondern einfach zuhört. Aber er kann auch die Rolle des Gruppenleiters bekommen oder einnehmen. Das ist angemessen und hilfreich, wenn die Patienten in wichtigen Angelegenheiten aneinander vorbeireden, einander nicht verstehen oder Konflikte haben. Matthias nimmt einen Anlauf in der Sache des Fluchens. Mit seiner Aussage: «Menschen haben oft Grund zum Fluchen, das passiert mir auch mal» versucht er dem durch die Kritik bedrängten Patienten einen Einstieg in das Gespräch zu ermöglichen. Er hätte natürlich so weitermachen und nach der Solidarisierung mit dem jungen Patienten zu Herrn Jenzer sagen können: «Aber für Sie ist Fluchen etwas Böses, Sie sind dagegen.» Und dann sehen, wie es weiter geht. In einer Dolmetscherrolle, in der er versucht, für alle Teilnehmer ein Verständnis zu wecken, kann der Seelsorger solchen Diskussionen manchmal zu einem gewissen Tiefgang verhelfen. Auch seine eigene Meinung kann ein wichtiger Beitrag sein. Plötzlich können solche Saalgespräche ungemein wichtig und für alle Beteiligten ein Erlebnis werden. Aber: das geschieht selten.

Jetzt frage ich auch die zwei anderen Patienten, ob sie schon lange hier sind. Beide reagieren mit ziemlich ausführlichen Mitteilungen.

Als ich mich verabschieden will, sagt Herr Bauer: «Sie müssen uns noch etwas aus der Bibel vorlesen.»

Ich bin wieder überrumpelt. Aber ich entscheide mich rasch, ich will es tun.

«Soll ich das mit Herrn Bauer allein machen, oder darf ich das hier tun?», frage ich. Ich stehe in der Mitte des Raumes.

Niemand wehrt sich. Wie sollen sie auch? Im Gegenteil, ich habe den Eindruck, daß sie den Pfarrer von Leo Bauer gerne einmal im Auftritt sehen wollen. Das gibt sicher wieder Gesprächsstoff. Mir fällt es nicht leicht. Das Durcheinander von Freundlichkeit und beobachtender Distanz weckt in mir ein komisches Gefühl.

Ich lese aus Psalm 103, die Verse 6 bis 13. Mitten in der Lesung kommt eine Schwester herein. Ich unterbreche sofort und sage: «Ich lese gerade etwas aus der Bibel.» «Entschuldigung», sagt sie und entfernt sich wieder.

Nach der Lesung sage ich noch einige Worte: «Daß Gott barmherzig ist, das ist für mich etwas Unglaubliches. Ein Trost und ein Halt, aber ich erlebe es auch oft gar nicht. Dann denke ich: wir sind doch harten Schicksalskräften ausgeliefert, die gar nicht barmherzig sind. Und doch, dieses Wort von Gottes Barmherzigkeit macht mir dann wieder Mut. Das letzte Geheimnis unseres Lebens ist doch freundlicher und trostreicher als das harte Schicksal. Ich hoffe, daß Sie das für sich und miteinander auch erleben. Ich wünsche Ihnen allen eine baldige Genesung und alles Gute.»

Ich gehe nochmal zu allen und sage ihnen Adieu.

Bibellesen und Beten in einem Mehrbettzimmer

In vielen Regionen des Protestantismus war es lange Brauch, daß der Pfarrer am Schluß eines Krankenbesuches aus der Bibel vorlas und betete und zwar so laut, daß alle Anwesenden es hören konnten. Von einem solchen Brauch können wir heute nicht mehr reden, aber es gibt die Erwartung manchmal noch. Mancher Pfarrer versucht den Brauch zu erhalten.

Wenn sie als Selbstverständlichkeit gehandhabt wird, finde ich diese Methode in unserer Zeit aufdringlich. Unsere Gesellschaft ist nicht mehr unangefochten christlich, wie sie das vor hundert Jahren mehr oder weniger noch war. Aber in bestimmten Situationen ist eine Bibellesung für alle oder ein Gebet mit allen nicht nur zulässig, sondern auch sinnvoll und hilfreich.

Matthias wird von seinem Gemeindeglied zu einer Bibellesung aufgefordert. Die Hauptverantwortung liegt damit beim Patienten. Matthias hätte sagen können: «Das mache ich lieber mit Ihnen allein.» Aber ich finde es besser, daß er die Lesung für alle hält, nachdem er um Erlaubnis gebeten hat. Was sind die Gründe, die diesen öffentlichen Akt rechtfertigen?

Matthias erfüllt den Wunsch eines Patienten. Er darf aus der herzlichen Art, in der die anderen mit Herrn Bauer umgegangen sind, schließen, daß die anderen ihm gerne die Erfüllung seiner Bitte gönnen.

Es ist ein kleines Gruppengespräch entstanden, in dem der Seelsorger sich einigermaßen in die Gruppe hat integrieren können.

Matthias hat mit allen Patienten gesprochen.

Die Lesung schließt an die besinnliche Stimmung an, die in diesem Saal herrscht.

Ein biblisches Wort, in jener kurzen und persönlichen Weise dargebracht und ergänzt, kann eine wichtige Botschaft sein. Ohne den guten Kontakt, wie ihn Matthias vorher gefunden hat, bleiben die schönsten Worte in den meisten Fällen wirkungslos. Und wenn sie als Methode oder sogar als Ersatz für einen seelsorgerlichen Kontakt gesprochen werden, macht der Seelsorger sich oft nur lächerlich.

Eine Lesung und ein Gebet verlangen im Grunde eine ungestörte Ruhe, die im heutigen Krankenhaus kaum gewährleistet werden kann. Es gibt Pfarrer, die mit einem Schildchen das Zimmer blockieren, aber das ist oft eine Zumutung für den Pflegedienst. Auf jeden Fall muß der Seelsorger damit rechnen, daß seine Lesung oder sein Gebet gestört werden kann. Matthias löst das Problem, das durch das Hereintreten der Schwester entsteht, in der einzig richtigen Art: er informiert sie sofort über sein Tun. Wer das nicht macht, riskiert, daß die Schwester gar nicht merkt, was los ist, und daß sie die Andacht mit ihrem Auftreten ahnungslos stört.

Ein heikles Problem kann entstehen, wenn das besuchte Gemeindeglied ein Gebet oder eine Lesung für alle erwartet und auch darum bittet, aber der Seelsorger dies mit Rücksicht auf die Mitpatienten nicht will. Nicht jedes Gemeindeglied ist so behutsam, wie der Seelsorger sein

70

soll. Es herrscht in gewissen Kreisen die plumpe Argumentation: ein Bibelwort tut jedem immer gut. Aufdringliches Auftreten wird dort identifiziert mit: «Ich schäme mich des Evangeliums nicht.» Vielleicht fehlt dem Seelsorger manchmal tatsächlich der Mut zu einer angemessenen Tat. Aber auf keinen Fall darf er sich grundsätzlich von den Wünschen, auch nicht von den frommen Wünschen seiner Gemeindeglieder bestimmen lassen.

8: Ein Taufbesuch –
Das Profil der Taufe

Arnold Boß (42) ist seit zwei Jahren Pfarrer in einer Stadtgemeinde. Eines Tages sagt seine Frau ihm, daß eine Frau Frei angerufen habe wegen einer Taufe. Es folgt zuerst die Aufzeichnung des Gesprächs, das Arnold mit Frau Frei am Telefon führt.

Arnold: «Grüezi, Frau Frei, hier ist Boß. Sie haben mich angerufen, habe ich gehört.»
Frau Frei: «Grüezi, Herr Boß. Ja, wir möchten unsere Tochter taufen, sie ist jetzt vier Monate alt.»
A: «So, ist alles gut gegangen bis jetzt?»
F: «Ja, danke sehr gut.»
A: «Wir kennen uns, glaube ich, noch nicht. Stimmt das?»
F: «Nein, ich habe Sie einmal begrüßt, nach einem Waldgottesdienst, aber daran erinnern Sie sich wohl nicht mehr.»
A: «Vielleicht, wenn ich Sie sehe. Kann ich bald einmal zu Ihnen kommen?»
F: «Selbstverständlich. Wann paßt es Ihnen?»
A: «Ich komme am liebsten, wenn Ihr Mann auch dabeisein kann. Ich nehme an, daß dann ein Abend am geeignetsten ist.»
F: «Am Abend ist er fast immer daheim.»
A: «Oder kommen Sie vielleicht lieber zu mir?»
F: «Nein, es wäre uns recht, wenn Sie zu uns kommen wollen.» Wir verabreden uns auf einen Abend in der nächsten Woche. Ich sage, daß ich ungefähr eine Stunde reserviere.

Seelsorger sind freundlich

Das Telefongespräch scheint auf den ersten Blick völlig gewöhnlich zu sein. Es ist es nicht. Es herrscht eine Freundlichkeit vor, die leider in vielen Gesprächen mit Seelsorgern fehlt. Eine Taufangabe kann sehr kühl und amtlich erledigt werden, wie wenn es sich um eine reine Formalität handelte. In diesem Telefongespräch wird der Boden für eine angenehme Begegnung gelegt, in der über wesentliche Sachen gesprochen werden kann. Schon die spontane Frage: «So, ist alles gut gegangen bis jetzt?» am Anfang muß wohltuend für die Frau sein, die den neuen Pfarrer noch nicht sehr gut kennt. «Wir kennen uns, glaube ich, noch nicht», sagt der Pfarrer. Das deutet darauf hin, daß er eine Begegnung mit persönlichem Charakter sucht. Wir sollten nicht vergessen, daß die meisten Menschen selten mit einem Pfarrer zu tun haben. Sie haben sich oft ein Bild gemacht, das aus Erinnerungen, aber auch aus Vorurteilen gewachsen ist. So wie üblicherweise über Pfarrer geschrieben und geredet wird, ist dieses Bild oft ziemlich negativ. Es hat freudlose, strenge Züge. Eine freundliche Reaktion durchbricht Vorurteile und entspannt die Atmosphäre. Dazu kommt, daß manche Leute eine Scheu vor unbekannten Menschen haben. Auch in jenem Fall hat ein freundliches Entgegenkommen eine entkrampfende Wirkung. Freundlichkeit ist eine evangelische Haltung. «Wenn ihr in ein Haus kommt, so sprecht zuerst: ‹Friede sei diesem Hause!›» (Luk. 10,5).

In der nächsten Woche besucht Arnold Boß die Familie Frei. Sie wohnt in einem neugebauten Mehrfamilienhaus und die Wohnung sieht gutbürgerlich aus. Es folgt die Aufzeichnung des Gespräches, soweit Arnold sich daran erinnern kann.

Übrigens spricht vieles dafür, Taufgespräche bei den Menschen daheim zu führen. Der Seelsorger lernt auf diese Weise viel mehr von der Familie kennen als bei einer Begegnung in seinem Studierzimmer möglich ist. Doch gibt es auch Gründe, die eine Einladung ins Pfarrhaus rechtfertigen, zum Beispiel die Tatsache, daß man in der Wohnung der Leute nicht ungestört wäre, weil noch andere Bewohner (Eltern, Tante) da sind.

Nach der Begrüßung und dem Eintritt in das Wohnzimmer setzen Herr und Frau Frei und ich uns an den Eßtisch. Die Möbel sind unterschiedlichen Stils, neue und alte. Es hängt ziemlich viel an der Wand und sogar von der Decke herunter: kleine, lustige Gegenstände. Es kommt eine gelöste, fröhliche Stimmung auf mich zu. Spüre ich es recht, daß diese Eltern ausstrahlen: «Wir sind glücklich mit unserer Familie»?

Arnold: «Ich gratuliere Ihnen zuerst zur Geburt Ihrer Tochter. Ist es Ihr erstes Kind?»

Herr Frei: «Nein, unser Zweites. Unser Sohn ist schon zu Bett gebracht.»

A: «Der ist noch sehr jung?»

Herr F.: «Drei Jahre, jetzt dann.»

A: «In dem Fall ist für drei Menschen eine Veränderung eingetreten als Ihre Tochter auf die Welt kam.»

Frau Frei erzählt, wie der kleine Theo auf seine Schwester reagiert.

A: «Und wie heißt sie, Ihre Tochter?»

Frau F.: «Susanne.»

A: «Susanne! Ist sie gesund?»

Frau F.: «Ja, Gott sei Dank, alles ist sehr gut gegangen.»

A: «Und Sie haben sich auch erholt?»

Frau Frei erzählt, wie sie oft müde sei, auch wegen der oft gestörten Nachtruhe.

A: «Das erinnert mich daran, wie unsere Kinder klein gewesen sind. Der Jüngste ist jetzt acht Jahre alt. Wir haben die Jahre, als sie noch ganz klein waren, genossen, aber jetzt ist es eine Befreiung, daß sie nicht mehr so hilflos sind. Eben, Sie müssen oft auch in der Nacht parat sein.»

Frau F.: «Mein Mann hilft gut mit, das macht viel aus.»

A: «Ja, machen Sie das gern?»

Herr F.: «Doch, wickeln, baden, ich habe das immer gern gemacht. Nicht sehr männlich, vielleicht.»

A: «Nicht im üblichen Sinn, nein. Aber es spricht mich sehr an. Pflege und Erziehung einfach der Frau zuzuschieben ... Ich finde es schön, daß Sie sich an Ihren Kindern freuen, nicht sentimental sondern ganz realistisch. Ich glaube, daß Sie so ein echtes Nest für Ihre Kinder bauen.»

Das Gespräch setzt sich noch kurze Zeit in diesem Sinne fort.

Persönliches Interesse für die Familie

In keinem Taufgespräch darf ein eingehendes Interesse für die Familie fehlen. Das hat nichts mit Ausfragen zu tun. Der Seelsorger soll die Kunst verstehen, diskret zu fragen und mit diesen Fragen ein echtes Interesse bekunden. Gerade die Taufe macht klar, daß Menschen einen Namen haben und dieses Element des Evangeliums soll im Taufgespräch realisiert werden. Das geschieht, wenn die Familie spürt, daß es dem Pfarrer nicht nur um Geburtsdatum und um Buchstabierung des Namens geht, sondern um die Menschen.

Ein Taufbesuch ist in den meisten Fällen eine Gelegenheit zum Kontakt zwischen Kirchgemeinde und Familie, wie sie sonst selten gegeben ist. In diesem Fall hat das Taufgespräch auch den Stellenwert eines Hausbesuches, wo es um ein allgemeines Bekanntwerden miteinander geht (s. S. 186). Eine Gefahr dabei ist allerdings, daß die Taufe an den Rand des Gespräches gedrängt wird.

Eine andere, viel schlimmere Entartung des Taufgespräches ist es aber, wenn der Pfarrer sich nur für die Taufe interessiert. Einen wichtigen Schritt, das zu verhindern, macht Arnold schon damit, daß er die Familie daheim besucht. Jetzt sieht er ihre tägliche Umwelt. Das ist schon Interesse. Wenn das Gespräch im Studier- oder Empfangszimmer des Pfarrers stattfindet, läßt sich das persönliche Interesse für das Leben der Familie zwar auch, aber weniger direkt verwirklichen. Seelsorger, die Mühe haben, einen persönlichen Gesprächsstil zu realisieren, tun gut daran, die Familie daheim zu besuchen.

Das Interesse an der Familie bekommt im Gespräch, das Arnold Boß führt, ein angemessenes Profil. Nicht die Wohnlage und der Beruf des Mannes, sondern die Erweiterung der Familie ist Thema des Gespräches. Der Seelsorger lenkt das Gespräch wohl bewußt in diese Richtung. Oft gibt es gesundheitliche, soziale oder interaktionelle Probleme, über die die Eltern gerne reden würden, wenn sich jemand die Zeit und die Liebe zum Zuhören nimmt. Nicht jede Geburt ist ohne weiteres «ein freudiges Ereignis». Vielleicht ist eine andere Wohnung nötig und es fehlen die Finanzen. Eifersucht zwischen Geschwistern kann Eltern ratlos machen. In der Familie Frei scheint es solche Probleme nicht zu geben. Es entwickelt sich ein gewöhnliches Gespräch mit Menschen, die offenbar nicht unter Problemen leiden, über die sie reden möchten.

Mit dem Taufgespräch hat die Kirche die einmalige Gelegenheit, den Kontakt mit Menschen zu pflegen, die ein Kind erziehen müssen. Wir wissen alle, wie entscheidend die Erziehung ein Kind prägt. Immer mehr Kindern fehlt das Maß an Geborgenheit, das für eine Entwicklung zum reifen Menschen nötig ist. Emanzipationsslogans verunsichern

Mütter. Hat die Kirche nicht eine Chance, einen Beitrag zur Freude an der Erziehung zu liefern? Sicher soll sie das versuchen. Ein Gespräch, wie es Arnold mit Frau und Herrn Frei führt über das «Nest», geht vielleicht nicht sehr tief, aber es kann bestätigende, verstärkende Wirkung haben auf die Kräfte, die eine Familie im guten Sinne zusammenhalten. Solche lockeren Gespräche können dazu führen, daß Menschen sich in schwierigen Situationen an den Seelsorger erinnern und ihn mit ihren Problemen aufsuchen.

Es fällt auf, wie der Pfarrer dieses Gespräch lenkt. Das scheint mir richtig zu sein. Der Pfarrer hat ein Anliegen: Er will über die bevorstehende Taufe reden. Das prägt seine Begegnung mit der Familie Frei zu einem Gespräch, das in seiner Initiative wurzelt. Darum soll er es auch leiten. Erfreulicherweise leitet er es so, daß gleichzeitig Platz genug bleibt für die Anliegen der Freis.

Nach dem Gespräch über die Familiensituation lenkt Arnold das Gespräch auf das Thema Taufe.

A: «Und jetzt wollen Sie Susanne taufen lassen?»

Frau F.: «Ja, Theo ist von Ihrem Vorgänger getauft worden.»

A: «Aha, Pfarrer Zimmermann. Und bewahren Sie gute Erinnerungen an diesen Tag?»

Frau F.: «Ja, ja.»

A: «Das ist das Hauptziel, weshalb ich zu Ihnen gekommen bin, daß wir über den Taufgottesdienst reden können. Die Formalitäten möchte ich nachher erledigen. Ich möchte Sie erst fragen, wie das für Sie ist, diese Taufe. Es ist für Sie nicht das erste Mal, aber das erste Mal, daß Sie das mit Susanne ... und mit mir erleben. Ich frage mich das selber oft: Warum taufen wir ein Kind? Wie ist das für Sie, Ihr Kind taufen?»

Herr F.: (Nach einem Schweigen) «Ich hoffe, es wird ein schöner Tag, wie mit Theos Taufe.»

Frau F.: «Ja, das ist wirklich sehr schön gewesen.»

A: «Ich hoffe, das Meine dazu beizutragen. Ich freue mich, daß ich an diesem wichtigen Tag in Ihrer Familie mithelfen darf. Ist es für Sie eigentlich mehr oder weniger selbstverständlich, denken Sie sich viel dabei, oder wie ist das für Sie?»

Herr F.: «Ich denke mir nicht soviel dabei. Wir kommen recht selten in die Kirche. Ungläubig bin ich nicht, aber eher ein Glaube ohne Kirche.»

Frau F.: «Ab und zu gehe ich in die Predigt, aber auch recht wenig.»

A: «Sagen Ihnen die Gottesdienste nicht soviel?»

Frau F.: «Doch, manchmal schon. Ich bin eigentlich nie sehr regelmäßig gegangen.»

Herr F.: «Für mich geht es genau so. Ich brauche es nicht soviel.»

A: «Sie sagen das so offen und ehrlich, ich respektiere das, auch wie Sie den Weg in Ihrem Leben und mit Ihren Kindern finden. Ich finde es zwar schade, daß Sie so wenig kommen. Ich glaube, daß die Verkündigung von Gottes Verheißung und Hilfe allen Menschen gut tut und daß wir es auch brauchen. Auch zum Gebet scheint mir der Gottesdienst eine Hilfe zu sein. Aber für Sie ist das nicht ein regelmäßiges Erlebnis.»

Frau F.: «Jetzt nicht, vielleicht später.»

A: «Sie wissen, daß Sie an der Taufe Ja-sagen und versprechen, daß Sie Ihre Susanne im Glauben erziehen werden. Haben Sie da schon eine Vorstellung, wie das aussehen könnte. Darf ich das fragen?»

Frau F.: «Ja sicher. Klare Vorstellungen habe ich noch nicht. Ich habe schon manchmal gedacht, wie kann ich Theo lehren zu beten? Ich habe noch ‹Lieber Heiland, mach mich fromm› gelernt und das ...»

A: «Das ist Ihnen ... mit dem fangen Sie nichts an.»

Frau F.: «Nein, das macht mir Mühe. ‹In den Himmel kommen›, ich weiß nicht, jetzt sollte er doch leben!»

A: «Das kann ich mir gut vorstellen, daß Sie das jetzt nicht weitergeben wollen. Aber moderne Kindergebete kennen Sie vielleicht nicht?»

Frau F.: «Nein.»

A: «Wissen Sie, daß viele Eltern dieses Problem haben? Das ist ein Grund, weshalb ich im Winter einige Abende organisiere für alle Eltern, die ein Kind haben taufen lassen. Da reden wir miteinander über diese Fragen. Selbstverständlich werde ich auch Sie einladen.»

Herr F.: «Das würde mich vielleicht auch interessieren.»

A: «Das freut mich, daß Sie die Religion nicht Sache der Frau allein sein lassen. – Ja, und jetzt nochmals die Taufe. Verstehe ich es recht, daß Sie sich nicht soviel Konkretes dabei vorstellen?»

Frau F.: «Nein, nicht so.»

Herr F.: «Es ist ein Abwaschen der Sünden, nicht wahr?» Mit den Ellbogen auf dem Tisch schaut er mich forschend an.

A: «Ja, das ist eine Art, die Taufe zu deuten.»

Herr F.: «Nur hat Susanne sicher noch keine Sünden getan.» Er schaut mich herausfordernd an.

A: «Sie meinen, dann ist es noch nicht nötig, sie zu taufen? Ich glaube, daß wir das Abwaschen auch nicht einmalig verstehen müssen. Die Taufe betrifft nicht nur die paar Monate, die Susanne bisher gelebt hat, vielmehr ihr ganzes Leben. Sie ist eine Verheißung, daß Gott Ihr Kind nie loslassen will, was auch passiert. Wie wenn Gott ihr zuflüstert: Du bist mein Kind, meine Liebe für Dich wird stärker sein als alles, was Dich bedroht, meine Hand umfaßt Dich, auch Deine Zukunft. Meine Treue wird kräftiger sein als Deine Fehler.»

(Schweigen)

A: «Jetzt wissen Sie nicht mehr so gut, was sagen!»

(Allgemeines Lachen)

Frau F.: «Es ist schön, was Sie sagten.»

Herr F.: «So habe ich es noch nie gehört.»

A: «Ich hoffe, daß in Ihren Herzen eine stille, echte Freude wächst an Gottes Verheißung und Liebe. Dann können Sie das von selber an Susanne und Theo weitergeben. Als Geschenk bekommen Sie an der Taufe eine Kinderbibel. Die können Sie mit Ihren Kindern anschauen und vielleicht erzählen Sie ihnen auch daraus.»

Das Gespräch über die Taufe

Der Seelsorger macht die Taufe zum Gesprächsthema. Von den Eltern können wir in vielen Fällen nicht erwarten, daß Sie selber über den Sinn der Taufe zu reden anfangen. Das Thema Glauben ist in unserer Gesellschaft ziemlich stark tabuisiert. Darüber spricht man nicht.

Arnold hat durch das vorangegangene, persönliche Bekanntwerden miteinander eine Grundlage geschaffen. Es hat sich schon gezeigt, daß

76

der Seelsorger und die Eltern gemeinsame Lebenserfahrungen haben und daß sie miteinander reden können. Jetzt darf das Tabu durchbrochen werden. Die Art, wie Arnold diesen Teil des Gesprächs führt, ist sehr direkt. Trotzdem wird er nicht massiv oder indiskret. Heitere Momente fehlen nicht. Es fällt auf, wieviel er selber redet. Das scheint mir in diesem Fall angemessen zu sein. Die Freis sind nicht sehr motiviert, über dieses Thema zu reden. Wenn sich Opposition oder Aggression zeigen würden, müßte Arnold zurückhaltender werden und mehr zuhören.

Eine genaue Betrachtung zeigt, daß Arnold dreimal einen Anlauf zum Thema der Taufe in ihrer geistlichen Bedeutung nimmt. Zuerst macht er ganz klar, daß er mit den Freis hiervon reden will. Aber er überläßt ihnen die Gelegenheit, etwas Substantielles zu sagen: «Wie ist das für Sie?» Die Eltern antworten zurückhaltend, vielleicht unverbindlich – positiv: Das erste Mal war es «schön». Arnold kommt nochmal: «Denken Sie sich viel dabei oder wie ist das für Sie?» Dadurch ruft er Reaktionen zum Thema ‹Kirche› hervor. Nachdem hierüber ein wenig gesprochen worden ist, nimmt Arnold einen dritten Anlauf: «Verstehe ich es recht, daß Sie sich nicht soviel Konkretes dabei (bei der Taufe) vorstellen?» Gerade vor Torschluß kommt Herr Frei dann mit der Formel «Abwaschen der Sünden». Arnold greift diesen Ausdruck auf und knüpft eine freundlich belehrende Erklärung daran.

Arnolds Problem mit den Freis ist ihre gewisse Indifferenz. Arnold versucht diese dadurch zu brechen, daß er sehr offen und persönlich von «Gottes Verheißung und Hilfe», vom «Gebet» und von «Gottes Treue» redet. Peinlich wird es nicht, weil die Atmosphäre heiter bleibt und das Gespräch nicht zu lange dauert. Spürbar ist, wie stark der Seelsorger das Gespräch leitet, sicher in diesem Abschnitt.

Der Stil in solchen Glaubensgesprächen scheint mir noch wichtiger zu sein als der Inhalt. An Arnolds Stil fällt auf, daß er zwar das Thema selber einleitet, aber dann sofort auf die Aussagen der Anderen eingeht. Er paßt sich den Ausdrücken der Freis an («Abwaschen»). Er präsentiert nicht eine unpersönliche, dogmatische Theorie, sondern den Kern des Taufevangeliums in direkter Sprache. Wichtig ist, daß er in diesem Besuch die Herzen der Eltern trifft. Theorien vergessen sie, emotionale Erfahrungen haften.

Eine andere Methode des Vorgehens ist, daß der Seelsorger anfängt, etwas Wesentliches über die Taufe zu sagen und danach fragt, ob und wieweit die Eltern damit etwas anfangen können. Arnold macht es den Eltern etwas schwieriger dadurch, daß er sie zuerst selber einlädt, etwas über den Sinn der Taufe zu sagen. Wer es so macht wie Arnold, riskiert einige peinliche Momente, wie betretenes Schweigen. Die müssen an sich nicht unfruchtbar sein, sicher nicht, wenn der Seelsorger es versteht, in einem freundlichen Ton weiterzureden. Wer eine Tendenz zur Strenge hat, wendet besser die andere Methode an.

A: «Jetzt möchte ich noch einige Formalitäten wissen.» (Ich hole ein Papier hervor und schreibe auf). «Wissen Sie, wie es zu und her geht, wenn wir in der Kirche sind?»

Wir besprechen kurz die Einzelheiten des Gottesdienstes. Ich mache darauf aufmerksam, daß sie Theo mitbringen können.

A: «Jetzt habe ich viel geredet. Möchten Sie noch etwas dazu sagen?»

Frau F.: «Gehen Sie schon wieder weg?»

A: «Aber nicht, wenn Sie noch etwas zu besprechen haben.»

Herr F.: «Nein, ich glaube, daß es so klar ist.»

Frau F.: «Danke, daß Sie gekommen sind.»

A: «Gut. Dann sehen wir uns am Sonntag in einer Woche. Jetzt habe ich noch eine Bitte. Darf ich Susanne sehen?»

Frau F.: «Ja natürlich. Sie schläft. Kommen Sie.»

A: «Ich werde ganz still sein.»

Nach einem kurzen Besuch im Kinderzimmer verabschiede ich mich.

Es geht um das Kind

Nicht jeder Seelsorger muß darum bitten, das Neugeborene zu sehen. Die Haltung aber, die in dieser Bitte sichtbar wird, ist richtig. Sie macht klar, daß es um das Kind geht. Weil es noch ganz klein ist, versteht es sich von selber, daß der Seelsorger und die Eltern im Taufgespräch «über» das Kind reden. Diese Objektivierung darf aber nicht zuviel Gewicht bekommen. Darum ist die Bitte von Arnold, dem Kinde – wenn es auch schläft – leibhaftig zu begegnen, eine wortlose Predigt.

Manche Seelsorger bevorzugen es, mit den Formalitäten anzufangen. Wer es versteht, aufmerksam auf die Angaben zu reagieren, kann sich diese Methode sicher erlauben.

Das Gespräch über den äußeren Verlauf des Gottesdienstes ist sehr wichtig. Viele Eltern fühlen sich in der feierlichen Stunde nervös. Wenn noch Unsicherheit über den Ablauf hinzukommt, kann das schnell zu Peinlichkeiten führen. Klare Absprachen beruhigen und schaffen Raum für ein intensives Erleben des Taufgeschehens.

Zusammenfassung

Das Taufgespräch, das Arnold Boß mit den Eltern von Susanne Frei geführt hat, zeigt alles auf, was in einem solchen Gespräch nicht fehlen darf.

a) Persönliches Interesse

Der Seelsorger informiert sich herzlich und diskret über den Alltag der Familie. Besonders die Geburt des Kindes und die Tragweite der Vergrößerung der Familie verdienen Beachtung, aber auch die allgemeinen Tatsachen, die in dieser Familie wesentlich sind, wie bei einem Hausbesuch. Die Beziehung zur Kirchgemeinde und zum christlichen Glauben ist im Zusammenhang mit einer Taufe ein selbstverständliches Thema.

In diesem, vielleicht einmaligen Kontakt mit der Familie anläßlich dieses Kindes, erhält der Seelsorger die Gelegenheit, mit den Eltern über die Mühen, die Freude und die Verantwortung, die die Erziehung eines Kindes mit sich bringt, zu reden.

b) Gespräch über die Taufe

Der Seelsorger soll die Taufe zum Gesprächsthema machen, wenn die Eltern es nicht schon selber tun. Es gibt verschiedene Einstiegsmöglichkeiten. Wichtig ist, daß durch das persönliche Bekanntwerden miteinander eine Grundlage des Verstehens geschaffen wird.

Warum wollen die Eltern, daß ihr Kind getauft wird? Ist ihnen dieses Zeichen klar? Was bedeutet es für sie? Was bedeutet es für den Seelsorger? Besser als eine unpersönliche Unterweisung ist eine persönliche Äußerung des Seelsorgers über die Taufe.

c) Aufzeichnung der Personalien

d) Besprechung des liturgischen Verlaufes

Viele Menschen sind nervös in Bezug auf die Zeremonie. Klare Information beruhigt.

e) Es geht um das Kind

Der Seelsorger paßt auf, daß er mit den Eltern nicht einfach «über» das Kind redet. Es wird klar, daß es dem Pfarrer, der Kirche und der Taufe um das Kind persönlich geht.

9: Ein Besuch bei Konfirmandeneltern – Das Profil der Kirche

Heinz Stocker (35) arbeitet seit sieben Jahren in seiner ersten Gemeinde, in einem Außenviertel einer Stadt. Jedes Jahr unterrichtet er eine Gruppe von Konfirmanden. Die sind fünfzehn oder sechzehn Jahre alt, wohnen also meistens noch bei den Eltern. Im Laufe des Unterrichtsjahrs besucht Heinz diese Eltern. Im Folgenden berichtet er über seinen Besuch bei den Eltern von Bettina Gerber.

Ich finde Bettina ein nettes Mädchen. Sie scheint am Programm des Konfirmandenunterrichtes mehr oder weniger interessiert zu sein. Die Familie wohnt im ersten Stock eines Mehrfamilienhauses. Oberer Mittelstand, würde ich sagen. Aus der Kartei weiß ich, daß Herr Gerber in der Verwaltung der Fluggesellschaft arbeitet und daß die Familie noch einen jüngeren Sohn hat.

Herr und Frau Gerber empfangen mich beide, als hätten sie auf mich gewartet. Wir wechseln die üblichen Höflichkeitsbezeugungen aus, jedermann ist ein wenig verlegen. Ich auch. Eine etwas biedere Atmosphäre kommt mir entgegen. Die Polstergruppe sieht gediegener aus als in anderen Wohnungen. Das Fernsehgerät fehlt. Dagegen fällt mir eine mächtige Stereoanlage auf.

Bettina kommt auch in die Stube und begrüßt mich. Ich freue mich, daß sie auch da ist, aber sie will sich sofort wieder verabschieden. So bleibe ich mit den Eltern allein. Wir setzen uns.

«Ich schätze es sehr, Sie kennen zu lernen», sage ich meinen beiden Gastgebern. «Bettina kommt schon einige Monate zu mir in den Konfirmandenunterricht, und es ist mir ein Anliegen, die Eltern meiner Konfirmanden zu kennen.»

Frau Gerber erwidert, daß sie sich auch freut und daß ihre Tochter gerne in den Unterricht geht, aber selten etwas davon berichtet. Wir reden eine Weile über Bettinas Schulabschluß und ihre weiteren Ausbildungspläne. Sie will das Handelsdiplom machen. Ausgeprägte Berufswünsche hat sie noch nicht. Ich frage nach der übrigen Familie und höre von dem Sohn. Die Familie wohnt schon sehr lange an diesem Ort, länger als ich Pfarrer bin.»

Interesse für die Konfirmandin

Nach den üblichen Freundlichkeiten der Begrüßung zeigt Heinz bald Interesse für Bettina und ihre Situation. Damit macht er den Eltern klar, daß es ihm im kirchlichen Unterricht nicht nur um die Sache der Kirche geht, sondern auch um die Eigenheit der Teilnehmer. Im Allgemeinen berichten Eltern gerne über ihre Kinder, besonders in diesem Alter, wenn sie auf echtes Interesse stoßen. Das Interesse an Bettina steht für Heinz im Zentrum, aber von da aus sieht er weiter. Wie bei einem Hausbesuch ohne unmittelbaren Anlaß (s. S. 186) gilt seine Aufmerksamkeit der ganzen Familie.

80

«Gefällt es Ihnen hier?», fragt Herr Gerber, der mir mit übereinander geschlagenen Beinen gegenüber sitzt. Ich antworte einiges und erzähle kurz von meiner eigenen Familie. Inzwischen stellt Frau Gerber Wein und Traubensaft auf den Tisch. Herr Gerber öffnet den Wein und will mir einschenken.

«Wenn Sie nur nicht von mir erwarten, daß ich bleibe, bis wir die ganze Flasche leer getrunken haben!», sage ich.

«Soviel bekommen Sie nicht einmal!», lacht Herr Gerber beim Einschenken. Ich freue mich über den Spaß und über die freundliche Stimmung. Ich lobe den Wein und witzle: »Vielleicht sind Sie mich doch nicht so schnell wieder los.» Herr Gerber berichtet über die Herkunft des edlen Saftes.

«Sie sind selber keine aktiven Mitglieder unserer Kirche, oder täusche ich mich?», frage ich.

«Gute Frage!», sagt Herr Gerber. «Aktiv sind wir nicht, oder, Mama?»

«Nein, nicht sehr», bestätigt sie. «Aber wir sind nicht ungläubig.»

«Darf ich offen reden?», fragt Herr Gerber.

«Hoffentlich», erwidere ich.

«Ganz am Anfang gab es eine Kirche, nichtwahr? Aber was ist daraus geworden? Aus dem einen Strom hat jeder sein eigenes Röhrchen gemacht. Ein ganzes Röhrchensystem gibt es. Katholiken, Reformierte, Freikirchliche, Mohammedaner, Juden, und so weiter.»

«Sie meinen, daß die überall wieder anderen Gesetze und Traditionen das ursprüngliche Anliegen kaputt gemacht haben», sage ich.

«Das ist, was mich daran beschäftigt», fährt er fort, «daß die Kirche genau gleich funktioniert wie alles andere, wie alles weltliche. Sie muß sich an Statuten und Regeln und Steuern halten, sonst kann sie nicht existieren.»

Es kommen mir viele Gedanken in den Sinn, während ich Herrn Gerber zuhöre. Soll ich dieses Mischmasch von Argumenten ernst nehmen? Ich will es ernsthaft versuchen. Aber was kann ich dafür, daß es mehrere Kirchen gibt? Ich fühle mich hilflos unter dieser Lawine.

«Sie wären lieber beim Wesentlichen geblieben, und Sie würden die Kirche gar nicht wie einen weltlichen Verein gestalten», sage ich.

«Es ist eigentlich schade, daß dem so ist», sagt er.

«Es wäre schön, Herr Stocker, wenn man neben dem Beruf und so weiter auch noch andere Formen finden würde, wo echtes Leben möglich wäre, in einer Gemeinschaft, die nicht zweckmäßig und kühl sachlich organisiert wäre und die trotzdem existieren könnte.»

«Aber wir sind nicht ungläubig», sagt Frau Gerber zum zweitenmal. Bevor ich darauf eingehen kann, redet Herr Gerber schon weiter.

«Ich sehe die Kirche ähnlich wie einen Turnverein. Man kann auch fit bleiben, ohne dem Verein beizutreten. Fit bleiben im religiösen Sinn, aber ohne Kirche. Woher kommt wohl dieses Bedürfnis? Es gibt Urbedürfnisse, Grundbedürfnisse. Das religiöse Bedürfnis kann auch so ein Bedürfnis sein.» Er redet zwar lang und viel, aber nicht feindselig. Ich ertrage ihn immer besser. Ich muß einfach seine Sprache und seine Gedankengänge kennen lernen. Manchmal finde ich ihn kompliziert.

Das Gespräch über die Kirche

Wenn der besuchende Seelsorger es nicht bei einem freundlichen Kontaktbesuch bewenden lassen, sondern mit den Eltern der Konfirmanden über die Bedeutung des bevorstehenden Festes reden will, ist eine Diskussion über das Thema «Kirche» in den meisten Fällen unumgänglich. Ich finde den Besuch, den Heinz bei Gerbers macht, ein Beispiel guter Seelsorge, weil ihm eine gute Diskussion gelingt. Gegen den Schluß wird die Unterhaltung zu einem echten, persönlichen Gespräch.

Soll ein Seelsorger bei diesem Anlaß über die Kirche reden? Im Allgemeinen scheint mir das tatsächlich nötig zu sein. Ein Kind dieser Eltern besucht den Unterricht, der den jungen Menschen mit der Kirche und dem christlichen Glauben vertraut machen will. Weil die Erfüllung dieser erzieherischen Aufgabe aber auch von den Eltern verlangt wird und ohne ihren Einsatz der Unterricht des Pfarrers sogar ein unvermittelter und unintegrierter Brocken bleibt, reden die Erzieher selbstverständlich über ihre Schüler, wenn sie sich einmal treffen. Es kommt dazu, daß die meisten Eltern heute sehr dürftige religiöse Erzieher sind, sodaß auch von daher Anlaß genug besteht, offen miteinander zu reden. In vielen Jahren ist dieser Besuch vielleicht das einzige Mal, daß ein Seelsorger in dieser Familie dazu beitragen kann, daß sie den Glauben ernst nimmt und daß die Kirche für sie ein Profil bekommt. Die Ausblendung dieses Themas, auch wenn der Seelsorger es anschneiden muß, ist viel weniger natürlich als seine Erörterung.

a) Diskutieren

Solche Gespräche entwickeln sich fast immer zu ziemlich theoretischen Angelegenheiten. Die stereotypen Anklagen gegen die Kirchen werden aufgezählt: die Kirchenspaltungen, die Distanz zwischen Lehre und Leben, die Anmaßung der Predigt gegenüber Wandern in der Natur und so weiter. Die Seelsorger sehen sich gezwungen, zu einzelnen Punkten Stellung zu beziehen, und schon ist eine aussichtslose Diskussion in Gang. In anderen Seelsorgegesprächen, zum Beispiel am Krankenbett, bilden diese Auseinandersetzungen selten einen hilfreichen Kontakt. Deshalb soll der Seelsorger sie dort zu vermeiden versuchen. Aber wenn im Besuch der Konfirmandeneltern, wie auch bei einer Taufe oder einer Trauung, eine Diskussion über Kirche und Glauben entsteht, soll der Pfarrer versuchen, sich sinnvoll daran zu beteiligen. Denn jetzt verlangen die Anderen einen Akt, eine Dienstleistung der Kirche. Dann soll klar darüber gesprochen werden.

Von Diskussionen dürfen wir nicht zu viel erwarten. Menschen können sich hinter einer Fülle von Argumenten verstecken. Das Gespräch bleibt unpersönlich. In Diskussionen rationalisiert man in der Regel sein Verhalten. Man sucht Argumente, ohne daß der eigentliche Grund klar wird. Im konkreten Fall der Kirche und des Glaubens liegt hinter den anklagenden Argumenten oft eine persönliche Hemmung, sich religiösem Erleben hinzugeben. Wer Angst vor dem transzendenten Bereich des Lebens oder vor dem Irrationalen hat, sagt das selten klar und offen. In der Regel kennt der Betreffende seine Angst nicht einmal, auch wenn er von ihr gehalten wird. Statt dessen zählt er Gründe auf, weshalb er sich nicht in der Kirche und im Glauben engagiert. Eine Diskussion ist in diesem Fall gespensterhaft.

Ein Versuch zu den tieferen Schichten des Menschen durchzudringen, ist nur selten ein Ausweg aus dieser Situation. Oft sind Konfirmandeneltern nicht zu einem wirklich persönlichen und existentiellen Gespräch bereit, sicher nicht über dieses Thema. Sie haben den Pfarrer auch nicht hergebeten. Sie verlangen zwar die Konfirmation für ihr Kind, aber ihre Motivation läßt sich meistens nur gruppendynamisch verstehen, als Gruppenzwang. Trotzdem können solche Diskussionen in beschränktem Maß sinnvoll sein. Es gelingt Heinz, einen wertvollen Besuch zu machen.

Bis jetzt hat er nur zusammengefaßt, was er von den Gerbers gehört hat. Übrigens hat Heinz das Gespräch selber ausgelöst durch seine Bemerkung, die Gerbers seien wohl keine aktiven Mitglieder. Ohne diese Initiative wäre es vielleicht gar nicht zu einem Gespräch über Kirche und Glauben gekommen. Die ersten zwei Schritte hat Heinz somit hinter sich: die Initiative und das erste Zuhören. Jetzt folgt zum erstenmal seine eigene Stellungnahme.

Ich sage: «Ich verstehe die Kirche auf zwei Ebenen: die Institution, von der wir gesprochen haben, das «Röhrchensystem», das Zahlen der Beiträge, die Traditionen und so weiter. Aber ich sehe auch eine andere Ebene, die viel weiter gefaßt ist: die Kirche als eine Gemeinschaft, die von Gott, von Christus herkommt. Ich wüßte nicht, wie dieses zweite ohne die Institution, mit allen ihren Schwierigkeiten, möglich wäre.»

«Die Kirche ist sicher nötig. Es gibt Menschen, die froh sind, wenn sie geführt werden, und solche gibt es viele. Aber das ist nicht eine Notwendigkeit für alle. Wenn ich in einem Wald spaziere oder einen Berg besteige, erlebe ich auf meine Weise mein religiöses Bedürfnis.»

«Wissen Sie», sage ich ihm, «ich habe, glaube ich, wirklich Verständnis für Menschen, die sagen: ‹Ich finde viel an religiösem Erleben im Wald oder im Zusammensein mit Menschen, die mir lieb sind.› Das ist eine Seite, die wir in uns haben, die mir selber auch wichtig ist. Aber wenn ich eine Predigt vorbereite, dann ist der Inhalt der Predigt irgendwie Christus. Und die Grundlage dazu finde ich nicht im Wald, sondern in der Bibel. Das Andere kann mitspielen und von großer Bedeutung sein. Aber ohne Christus habe ich keinen Boden.»

Herr Gerber sieht mich scharf an und sagt: «Die Bibel ist eine Philosophie, die sehr tief gedrungen ist. Die Meinung habe ich absolut auch. Das Grundbedürfnis nach einer solchen Philosophie ist da. Wir nennen das in unserem Raum ‹Christus›. Aber die Verkörperung wird eben mißbraucht. Man baut eine ganze Wertskala um die Grundphilosophie herum, und zwar mit einer ganz bestimmten Zielsetzung. Man setzt sich ab von denen, die auf der gleichen Basis aufbauen. Man schafft Differenzen, damit man sich erhalten kann. Wie ein Selbsterhaltungstrieb. Ein ganzes Röhrensystem, das eine noch enger als das andere. Wenn es nur ein breites, großes Rohr gäbe! Aber die Offenheit ist nicht unbedingt gefragt. Man hat lieber, daß man sagt: ‹So ist es, und nicht dieser Weg›.»

Großzügig anerkennt Herr Gerber, daß der Zustand in der reformierten Kirche etwas besser sei. In der katholischen Kirche sei alles viel schlimmer. Mit Beispielen aus der Kirchengeschichte belehrt er mich. Frau Gerber ist ausgeschieden, obwohl sie scheinbar interessiert dieser Männerdiskussion zuhört.

Als ich wieder zu Wort komme, lenke ich zurück auf die Diskrepanz, die Herr Gerber zwischen Kirche und Glauben, oder ‹Philosophie›, wie er selber sagt, annimmt. «Sie wollen die Grundphilosophie, aber ohne das Röhrensystem.»

«Genau», sagt er, «gegen die Bibel bin ich nie gewesen. Das glaube ich.»

b) Kein moralischer Druck und keine fachliche Genauigkeit

Heinz vertritt seinen Standpunkt in einer toleranten Art. Nie sagt er: «Aber Sie vergessen ...» oder: «Das stimmt nicht.» Er sagt: «Ich verstehe es so ...» oder «Ohne Bibel und Christus habe ich keinen Boden.» Er sagt seine Meinung, ohne sie zur absoluten Wahrheit zu erheben. Natürlich bewirkt man diese Haltung nicht mit den richtigen Ausdrücken. Heinz hat die richtige innere Einstellung, aus der solche Ausdrucksweisen hervorgehen. Er respektiert die Sicht seines Gesprächspartners, auch wenn sie ihm ab und zu Mühe macht. Gerade indem er sich diese Mühe bewußt macht, kann er sie überwinden. Sobald eine Diskussion moralischen Druck aufweist, wird die Stimmung rechthaberisch, meistens auf beiden Seiten.

Ein anderes Element in der Diskussionsweise von Heinz ist der Verzicht auf die Richtigkeit der theologischen Terminologie. Der akademische Theologe hat einiges zu verdauen. Die Mohammedaner sind neben den Freikirchlichen aufmarschiert. Die Kirche sei wie ein Verein. Die Kirche wird mit dem religiösen Grundbedürfnis identifiziert. Die Bibel sei eine Philosophie, Christus ihre Verkörperung. Heinz hat Mühe mit der Verdauung, aber er hält durch. Es wäre aussichtslos, über die genannten unkritischen Naivitäten herzufallen. Herr Gerber hat bestimmte Anliegen und versucht sich auszudrücken. Daß er die theologische Terminologie nicht sorgfältiger gebraucht, kann man ihm nicht vorwerfen. Heinz würde es sich zu leicht machen, wenn er ihn korrigieren würde. Er würde damit nur seine fachliche Überlegenheit zeigen, aber auch ein seelsorgerliches Ungeschick, Heinz hört, was Herr Gerber sagen will. Er übernimmt sogar seine Ausdrucksweise: Röhrensystem, Philosophie.

«Ich sehe die Distanz zwischen der biblischen Botschaft und dem kirchlichen Handel und Wandel auch, aber ich bewerte sie anders. Die Formen verändern sich, es hat sich vieles verändert in den Jahrhunderten. Aber das Wesentliche ist für mich immer noch klar erkennbar.» Am Beispiel der Abendmahlsfeier versuche ich sowohl den Wandel der Formen als die Kontinuität des Inhalts, der Gemeinschaft mit Christus aufzuweisen.

«Ich merke», sage ich, «daß mein eigener Glaube im Grunde gar nicht soviel mit den komplizierten Traditionen zu tun hat. Ich glaube an Gott – und ich glaube, daß wir unser Leben nicht in unseren Händen haben und daß wir unser Glück nicht machen können, letztlich. Dann will ich das Gott anvertrauen. Vertrauen darauf, daß er das macht. Die letzte Verantwortung für mein Leben, die habe nicht ich, sondern die hat Gott.» Ich habe ziemlich lange geredet, aber Herr Gerber hört mir zu. Sein Blick hat mich aufgefordert.

Frau Gerber sagt, daß wir die Verantwortung nicht zu schnell aus der Hand geben sollen, das wäre zu einfach. Mich stört ihre Aussage in diesem Moment, weil ich mich nicht verstanden fühle. Aber ich will jetzt nicht gereizt sein.

«Hören Sie das bei mir? Das will ich nämlich auch nicht», antworte ich.

«Ich hatte eine katholische Freundin, die sagte immer: ‹Du mußt nur beichten, dann ist alles wieder gut›.»

Bevor ich darauf eingehen kann, unterbricht Herr Gerber uns. «Sie haben das vorher also sehr, sehr schön gesagt. Letztlich entscheidet Gott über mein Leben. Jetzt wird natürlich – das ist auch für mich eine echte Frage – von mir verlangt, daß ich mich dafür öffne, daß man sich nicht verschließt.»

Ich bin erstaunt über die Tiefe dieser Worte. Zum erstenmal habe ich den Eindruck, daß Herr Gerber etwas Persönliches sagt. Die störenden Bemerkungen seiner Frau sind damit auf die Seite gestellt worden.

«Sie übergeben es, Herr Stocker», fährt er fort. «Das muß wahrscheinlich schwer sein, das übergeben zu können. Wenn man sich gibt, wenn man das Leben wirken läßt, muß man doch die Fähigkeit dazu haben. Wenn das alle könnten, sähe die Welt anders aus.»

«Ich finde, daß Sie das eindrücklich klar sehen», reagiere ich. «Glauben ist tatsächlich ein persönliches Sichhingeben, ein Sichanvertrauen. Ich finde das auch nicht leicht. In bezug auf die Fähigkeit dazu habe ich das Gefühl, daß ich die mehr bekomme als habe. Und da hilft mir die Kirche. Ich könnte allein für mich nicht lebendig im Glauben bleiben.»

c) Eine persönliche Äußerung

Heinz' Aussage über seinen eigenen Glauben: daß er sein Leben Gott anvertrauen möchte, hat Herrn Gerber tiefer berührt als alles andere, was vorher gesagt wurde. Er kommt darauf zurück, während seine Frau einen thematischen Seitensprung macht. «Sie haben das vorher also sehr, sehr schön gesagt.» Über die religiöse Hingabe, die Ergebung an Gott, folgt ein Gespräch, das den bisherigen Konversationsstil sprengt. Von beiden Seiten aus ist das Gespräch persönlich geworden. Nur Frau Gerber ist nicht ganz beteiligt. Das ist schade, aber mit ihr kommt Heinz nachher noch ins Gespräch.

Was Heinz in der bekennenden Aussage inhaltlich formulierte, ist nicht neu oder aufsehenerregend. Was trifft, ist wohl die Tatsache, daß ein erwachsener Mensch spontan und echt von seinem Vertrauen auf Gott spricht. Es ist Eines, daß bestimmte Menschen auf Gott vertrauen. Es ist etwas Anderes, wenn jemand mich anschaut und mir persönlich sagt, daß er selber auf Gott vertraut. Die persönliche Beteiligung macht die Aussage lebendig.

In vielen Seelsorgegesprächen gibt es Momente, in denen die Gelegenheit für eine solche persönliche Äußerung vorhanden ist. Heinz hat diese Gelegenheit ergriffen. Herr Gerber ist offen für die Worte, seine Frau scheint in diesem Moment nicht zu merken, was vorgeht.

Die persönliche Art von Heinz löst eine ähnlich persönliche Beteiligung von Herrn Gerber aus. Er sieht klar, was zum Glauben notwendig ist: Ergebung.

«Mit Ihnen könnte ich reden», sagt er. «Aber in der Kirche gibt es soviele Andere. Sie behaupten, daß sie glauben, aber sie leben in einer schrecklichen Art.»

«Das finde ich auch», sagt Frau Gerber, «gerade die Kirchenspringer. Wir haben das erlebt.» Beispiele folgen.

«Ich könnte jetzt solidarisch mit Ihnen sagen, wie ich mich oft ärgere, maßlos ärgere über die Kirche und die Christen. Aber ich will es nicht, es sind wirklich meine Brüder und Schwestern, alle diese unmöglichen Leute. Was uns verbindet, ist das Suchen, und das, was wir in der Kirche ab und zu erfahren, etwas von Christus. Aber, wie Sie sagten, Herr Gerber, es verlangt einen Schritt, sich zu übergeben, immer neu.»

«Ich verstehe, wie Sie das meinen», sagt er. Jetzt entsteht eine Pause.

«Sie haben zweimal gesagt, daß Sie nicht ungläubig sind», sage ich zu Frau Gerber. «Ich nehme an, daß Ihre Tochter das in irgendeiner Art gemerkt hat.»

«Ich habe immer mit ihr gebetet, als sie noch jünger war. Als sie noch ganz klein war, im Kindergartenalter, ließ sie mich nie gehen, ohne daß wir das Abendgebet gesagt hatten. Das waren schöne Augenblicke.»

«Das finde ich großartig», sage ich. «Ich bin überzeugt, daß Sie da mehr Religionsunterricht erteilt haben als mir jetzt möglich ist.» Wir reden noch weiter über dieses Thema, auch über die Kraft des Betens in schweren Lebenssituationen.

«Ich habe gerne mit Ihnen geredet», sage ich beiden. «Es hat mich angestrengt. Ich habe nicht jeden Tag solche Gespräche. Aber so bleibt man fit.» Wir lachen, weil das Wort ‹fit› eine Rolle gespielt hat. Wir plaudern noch ein wenig weiter. In einer heiteren Atmosphäre verabschiede ich mich.

d) Solidarität mit den bösen und dummen Christen

In freundlichen Diskussionen über die Kirche mit Menschen, die selber kaum mitmachen, entsteht oft eine selbstgefällige Stimmung. «Wenn alle Christen so wären als Sie, Herr Pfarrer, würden wir auch mit dabei sein.» Nur der heuchlerischen oder primitiven Gottesdienstbesucher halber hält man sich fern. Beispiele werden erzählt, wie unmöglich ein Pfarrer gewesen sei, oder eine fromme Nachbarin.

Heinz macht nicht mit in diesem scheinheiligen Spiel. Er erklärt sich mit den Betroffenen solidarisch. Das scheint mir sehr richtig zu sein, sowohl theologisch als auch seelsorgerlich. Die Kirche lebt grundsätzlich von der Rechtfertigung des Gottlosen. Das verbietet jede Überheblichkeit. Heinz zeigt auch eine Zuverlässigkeit in seiner Solidarität mit den anderen Christen. Er wechselt aber bald das Thema. Das finde ich wiederum richtig, sonst wären die Gerbers nämlich schroff als böse Kritiker entlarvt und das wäre in diesem Moment nicht sinnvoll.

10: Ein Austritt –
Adieu

Ein Herr Häberli, Mitglied der reformierten Kirche, hat seiner Kirchgemeinde schriftlich mitgeteilt, daß er und seine Frau aus der Kirche austreten wollen. Sein Brief wird an einer Sitzung der Kirchenpflege vorgelesen. Wie das in dieser Gemeinde Brauch ist, bekommt einer der Pfarrer den Auftrag, mit den Austretenden Kontakt zu suchen. Vera Bachmann (49), die seit einigen Jahren in dieser Gemeinde Pfarrerin ist, bekommt diesen Auftrag. Sie berichtet über ihre Begegnung mit Herrn Häberli.

An einem Abend habe ich Häberlis angerufen. Herr Häberli nahm ab. Ich sagte ihm, daß ich ihn und seine Frau gerne einmal besuchen wollte im Zusammenhang mit seinem Austrittsgesuch, um zu erfahren, welches die Gründe für seinen Austritt seien.

«Muß das sein?» fragte er. «Ich bin entschlossen, wissen Sie. Ich möchte eigentlich nicht länger darüber reden.» Seine Stimme war aber nicht unfreundlich.

«Bitte, denken sie nicht, daß ich Sie von Ihrem Entschluß abbringen will,» erwiderte ich. «Es geht uns einfach darum, zu verstehen, warum jemand aus der Kirche austritt. Wir können auch immer lernen von den Austritten, vielleicht wird da etwas klar, was wir versäumt haben, oder was falsch gelaufen ist. Aber es ist nicht meine Absicht, Sie von Ihrem Entschluß abzubringen.»

«Also gut. Wann wollen Sie kommen?»

«Wenn es Ihnen passen würde, vielleicht am Donnerstagabend, um halb acht.» Er war einverstanden.

Selbstverständlich mache ich solche Besuche nicht so gerne, obwohl ich auch schon Schönes erlebt habe. Ich kenne die Häberlis nicht. Ich bin mit meinen Hausbesuchen noch nicht durch die ganze Gemeinde gekommen.

Die Familie wohnt im zweiten Stock eines Mehrfamilienhauses. Herr Häberli begrüßt mich. Er ist alleine. Er führt mich ins Wohnzimmer. Dort setzen wir uns an einen kleinen Tisch. Er macht einen netten Eindruck auf mich. Er scheint ein wenig nervös zu sein.

«Sie wollen nochmal über die Kirche reden, nicht wahr?» sagt er.

«Nicht eigentlich über die Kirche. Sie haben Ihr Austrittsgesuch geschrieben, und uns interessiert das in unserer Kirchgemeinde einfach: warum Menschen aus der Kirche austreten. Vielleicht können Sie mir das erklären.»

Kontaktsuche nach Kontaktabbruch

Die Art, wie diese Kirchgemeinde auf einen Austritt reagiert, scheint mir zum Anspruch der Kirche, eine Gemeinschaft zu sein, zu passen. Ein Austritt wird nicht einfach zur Kenntnis genommen. Kontaktnahme ist nötig. Nicht immer sind die Austretenden zu einem Gespräch bereit. Vera Bachmann findet aber einen Weg, diese Kontaktnahme zu realisieren. Es ist nicht so leicht. Die Absicht der Häberlis ist es, den Kontakt abzubrechen. Quer dazu steht Veras Absicht, den Kontakt zu suchen. Prompt kommt es beim Telefongespräch zur Konfrontation. «Muß das sein? Ich möchte eigentlich nicht länger darüber reden.» Vera löst die Spannung zwischen ihrem Wunsch und dem Verlangen der Häberlis: Sie sagt, sie möchte sich nur informieren, sie wolle sie nicht von ihrem Entschluß abbringen. Sobald das klar ist, findet sie den Zugang. Sie macht glaubwürdig klar, daß sie den Anderen ihre Freiheit lassen will und sie formuliert ihr Anliegen konkret: Die Kirchgemeinde möchte aus dem Austritt lernen.

«Wir sehen einfach den Sinn nicht mehr. Meine Frau ist katholisch aufgewachsen und als wir heirateten – meine Eltern haben sehr darauf gedrängt – sind wir in einer reformierten Kirche getraut worden. Unsere Kinder haben wir auch reformiert einschreiben lassen, sie sind konfirmiert und so weiter. Aber uns sagt das Ganze nichts. Wir gehen nie in die Kirche, wir merken auch nichts von der Kirche. Jetzt ist es uns genug. Wir haben gefunden: ‹Das Geld können wir uns sparen›. Es ist gar nicht gegen Sie.»

Er redet ziemlich schnell, aber doch wohl überlegt. Ich meine, eine enorme Indifferenz in Bezug auf die Kirche zu spüren.

«Sie sehen einfach keinen Sinn mehr, zu dieser Gemeinschaft zu gehören», sage ich.

«Wir haben unsere eigenen Auffassungen. Wir versuchen, gut zu leben.»

«Und Ihre Frau?» frage ich.

«Die hat sich sowieso nicht mit der reformierten Kirche anfreunden können. Ihr macht es nichts aus. Sie ist leider nicht da. Am Donnerstag geht sie in den Turnklub. Wenn Sie mit ihr auch reden wollen, ist sie bereit. Aber sie sieht es genauso wie ich.»

«Unnötig. Die Kirche ist für Sie unnötig», sage ich.

«Eben. Die Zeiten sind anders geworden. Mein Vater ist viel in die Kirche gegangen. Als Kinder sind wir auch mit. Aber das ist eine andere Zeit gewesen. Es gingen viel mehr Leute in die Kirche. Es ist einfach nicht mehr so wie früher.»

«Es interessiert mich, daß Sie sagen: ‹nicht mehr so wie früher›. Wie meinen Sie das?»

Er erzählt Erinnerungen von Gottesdienstbesuchen mit seinem Vater. Er wiederholt, daß es so viele Leute gab. Auch von der Sonntagsschule sagt er, daß so viele dabeigewesen sind.

«Sie haben jetzt den Eindruck, daß die Kirche langsam am sterben ist», sage ich.

«Eben. Die Zeiten haben sich verändert. Es paßt nicht mehr so in unsere Zeit.»

Was bewegt die Austretenden?

In diesem ersten Teil des Gesprächs ist die Seelsorgerin nur Ohr. Sie fragt und bemüht sich, zu verstehen, was ihr gesagt wird. Ihre eigene Meinung läßt sie auf der Seite. Als wir dieses Gespräch besprachen, wurde gefragt, ob Vera die Aussage «Unnötig. Die Kirche ist für Sie unnötig» etwa ironisch oder als Herausforderung gemeint hätte. Sie sagte uns, daß das nicht ihre Absicht gewesen sei. Die Reaktion des Herrn Häberli gibt auch keinen Anlaß zur Vermutung, daß er sich angegriffen gefühlt hat. Im Gegenteil, das Gespräch weckt bis jetzt den Eindruck, daß er offen sagen kann, was ihn zum Austritt bewegt hat.

Das scheint mir das beste Abschiedsgeschenk, das die Kirche einem austretenden Mitglied geben kann: Interesse und Verständnis. Herr Häberli darf erfahren, daß in der Kirche, die er jetzt verläßt, auf ihn gehört wird. Der Besuch anläßlich eines Austrittes ist vielleicht eine letzte Gelegenheit, die Austretenden eine seelsorgerliche Erfahrung machen zu lassen.

Der nächste Gesprächsteil zeigt, daß Verständnis nicht mit Einverständnis verwechselt werden darf.

Ich sage ihm, daß wir Pfarrer natürlich auch merken, wie die Zeit und die Kirche sich verändert haben. «Früher gehörte die Kirche einfach dazu. Heute habe ich den Eindruck, daß am Sonntag jene Menschen im Gottesdienst sind, denen das Zusammensein wirklich etwas bedeutet. Daneben versuchen wir bei anderen Gelegenheiten die Gemeinschaft, die man früher vielleicht im Gottesdienst erlebte, doch auch zu schaffen. Mit Gruppen zum Beispiel. Wir haben mehrere Gruppen, die zusammenkommen, mit verschiedenen Zielen. Aber das ist nicht das, was Sie brauchen oder suchen?»

«Es ist mir ziemlich fremd», gesteht er. «Wir sind langsam ganz von der Kirche weggekommen. Nicht so, daß ich dagegen bin. Ich bin gar nicht dagegen. Ich bin auch kein Atheist. Aber glauben kann ich auch ohne Kirche.»

«Natürlich. Ich möchte gar nicht behaupten, daß es nur Glauben an Gott innerhalb der Kirche gibt. Aber für mich ist Glaube etwas Lebendiges und das heißt, daß ich auch den Austausch mit anderen Menschen darüber brauche, daß ich immer wieder eine Stärkung für den Glauben brauche. Sonst würde ich nur um mich selber kreisen.»

«Den Austausch haben wir daheim. Wenn wir etwas Schönes erleben, ist das auch eine Stärkung im Glauben. Nicht wahr?» fragt er mich.

«Doch. Ich kann mir durchaus vorstellen, daß das möglich ist. Obwohl es für mich doch nicht zufällig ist, daß so etwas nötig ist wie ein Sichtbarmachen der Glaubensgemeinschaft, so wie die Kirche es ist. Aber ich rede von mir, für Sie ist das anders.»

«Ja, für uns ist das anders. Wir brauchen das nicht.»

«Und wenn jetzt eines von Ihren Kindern heiratet, dann finden Sie auch, das kann man ohne Kirche machen?»

«Wir haben einen Sohn, der ist in einer Kirche getraut worden. Aber das müssen die wieder wissen.»

«Die gehören zur Kirche, in dem Fall», stelle ich fest.

«Ja. Vielleicht von seiner Frau her – sie ist von frommen Eltern.»

«Glauben Sie, daß man fromm sein muß, um zu der Kirche zu gehören?» frage ich ihn.

«Ja, stimmt das nicht? Was hat das eigentlich für einen Wert, daß man zu einer Kirche gehört, und man geht nie und ist nicht mit Herz und Seele dabei?»

«Wir sind natürlich eine Volkskirche», sage ich. «Im Grunde genommen gehören Menschen nicht zur Kirche, weil sie vom Glauben ergriffen worden wären, sondern bei uns wird man in die Kirche hineingeboren. Dann gehört man einfach dazu.»

«Das habe ich auch schon gedacht: Da stimmt doch etwas nicht. Wenn ich zu einem Verein gehören will, muß ich doch freiwillig eintreten. Dann muß mich das doch interessieren. Aber mich hat niemand gefragt: Willst Du zur Kirche gehören?»

«Das hat natürlich seine Vor- und Nachteile», sage ich. «Mir scheint es doch je länger je mehr etwas Schönes. Das heißt für mich: Die Kirche ist für alle offen. Nicht nur für die, welche so oft kommen, welche ein Bekenntnis ablegen. Auch die anderen gehören dazu, unsichtbar. Auch wenn sie jetzt nicht aktiv mitmachen, haben sie teil an der Kirche. Irgendwo, wenn sie nicht austreten, sind sie ein Teil von jener Kirche. Gerade weil es bei uns so selbstverständlich ist, dazu zu gehören, ist es natürlich ein Schritt auszutreten.» «Ja, ich habe das schon vor fünf Jahren machen wollen. Aber wir machen wirklich nichts. Auch am Bettag oder an Weihnachten haben wir nicht das Bedürfnis, in die Kirche zu gehen. Gut, wenn eine Abdankung ist, von einem Kollegen oder so, gehen wir natürlich, auch in die katholische Kirche. Das sind aber doch Ausnahmen.»

Apologetik aus persönlicher Sicht

Vera merkt, daß Herr Häberli zu einem Gespräch bereit ist, das mehr umfaßt als die Mitteilung seiner Austrittsgründe. Sie greift diese Gelegenheit auf, nicht nur zum Verständnis dieser Gründe, sondern auch zu einer gewissen Verteidigung der Kirche. Das scheint mir richtig zu sein. Vera zielt mit ihrer Art auf echte Rücksicht und echtes Verständnis, aber gleichzeitig auf eine klare Mitteilung ihrer eigenen Meinung zu den umstrittenen Themen. Wer sich auf das Zuhören und Verstehen beschränkt, macht es dem Anderen zu leicht. Der Austretende soll merken, daß seine Mitgliedschaft in der Kirche nicht gleichgültig ist.

Eine Verteidigung kann der Seelsorger grundsätzlich in zweierlei Art machen: Er kann objektive oder subjektive Argumente vorbringen. Vera bringt fast nur subjektive. Sie sagt zu den von Herrn Häberli angeführten Punkten, was ihre eigene Meinung dazu ist: «Heute habe ich den Eindruck ...», «Aber für mich ist Glaube ...», «Mir scheint es ... etwas Schönes.» Die Wortwahl weist auf ihre innere Einstellung hin. Sie will den Mann nicht mit objektiven Feststellungen bekämpfen. Sonst würde sie sagen: «Das sehen Sie nicht richtig», «So ist das eben nicht», «Da irren Sie sich aber», «Dann haben Sie aber noch nie recht verstanden ...» Jetzt beschränkt Vera sich auf ihre persönliche Sicht. In einem Gespräch mit einem Austretenden scheint mir das das einzig Richtige zu sein. Der Glaube und die Kirche sind keine Größen, die mit Logik und Beweisen glaubwürdig gemacht werden können. Vera stellt neben Herrn Häberlis Austritt ihre persönliche Beteiligung an der Kirche. Im Bereich der logischen Argumentation ist das ein schwacher Schritt. Weniger schwach, unter Umständen sogar eindrucksvoll, ist die Konfrontation, die aus einer persönlichen Stellungnahme hervorgeht. In einer subtilen Art wird hier klargemacht, daß kirchliches Engagement eine Sache der persönlichen Entscheidung ist und nicht eine Sache der logischen Einsicht.

Vera läßt ihrem Gesprächspartner allen Spielraum. Als sie erklärt hat, wie die Kirche heute Gemeinschaftserleben zu ermöglichen versucht, sagt sie: «Aber das ist nicht das, was Sie brauchen oder suchen.» Später sagt sie: «Aber ich rede von mir, für Sie ist das anders.» Sie läßt sich nicht in die berüchtigte Falle führen, die so manche Diskussion kennzeichnet, indem nur noch eine Polarisierung der Argumente stattfindet. Das Gespräch entartet dann zu einem Wettkampf, wer die meisten und stärksten Argumente für oder eben gegen eine gewisse Sache finden kann. Da wird nicht mehr zugehört. Beide Parteien wollen gewinnen, mit dem Ergebnis, daß für keinen ein Gewinn entsteht.

Es wird still. Ich habe auch den Eindruck, daß es nicht sinnvoll ist, noch viel mehr zu diskutieren.

«Ich verstehe jetzt, glaube ich, weshalb Sie austreten wollen, Herr Häberli, und ich danke Ihnen, daß Sie Ihre Gründe so klar mitteilen wollten. Es tut mir trotzdem leid, daß es unserer Kirche nicht gelungen ist, Sie zu engagieren und zu interessieren. Aber das ist jetzt so, und ich kann ihren Schritt voll respektieren. Allerdings beschäftigt mich noch eine Frage: Haben Sie Ihre Kinder über Ihren Austritt orientiert?»

«Unsere Kinder wohnen nicht mehr hier», sagt er. «Vielleicht habe ich es angedeutet. So eine große Sache ist das gar nicht.»

«Immerhin,» beharre ich, «ich denke vor allem an den Fall, wenn Ihnen oder Ihrer Frau etwas passieren würde. Wir erleben da ab und zu, daß Kinder vom Willen ihrer Eltern keine Kenntnis haben.»

«Ja, nein, hmhm.» Eine Weile ist er still, «Soweit haben wir vielleicht noch nicht einmal gedacht.» Er ist sichtlich ein wenig unruhig geworden.

«Ich fände es gut, wenn Sie Ihre Kinder orientieren würden.»

«Jawohl. Ja, das ist natürlich damit verbunden, das sehe ich schon ein. Ich habe einfach mit meiner Frau darüber geredet, es kostet auch jedes Jahr noch ziemlich viel Geld. Sonst wäre es noch anders. Ja ...»

«Auf jeden Fall danke ich Ihnen jetzt, daß Sie bereit waren, mich zu empfangen, und daß wir so offen reden konnten. Ich wünsche Ihnen und Ihrer Frau alles Gute.»

Wir stehen auf, und ich verabschiede mich.

Der Hinweis auf die Konsequenzen

Wer aus der Kirche austritt, verzichtet auch auf ihre Dienste. Besonders in Todesfällen kann das zu Verwirrung und zu Schwierigkeiten führen. In Regionen und Familien, die von einer Volkskirche geprägt sind, geschieht es regelmäßig, daß man an der Beerdigung eines Ausgetretenen doch wieder einen Vertreter der Kirche haben möchte. Wie sich die zuständige Kirchgemeinde oder der betreffende Pfarrer in solchen Situationen verhalten sollen, ist ein Problem, das verschieden gelöst wird. Wie man es auch löst, in jedem Fall ist es wichtig, den Austretenden darauf aufmerksam zu machen. Das löst oft zwei neue Probleme aus. Mancher Austretende macht sich die Tatsache nicht bewußt, daß er nicht heimlich austreten kann. Er soll seinen Angehörigen seinen Austritt bekanntgeben. Nicht jeder macht das gern. Das ist ein Problem, das der Seelsorger nicht lösen soll, es ist die Sache des Austretenden. Der Seelsorger hat das Problem, daß der Hinweis auf die Konsequenzen als eine Erpressung wirken kann. Unter der Androhung einer sozialen Schande würden dann die Mitglieder in der Kirche festgehalten. Aufgabe des Austrittsgespräches ist deshalb, in einer nicht-gewaltsamen Art über die Konsequenzen zu reden.

Vera macht Herrn Häberli ganz klar, was er sich überlegen soll. Ich finde nicht, daß sie versucht, ihm auf eine subtile Art Angst zu machen. Sie drückt sich sehr sachlich aus.

«Es tut mir leid, daß es unserer Kirche nicht gelungen ist, Sie zu engagieren und zu interessieren.» Diese Aussage der Seelsorgerin macht dem austretenden Mann klar, daß sie sein Weggehen aufrichtig bedauert. In diesen Worten liegt eine letzte Form der Zusage, daß die Kirche, und der Herr dieser Kirche, auch diesen austretenden Menschen umfassen will.

11: Ein Leidbesuch –
Anteilnahme und Zeremonien

Fritz Zürcher (46) ist Pfarrer in einer großen Stadtgemeinde. Er ist schon zehn Jahre dort tätig, aber er kennt nicht alle Gemeindeglieder. Vom Zivilstandsbeamten erhält er jetzt die Meldung, Herr Bodmer sei gestorben, 54 Jahre alt. Er habe mit seiner Frau einen Ausflug nach Engelberg gemacht, sei spazieren gegangen und tot umgefallen. Fritz erzählt:

Ich rufe die Familie Bodmer an und vereinbare für den nächsten Tag einen Besuch. Nähere Angaben besitze ich nicht. Die Familie wohnt in einem Mehrfamilienhaus. Am Türschild sehe ich, daß der Verstorbene auch Hauswart war. Eine junge Frau öffnet die Türe. Sie begrüßt mich und stellt sich als Frau Thalmann vor, die Tochter des Herrn Bodmer. Sie ist distinguiert gekleidet. Schweigend führt sie mich in die Stube, wo mich Frau Bodmer begrüßt. Auch sie sieht sonntäglich aus. Wir setzen uns in die Polstergruppe, die beiden Frauen mir gegenüber. Frau Bodmer schaut mich an, ihre Lippen zucken. Ich sage: «Herr G. (der Zivilstandsbeamte) hat mir gesagt, daß Ihr Mann in Engelberg plötzlich tot umgesunken ist.»

«Ja. Von einem Augenblick zum andern.» Frau Bodmer schaut mich nervös an.

«Das muß schrecklich sein», sage ich ihr.

«Wenn man mit dem Mann fröhlich wegfährt und nachher im Leichenwagen den Mann tot heimbringt ..., das möchte ich dem ärgsten Feind nicht antun.» Die Stimme der Frau wird leise bis sie nur noch flüstert. Tränen rinnen über ihre Wangen. Ich schweige betroffen. Die Begebenheit von der Frau zu hören, ist ganz etwas anderes als vom Zivilstandsbeamten.

«Das ist wie ein Alptraum,» sage ich, «und doch wahr.»

«Es ist furchtbar», seufzt Frau Bodmer.

Ich schaue auf die andere Seite und sage der Tochter: «Und für Sie war es ja sicher auch ein richtiger Schock, als Sie hörten, daß Ihr Vater so plötzlich gestorben ist.»

«Der Bruder hat mir telefoniert. Ich habe ihm zuerst gesagt: Mach doch keine blöden Witze, ich meine gerade, er müßte jetzt zur Türe hereinkommen.»

«Meinst Du, ich nicht auch?» bringt Frau Bodmer jetzt ein. «Vorgestern abend sind wir alle noch zusammen gesessen, und da war er so fröhlich.»

«Und niemand hat auch nur im geringsten an so etwas gedacht?» frage ich.

«Nein», sagt sie und schüttelt den Kopf.

Der Trauerprozeß

a) Verleugnung

Elisabeth Kübler-Ross hat die Erlebensphasen sterbender Menschen erforscht (s. S. 145 ff.). Was sie für die Situation von todkranken Patienten gefunden hat, gilt auch für die Lage der Trauernden. Sogar alle Situationen von Verlust und Schock zeigen den gleichen emotionalen

Verlauf, wenn auch jeder Mensch diese Phasen in einer einzigartigen Weise erfühlt. Die Ähnlichkeiten im Erleben sind so allgemein, daß Seelsorger hier Bescheid wissen sollen. Der Besuch, den Fritz Zürcher der trauernden Familie Bodmer macht, zeigt die meisten kennzeichnenden Elemente des Trauerprozesses, wenn manchmal auch noch keimhaft. Ich bespreche die verschiedenen Phasen jeweils, wenn eine typische Aussage oder Reaktion vorliegt. In diesem Abschnitt kommt die Verleugnung als Trauerphase an die Reihe, in den nächsten Abschnitten folgen die anderen Phasen. Die Übersicht, die auf diese Weise entsteht, soll aber nicht als ein geschlossenes System betrachtet werden. Der Trauerprozeß ist systematisch nie ganz zu erfassen. Das Bild der «Phasen» ist eigentlich irreführend. Sobald man dieses Bild benutzt, muß auch von sogenannten Rückfällen die Rede sein, weil vorübergegangene Phasen sich wieder melden und nicht immer in derselben Reihenfolge. Vorsichtiger ist es, statt Phasen nur Aspekte des Prozesses zu unterscheiden.

Die letzten Aussagen, sowohl der Frau Bodmer wie auch ihrer Tochter, sind klare Beispiele einer emotionalen Einstellung, die man «Nicht-wahrhaben-wollen» nennt. Sie ist insofern eine widersprüchliche Haltung, als sie sowohl das Wissen um den Tod des Geliebten als auch ein Verhalten, wie wenn er noch da wäre, umfaßt. Was der Verstand weiß, bestimmt nicht das Benehmen. Im Benehmen und Empfinden herrscht der Wille zum Kontakt mit dem Geliebten vor. Den Frauen in diesem Gespräch ist diese Widersprüchlichkeit klar, «ich meine gerade, er müßte jetzt zur Türe hereinkommen», sagt die Tochter. Sie beobachtet diese unrealistische Haltung an sich selber. Nicht selten ist das «Nicht-wahrhaben-wollen» den Menschen nicht bewußt. Gerade in Trauerprozessen kommt es vielfach vor, daß man den Geliebten mit dieser Verleugnung der Realität festzuhalten versucht. Man redet zum Toten, Kleider werden aufbewahrt, ein Stuhl steht bereit. Oft findet auch ein Kompromiß mit der Vernunft statt: Man spricht von der unsichtbaren Anwesenheit des Toten, er sei immer dabei. Wesentlich für das Erleben ist das Bedürfnis, mit dem Geliebten verbunden zu bleiben. Durch das «Nicht-wahrhaben-wollen» des Verlustes wehren Menschen sich gegen die Schmerzen, die eine Realitätswahrnehmung ihnen aufbürden würde.

Diese Verleugnung der Wirklichkeit zeigt sich meistens am Anfang des Prozesses am stärksten. Sie ermöglicht es Menschen, an Abdankungen und Leidbesuchen «tapfer» und gefaßt zu sein. Das hat sicher große Vorteile. Tiefes Erleben des Verlustes verlangt Zeit und auch gewisse Bedingungen. Wenn viel Programm ist, kommen Menschen kaum zu sich selber und gerade nach einem Todesfall gibt es viel Programm.

Deshalb sollen wir der Verleugnung nicht negativ gegenüber stehen. Alles Ding hat seine Zeit. Es wäre verkehrt, wenn ein Seelsorger die tieferen Schichten des Erlebens anzusprechen versucht, wenn er die Verleugnung bemerkt, sicher am Anfang. Besser sucht er einen angemessenen Kontakt, der die Verleugnung und damit den Riegel vor einem Ausdruck tiefer Emotion respektiert. Auf diese Weise wird der Boden für eine mögliche tiefere Begegnung in Zukunft gelegt.

Frau Bodmer sitzt jetzt in ihrem Sessel mehr zurück und fühlt sich offenbar schon weniger fremd mit mir als am Anfang. Sie zupft von Zeit zu Zeit nervös an ihrem Rock, aber sie erzählt mir jetzt sehr ausführlich über ihren verstorbenen Mann. Inzwischen wirkt das Zimmer auf mich. Es scheint mir eher ungemütlich, steif und sehr aufgeräumt zu sein. Die Sessel sind weit auseinander und den Glastisch in der Mitte finde ich kalt.

«Es ist ihm wieder so gut gegangen», sagt mir Frau Bodmer. «Wissen Sie, er hat vor einem halben Jahr einen Herzinfarkt gehabt. Aber dann hat er sich wunderbar erholt, er konnte auch wieder arbeiten, zuerst nur ein paar Stunden und dann halbtags und zuletzt wieder ganz. Der Arzt hat auch gesagt, er dürfe wieder in die Höhe bis 2000 Meter, wenn es nicht zu schnell gehe und Engelberg ist ja lange nicht so hoch.»

«Und Sie denken, das war nun doch zu viel?» sage ich.

«Ich habe mir auch gesagt: Wenn wir nur nicht gegangen wären, aber der Arzt meinte, das sei es nicht gewesen. Und mein Mann hat sich so gefreut auf diese Fahrt. Wir waren früher einige Male in Engelberg, in den Ferien. Da wollte er wieder einmal hin.»

Frau Bodmer erzählt nun ziemlich ausführlich, was sie alles in Engelberg gemacht haben. Wie sie durch die Straßen schlenderten und wie er dann plötzlich neben ihr einfach hingefallen sei. «Es ist furchtbar». Sie hat das alles recht ruhig erzählt. Nun beginnt ihr Gesicht wieder zu zucken.

Ich sage: «Das ist furchtbar, so plötzlich. Man kann nicht einmal mehr ein einziges Wort sagen.»

Wir sitzen eine Weile still beieinander.

b) Mitteilungsbedürfnis

Weiterhin stellen wir fest, daß Menschen nach einem Erlebnis, das sie tief berührt, ein verstärktes Bedürfnis haben, andern davon zu erzählen. Am stärksten treffen wir dieses Phänomen bei Trauernden an. Sie erzählen manchmal pausenlos die gleiche Geschichte, auch Wochen nach dem Verlust ihres Geliebten. An diesem Erzählen fällt die Hervorhebung der Details auf. Kleinigkeiten, die dem Zuhörenden unwichtig scheinen, werden mit einer perfektionistischen Genauigkeit aufgezählt. Korrekturen sind dabei typisch, z.B.: «Als er in der Küche war, läutete das Telefon, nein, er war im Schlafzimmer, oder nein, doch, er war – nein, er war in der Küche. Nun, das Telefon – Oh nein, jetzt weiß ich es wieder, er war im Schlafzimmer, denn ich hatte gerade ...». Im Besucher wächst das Bedürfnis, einzugreifen und zu sagen: «Das ist doch nicht wichtig». Aber da würde er sich täuschen. Das Erzählen in einem Trauerprozeß ist nämlich für den Trauernden eine Forschungsreise. Er erzählt sich selber, was geschehen ist. Durch die Verleugnung, die sich unbewußt in seinem Herzen ausgebreitet hat, weiß er im Grunde immer noch nicht wirklich, daß sein Geliebter tot ist. Sein Erzählen ist der Versuch, diese Tatsache langsam zu erkennen. Deshalb muß er sich die gleiche Geschichte viele Male sagen, bis er die Botschaft endlich hört: Mein Geliebter ist tot.

Die zwei Frauen, die Fritz besucht, müssen den Pfarrer natürlich ins Bild bringen. Auch deshalb müssen sie erzählen. Aber die ausschweifende Art von Frau Bodmers Erzählen zeigt, daß sie mehr macht als den Pfarrer informieren.

Seelsorge an frisch ins Leid Gekommenen besteht hauptsächlich darin, ihnen Gelegenheit zum Erzählen zu geben. Hier ist Seelsorge nicht schwierig, und wer gut zuhört, merkt, daß die Details gar nicht so langweilig sind, wie sie scheinen.

Fritz macht das recht. Er sagt nicht viel, er läßt Frau Bodmer reden. Ab und zu zeigt er seine Anteilnahme, kurz und nicht massiv. Er zielt nicht auf ein tiefes, diszipliniertes Gespräch. Dafür ist jetzt nicht die Zeit. Er vermeidet einen formellen Besuch, in dem hauptsächlich Formalitäten aufgenommen werden. Bei den meisten Trauerbesuchen ist es das einzig Richtige, sich so zu verhalten wie Fritz. Man merkt dem Pfarrer an, daß er nicht nur einfach die Abdankung organisieren will. Er ist nicht für seine eigene Arbeit da, sondern wirklich für die Menschen. Nur so kommt eine gute Abdankung zustande.

Frau Bodmer erzählt jetzt weiter: «Als mein Mann den Herzinfarkt hatte, vor einem halben Jahr, hat mir der Arzt im Krankenhaus gesagt, sein Leben hänge an einem Faden. Bei jedem Telefon dachte ich, jetzt, jetzt ist es geschehen. Ich war jeden Tag bei ihm. Und ich habe mir vorgenommen: Wenn er noch einmal davonkommt, will ich jede Minute, die ich kann, mit ihm sein. Die ungeplättete Wäsche läuft ja nicht davon. Und ich habe immer gebetet, Gott möge ihn doch noch einmal gesund machen.»

Ich merke, wie dankbar sie für diese letzte Periode ist.

«Das halbe Jahr, das er nun noch lebte», sage ich, «war also ...»

«Wie ein Geschenk!» unterbricht sie mich. Sie breitet ihre beiden Arme aus.

Ich weiß, wie Menschen bei Leidbesuchen von angeblich schönen Beziehungen schwärmen können, ohne daß es der Realität entspricht. Aber Frau Bodmer überzeugt mich. «Wie ein Geschenk», es tönt so echt, direkt aus ihrem Herzen.

«Wie ein Geschenk», sage ich nochmal. «Und haben Sie noch einmal ganz besonders nah mit Ihrem Mann zusammengelebt?»

«Wenn er jeweils seinen Mittagsschlaf machen mußte, hat er mir immer gesagt: Komm doch auch und ruh' Dich ein wenig aus, Du kannst ja nachher putzen. Und nachher sind wir oft noch in den Garten gegangen und haben abends miteinander eine Wurst gebraten.»

Ich sage: «Eigentlich ist es etwas Großes gewesen, dieses geschenkte halbe Jahr.»

c) Das Arrangement mit dem Schicksal

Es ist schon viel geschrieben worden über den Sterbeprozeß und über den Trauerprozeß. Noch wenig erforscht ist der Prozeß der Angehörigen, die mit dem Sterbenden leben. Wenn ihr Verwandter oder Freund gestorben ist, fängt ihr Trauerprozeß an, aber vorher sind sie auch starken Empfindungen ausgesetzt. Trauerprozesse setzen manchmal ein, bevor der Geliebte gestorben ist, wie wenn Menschen sich schon in die bevorstehende Situation einüben wollten. In diesem Zusammenhang ist, jetzt im Rückblick, die Aussage von Frau Bodmer zu hören: «Ich habe immer gebetet, Gott möge ihn doch noch einmal gesund machen». Im Klartext sagt sie im Gebet: «Das nächste Mal werde ich mich nicht wehren, meinen Mann herzugeben, nur jetzt möchte ich ihn noch behalten». Am liebsten würde sie ihn natürlich nie hergeben, aber soviel will sie nicht verlangen. Sie verspricht, daß sie ihn dann doch abgeben werde. Als Dank dafür, als Belohnung, erwartet sie, daß sie ihn noch einmal behalten dürfe.

In dieser inneren Einstellung versuchen Menschen, mit dem Schicksal zu verhandeln. Die Bedrohung der Beraubung versuchen sie mit einer Art Pfand zu verhindern. Dieser Vorgang findet fast immer unbewußt statt. Ohne daß es Menschen bewußt ist, bringen sie in Gedanken ein Opfer, damit sie die Schicksalsmächte beeinflussen können. Bei Frau Bodmer hat dieses Verhandeln im Gebet stattgefunden. Jetzt nennt sie die Frist, die es noch gab, ein Geschenk. Sie erlebt es mit großer Dankbarkeit, daß sie noch ein halbes Jahr mit ihrem Gatten zusammen sein konnte.

Wir müssen aufpassen, daß wir solche stereotypen Vorgänge nicht nur kühl feststellen, wie wenn Handlungen, die in ein psychologisches Schema passen, nicht persönlich oder echt sein könnten. Nach Frau Bodmer ist das Geschenk nicht einfach hingenommen worden. Sie haben die Zeit für Wesentliches benutzt.

Im eigentlichen Trauerprozeß wird der Aspekt des Verhandelns, in dem Menschen ein vorteilhaftes Arrangement mit dem Unabwendbaren suchen, viel weniger konkret und aktuell als im Prozeß des Sterbens und der Begleitung eines Sterbenden. Frau Bodmer ist jetzt nicht in dieser Einstellung. Sie blickt aber auf sie zurück. Typisch für den Trauerprozeß ist, was jetzt folgt:

«Wir hatten es auch sonst gut miteinander, nie Streit. Ja, schon einmal, daß wir nicht gleicher Meinung waren, aber nie wirklich Streit. Wir haben immer alles miteinander gemacht.» Frau Bodmer redet sehr überzeugt. «Immer», «alles», betont sie sehr.

«Ja», sagt die Tochter mit leiser Stimme, «wir hatten es schön als Kinder. Wir haben es einfach gehabt. Wenn wir aus der Schule kamen, mußten wir zuerst meistens noch helfen. Aber am Sonntag sind wir oft miteinander losgezogen, irgendwohin gewandert, und am Abend haben wir dann gemütlich zusammengesessen.»

«Wir sind halt viel gewandert», sagt die Mutter wieder. «Und er hat sich immer» – wieder betont sie das «immer» – «an allem gefreut. Wenn wir wieder eine seltene Blume sahen oder auch nur einen schönen Käfer.»

«Mit der Natur war er halt besonders verbunden», sagt die junge Frau.

Es entsteht eine kurze Pause. Ich sage: «Es ist schön, wenn sie so an den Vater zurückdenken können. Auch das ist ein Geschenk.»

d) Die Idealisierung des Verstorbenen

«De mortuis nil nisi bene», von den Toten wird nur Gutes gesagt. Etwas spöttisch ist das schon Jahrtausende lang festgestellt worden. Auch wer diese Feststellung gemacht hat, tut aber das Gleiche, wenn er selber einen Geliebten verliert. Die Tendenz, den Toten zu verherrlichen, ist bei denen, die ihn gerne hatten und ihm nahe standen, einfach da. Wer sich in unvorsichtiger Weise kritisch über einen Verstorbenen äußert, zum Beispiel in einer Abdankungsrede, gibt Anlaß zu heftiger Empörung. Manche Seelsorger haben sich daran die Finger verbrannt.

Die Frau und die Tochter des Herrn Bodmer schildern beide, wie gut der Verstorbene mit ihnen war. Besonders Frau Bodmer redet sehr absolut. Weshalb machen Menschen das? Was treibt sie dazu?.

Ein brauchbarer Schlüssel, alles Einseitige und Übertriebene zu verstehen, ist die Annahme, daß das Gegenteil des Mitgeteilten nicht sichtbar werden darf. Zuviel Lob soll vorhandene Aggression überdecken. Wie zuviel Freundlichkeit eine Feindseligkeit und zuviel Sauberkeit einen nichtakzeptierten oder nicht eingestandenen Schmutz verstecken soll. Es handelt sich um den Abwehrmechanismus der Reaktionsbildung.

Jede enge Partnerbeziehung enthält auch Irritationen, Verletzungen und Aggressionen. In jeder Partnerbeziehung muß es deshalb regelmäßig zu Auseinandersetzungen kommen, damit auch diese Gefühle gelebt werden können und die Beziehung realistisch bleibt. Partner sind einander fast immer gewachsen. Die Waffen mögen verschieden sein, wehrlos ist niemand. Bis einer stirbt. Der kann sich nicht mehr wehren. Jetzt steht der Hinterbliebene da, quasi als Sieger. Er hat das letzte Wort, aber er genießt das nicht, im Gegenteil. Er schämt sich seiner aggressiven Gefühle seinem Geliebten gegenüber. Dort setzt das Idealisieren ein. Man will sich selber sagen: Für diesen guten Menschen konnte man nur Liebe empfinden, keinen Ärger. Wie wenn man bittet: «Meinen Sie nur nicht, daß ich etwas gegen ihn hatte!» Der Hinterbliebene vergewaltigt sich selber, wenn er den Toten idealisiert. Er verbietet sich seine aggressiven Gefühle. Wenn das zulange dauert, kann er sehr deprimiert werden. Aber am Anfang braucht fast jeder Mensch eine Frist der Idealisierung.

98

Fritz läßt die schönen Worte einfach stehen. Jetzt ist nicht der Moment, Frau Bodmer zu sagen: «Das kann doch nicht wahr sein, daß sie immer alles miteinander gemacht haben und daß es immer so gemütlich war.» Die Abdankungsrede und das Gebet können eine Hilfe dazu sein, daß Menschen es wieder wagen, ihre Beziehung realistisch zu sehen. Wenn der Abdankungsprediger es versteht, in liebevoller Weise über eine Beziehung zu reden, in der man natürlich auch mit den schwierigen Seiten von sich selber und vom anderen konfrontiert wurde, liefert er einen Beitrag dazu, daß Menschen sich aus dem Krampf der Idealisierung lösen können.

Nicht selten geht die Idealisierung mit Schuldgefühlen zusammen. Plötzlich erinnern die Hinterbliebenen sich, was sie alles falsch gemacht oder unterlassen haben. Zum Teil wird das auch stimmen. Gerade Liebende werden aneinander schuldig. Nie hilft es jemandem, wenn der Seelsorger ihm solche Tendenzen verbietet, sei es die Idealisierung oder das Schuldgefühl. Erst durch die Realisierung dieser Tendenzen hindurch kommen Menschen wirklich weiter.

Noch öfter sehen wir, zusammen mit einer Idealisierung des Verstorbenen, Aggressivität gegen Dritte. Frau Bodmer kommt noch dazu.

Die Stimmung hat sich wieder verändert. Das breite Erzählen scheint zu Ende zu sein. Frau Bodmer weint still vor sich hin.

Ich sage: «Aber gerade, weil Sie es so gut hatten miteinander, ist es jetzt auch so schwer, daß er so plötzlich nicht mehr da ist.»

«Ich kann es einfach nicht fassen», sagt sie in sich hinein.

«Daß es so plötzlich kam», sagt die Tochter, «macht es, glaube ich, so schlimm. Wir hatten schon immer ein wenig Angst, aber wir haben es doch nicht so erwartet.»

Jetzt schaut Frau Bodmer mich wieder an, fest sogar. Sie redet ziemlich laut, wie wenn sie plötzlich verzweifelt ist.

«Es ist ...», sie ringt nach Atem, «wissen Sie ...», sie greift mit der rechten Hand nach ihrer Brust, «wie wenn da drin ein Steinbrocken wäre. Ich kann nicht einmal richtig weinen. Wenn ich doch nur weinen könnte!» ruft sie aus.

Jetzt möchte ich ein Gestalt-Therapeut sein, der sie zum Weinen führt! Aber das würde mich jetzt überfordern. Es würde auch den Rahmen sprengen. Sie sollte jetzt etwas machen, auf die Polster schlagen oder laut aufschreien. Ich fühle mich ziemlich hilflos in der anständigen Stube.

«Es ist so über Sie hereingebrochen», sage ich, «daß Sie nicht einmal richtig traurig sein können. Sie sind einfach wie erschlagen.»

Die Tochter sagt: «Ich ging heute morgen noch mit der Mutter zum Arzt. Sie hat ganz gezittert. Er hat ihr eine Spritze gegeben. Wir gehen dann morgen nochmal hin und am Montag vor der Beerdigung auch noch einmal. Sie ist jetzt schon etwas ruhiger geworden.»

Die Drogenalternative für Gefühlsausdrücke irritiert mich. Aber ich fühle mich jetzt auch ohnmächtig, Frau Bodmer über ihren Steinbrocken zu führen, also bin ich nicht besser als der Arzt. Aber daß eine solche Behandlung wirklich hilft, wie die Tochter suggeriert, will ich nicht unwidersprochen stehen lassen.

«Das ist sicher gut, aber der Schmerz da drin bleibt doch.»

Jetzt geschieht etwas Unerwartetes. Frau Bodmer richtet sich mit einem Ruck auf, erhebt ihre Stimme und sagt ziemlich schrill: «Herr Pfarrer, warum ist das eigentlich so, warum ist die Leichenhalle verschlossen? Ich kann ja nicht einmal mehr meinen Mann besuchen. Da mußte ich auf dem ganzen Friedhof herumrennen, um den Sigrist zu finden, daß er mir auftut und morgen und am Sonntag ist niemand dort. Ich möchte ihn doch wenigstens noch einmal streicheln.»

Die Tochter mischt sich ein: «Mutter, ich habe doch bereits mit ihm abgemacht, daß er am Sonntag nach der Kirche uns die Leichenhalle nochmals öffnet. Das geht schon, Mami.» Sie versucht massiv, ihre Mutter zu beruhigen. Ihr Stimmton ist herablassend. Ich sehe aber, wie wild die Frau Bodmer geworden ist. Kommt sie doch am Steinbrocken vorbei?

«Sie probieren», sage ich zur Tochter, «Ihre Mutter zu beruhigen, aber ich merke, wie Sie, Frau Bodmer, empört darüber sind, wie man die Leichenhalle verschließt und damit Sie und Ihren Mann voneinander trennt.»

«Ich finde das unmöglich! Das ist nur Bequemlichkeit und Faulenzerei. Aber ich kann nicht ...» Sie schluchzt.

Die Tochter setzt sich näher zu der Mutter und umarmt sie. Frau Bodmer schluchzt einfach. Ich sitze still dabei.

«Sie haben einfach Mühe mit Allem», sage ich. «Sie haben auch so viel auf einmal zu verarbeiten.»

Das Schluchzen geht eine Weile. Dann hört Frau Bodmer auf, putzt ihre Augen ab und legt ihre Hand auf das Knie der Tochter. «Es ist gut, wenn man liebe Kinder hat.» Eine Weile bleibt es still.

e) Die Auflehnung gegen das Schicksal

Das war die schwierigste Phase des Gesprächs. Ein starker Gefühlsausbruch hat doch noch stattgefunden. Fritz hat ihn nicht veranlaßt, aber er hat sehr dazu beigetragen, daß er geschehen konnte.

Frau Bodmer zeigt klar, daß etwas in ihr an das Licht drängt. Sie bricht Sätze ab, sie ist in ihrer Körperhaltung unruhig und redet von einem Steinbrocken. Das sind Signale für den Seelsorger, daß er auf Wichtiges gefaßt sein muß. In einer Art Hebammendienst kann er manchmal helfen, daß das blockierte Gefühl freikommt. Wenn die Tochter mit ihren Beruhigungsversuchen probiert, das gerade zu verhindern, greift Fritz mit einem «aber» ein und wählt damit klar die Position der Frau Bodmer. Er sagt ihr mit seinem «Aber der Schmerz bleibt doch», daß Beruhigungsversuche jetzt nicht angemessen sind. Er toleriert die Existenz ihres Schmerzes. Ist es Zufall, daß sich Frau Bodmer gerade in diesem Moment zu ihrem Angriff auf die Leichenhalle aufrafft? Die Vermutung liegt nahe, daß die Toleranz des Pfarrers sie ermutigt. Sie läßt sich gehen.

Was folgt ist eine unlogische Sache. Die Tochter hat bereits einen Besuch in der Leichenhalle organisiert, und das weiß Frau Bodmer natürlich schon längst. Warum beklagt sie sich denn immer noch über den Sigristen?

100

Hier zeigt sich eine der wichtigsten Emotionen des Trauerprozesses, die Auflehnung. Die Frau ärgert sich vordergründig über den Sigristen, aber im Grunde zeigt sich darin ihr Gefühl dem Ganzen gegenüber, dem Verlust des Geliebten. Ein Trauernder möchte das Schicksal angreifen, es zwingen, den Toten zurückzugeben. Nur geht das natürlich nicht, das Schicksal hat keine Adresse, es gibt es nicht einmal. Aber Menschen sind phantasiereich. Wenn sie ihre angestaute Wut nicht am Schicksal auslassen können, dann suchen sie sich ein anderes Opfer. Irgendeinen findet man immer, am besten jemanden, der einen Fehler macht oder der einfach etwas Unangenehmes tut. Hier ist es der Sigrist. Es könnte auch der Arzt sein, der Chef, der Nachbar, der Sohn, der Pfarrer oder irgend jemand, das ist nicht entscheidend. Wesentlich, wenn auch unbewußt, ist das Aufbrechen der Auflehnung. Die Aggression sucht sich ein Flußbett. Das alles scheint impulsiv und dumm zu sein. Aber das Erleben der meisten Menschen ist zum teil und in gewissen Situationen nun einmal impulsiv und unlogisch.

Am besten scheint es, Gott anzugreifen. Hiob, die Propheten und die Psalmen sagen es uns vor. Wer beten kann und hadern, gerät in solchen Momenten in einen Kampf mit Gott. Menschen werden geschont, und Gott erträgt es. Aber wer kann immer beten? Frau Bodmer greift den Sigrist an, übrigens nur indirekt, nämlich im Gespräch mit dem Pfarrer. Fritz darf Frau Bodmer ihre Aggression nicht zum Vorwurf machen, sonst wird sie in die Isolation verwiesen, wo sie nur deprimiert werden kann. Das ist die unheimliche Zukunft dessen, der seine aggressiven Gefühle in sich hineinfrißt. Er wird den Kontakt mit sich selber verlieren und das ist das Schlimmste, was ein Mensch über sich selber bringen kann. Es ist der Weg der Depression. Seelsorger sollen nie dazu ermutigen. Sie würden es tun, wenn sie beruhigend oder bagatellisierend auf aggressive Ausbrüche reagieren würden. Selbstverständlich helfen sie genau so wenig, wenn sie die Angriffe bestätigen («Da haben Sie recht, der Sigrist ist unmöglich»). Sie sollen wissen, wie sie angemessen mit aggressiven Gefühlen umgehen können. Fritz tut das dadurch, daß er zweimal den Beruhigungsversuch der Tochter neutralisiert und Frau Bodmer merken läßt, daß er ihre Empörung spürt, ohne diese zu verurteilen.

Der aggressive Ausbruch führt Frau Bodmer zum Weinen, das sie bis jetzt nicht konnte. Nach einer Weile findet das Weinen ein natürliches Ende. Selbstverständlich ist es nicht das letzte Mal gewesen, aber ein wichtiger Schritt ist jetzt getan worden.

f) Traurigkeit und Annahme

Erst nachdem die Auflehnung ausgedrückt worden ist, fängt die eigentliche tiefe Traurigkeit im Trauerprozeß an. Soweit sehen wir in diesem Gespräch nicht. Sie zeigt sich fast immer erst einige Wochen oder Monate nach dem Verlust. Deshalb ist es wichtig, daß der Seelsorger bestimmte Angehörige und Freunde von Verstorbenen nochmals besucht. Traurige Menschen werden ziemlich gemieden. Dabei brauchen die Trauernden Menschen, die ihnen Gelegenheit geben, ihre Traurigkeit zu erleben und auszudrücken. Auch dort warten Chancen und Gefahren. Die Chance besteht darin, daß Menschen durch ihre Traurigkeit hindurch zur Annahme ihrer Realität, also des Verlustes, gelangen. Sie werden wieder kreativ und finden Freude und Lust, vielleicht auch neue Beziehungen. Die Gefahr lauert dort, wo Traurigkeit verhindert wird. Angst vor Traurigkeit führt Menschen in eine scheinbare Annahme, die in einer bitteren Resignation besteht. Frau Bodmer befindet sich noch an einem andern Ort. Es ist viel passiert in diesem Besuch. Jetzt soll Fritz aufpassen, daß es nicht zuviel wird. Es wird, nach dem Vollzug des Gefühlsausbruches, langsam Zeit, aufzuhören.

Ich habe den Eindruck, daß ich jetzt nicht mehr lange bleiben soll. Zum Schluß will ich noch einiges organisieren für die Abdankung. «Möchten Sie mir nicht einfach noch ein wenig von Ihrem Mann erzählen. Ich wäre froh darüber. Ich habe ihn ja nicht gekannt. Ich weiß nicht einmal, wo er gearbeitet hat oder wo er aufgewachsen ist.»

Frau Bodmer erzählt nun, durch kleine Rückfragen von mir unterbrochen, wie ihr Mann auf einem kleinen Heimwesen «nicht zum Leben, nicht zum Sterben» aufgewachsen sei. Zu einer Berufslehre reichte es nicht, er mußte gleich in die Fabrik. Er hat sich dann an verschiedenen Stellen etwas hochgearbeitet. Zuletzt hat er 10 Jahre bei einer Möbelfabrik gearbeitet. Frau Bodmer sagt, wie ihr Mann dort geschätzt wurde. Der Sohn, der kurze Zeit in der gleichen Firma gearbeitet habe, sei einmal heimgekommen und habe gesagt: «Du, in der Firma, da ist der Vater jemand». Sie erzählt auch, wie ihn die Kollegen vor einem halben Jahr im Spital besucht hätten. Auch die Tochter fügt einige Details bei.

«Das hat Ihnen sicher gut getan», sage ich, «diese Wertschätzung und Verbundenheit zu spüren. Möchten Sie nicht für die Beerdigung einen kurzen Lebenslauf über Ihren Mann schreiben?» frage ich. «Ich würde ihn dann in der Kirche vorlesen.»

«Ja, ich weiß halt nicht, wie das ist», sagt Frau Bodmer.

Ich sage: «Es gibt eigentlich zwei Teile bei einer Beerdigung. Ich möchte in einer kurzen Predigt, Ihnen ein paar Worte sagen. Aber dann wäre es auch schön, wenn wir das Leben Ihres Mannes kurz würdigen könnten. Ich denke so an die wichtigsten Stationen seines Lebens, aber dann auch etwas von seiner Art, was ihm besonders Freude machte, etwas von dem, wo sein Herz dabei war.»

«Doch, wir könnten schon etwas schreiben, nicht wahr, Mami?» sagt die Tochter, «und Sie würden es dann schon in die richtige Form bringen?»

«Das will ich gerne tun, wenn es Ihnen hilft», sage ich. «Sie müßten mir einfach bis zum Sonntagabend bringen, was Sie aufgeschrieben haben.»

«Gut, dann wollen wir es so machen», sagt Frau Bodmer.

Die Würdigung des Verstorbenen in der Abdankungsrede

Wenn berühmte Personen gestorben sind, werden sie öffentlich gewürdigt, am Radio, in der Presse und in großen Veranstaltungen. Einfacheren Menschen stehen solche Möglichkeiten der Verabschiedung nicht zur Verfügung. Vielfach ist der Pfarrer der Einzige, der zu einer Würdigungsrede fähig ist. Er soll das auch tun. Gottes Gnade ist größer als sein Gericht, deshalb soll jedem Verstorbenen in einer kirchlichen Abdankung etwas Liebes zur Würdigung gesagt werden (s. Walter Neidhart, «Die Rolle des Pfarrers beim Begräbnis», in: «Wort und Gemeinde. Probleme und Aufgaben der praktischen Theologie. Eduard Thurneysen zum 80. Geburtstag», Zürich, 1968, S. 226–235).

Die Würdigung muß nicht unbedingt in einem vorgelesenen Lebenslauf bestehen. Örtliche Traditionen spielen hier eine Rolle. Der Lebenslauf ist aber eine ausgezeichnete Möglichkeit, in einem angemessenen Rahmen vom Verstorbenen zu reden. Übrigens läßt sich auch in der eigentlichen Abdankungspredigt ein klarer Bezug zum Verstorbenen einbauen. Den manchmal gehörten Vorwurf, man solle in einer Predigt von Gott und Christus und nicht vom toten Menschen reden, finde ich oberflächlich und doketisch.

Die Erstellung eines Lebenslaufes ergibt eine gute Möglichkeit, mit den Hinterbliebenen ins Gespräch zu kommen. Den Vorschlag, den Fritz macht, nämlich daß sie den Lebenslauf selber schreiben, kann nur derjenige Seelsorger machen, der freimütig genug ist, gegebenenfalls nicht alles vorzulesen (allzu groteske Idealisierungen zum Beispiel) und stark genug, sich nacher mit der Irritation des Autors auseinanderzusetzen. Vorsichtiger ist es, nur Notizen zu verlangen und die Endredaktion klar an sich zu halten. Der Seelsorger soll trauernde Leute gegen sich selber schützen, wenn es nötig ist. Die Klarheit und die Flexibilität, die Fritz zeigt, sind der Situation in dieser Familie angemessen.

«Ich habe noch eine Frage», sage ich. «Ich werde dann eine Predigt halten. Ja. Sind Sie selber sehr engagiert in der Kirche, oder – wissen Sie, es gibt Menschen, die sehr mitmachen, andere stehen mehr auf einer gewissen Distanz –.»

«Wir sind nicht oft in die Kirche gegangen, das nicht, aber ...», antwortet Frau Bodmer.

Ich sage: «Ich finde es jetzt nicht den Moment, das groß zu diskutieren. Ich wollte Sie nur ein wenig besser kennenlernen. Gibt es irgend ein Bibelwort, das Ihrem Mann oder Ihnen etwas Besonderes bedeutet hat? Ich frage einfach so. Wenn es das gibt, würde ich es gerne in meine Predigt aufnehmen.»

«Ich habe schon», sagt Frau Bodmer, «nach dem Konfirmandenspruch meines Mannes gesucht. Das wäre schön gewesen, aber ich habe ihn nicht gefunden. Sie finden sicher schon das rechte Wort.»

«Sie haben mir jetzt ja soviel erzählt. Ich will es mir überlegen.» Es folgen noch zwei, drei Fragen von der Frau und ihrer Tochter nach äußeren Dingen wegen der Beerdigung, die ich beantworten kann.

«Ich möchte jetzt vorschlagen, daß wir einen Augenblick still werden und miteinander beten.»

Frau Bodmer sagt: «Ja, gerne.»

«Vater im Himmel! Du weißt, wie hart der plötzliche Tod von Herrn Bodmer seine Frau und seine Kinder getroffen hat. Er liegt wie ein Stein auf der Brust und ist kaum zu fassen. Wir können es nicht verstehen. Aber wir wollen Dir auch danken für alles Schöne, was gewesen ist und vor allem für dieses halbe Jahr, das ihm nochmals geschenkt war. Und jetzt bitten wir Dich einfach für Frau Bodmer und ihre Kinder. Hilf ihnen in diesen schweren Tagen. Schenk ihnen Kraft und Mut. Es ist ja so schwer, Abschied zu nehmen. Amen.»

«Danke», sagt Frau Bodmer. Wir verabschieden uns bis zum Montag, und ich verspreche, in etwa vierzehn Tagen noch einmal vorbeizukommen.

Die Erörterung des kirchlichen Engagements in Kasualbesuchen

Eine volkskirchliche Tatsache ist es, daß viele Menschen nur in besonderen Lebenssituationen Kontakt mit einem Pfarrer haben oder einen kirchlichen Dienst beanspruchen. Bei den meisten unengagierten Mitgliedern besteht ein vages Schuldgefühl darüber. Deshalb ist die Erörterung des kirchlichen Engagements meistens eine eher peinliche Sache. Zwei Fehler sollen bei Kasualbesuchen wie bei Taufe und Trauer vermieden werden. Der Eine wäre eine völlige Gleichgültigkeit des Pfarrers über die Frage, ob die betreffenden Menschen innerlich mit der Kirche und im Glauben mitmachen. Der andere Fehler wäre eine vorwurfsvolle und moralistische Reaktion des Seelsorgers, wenn er kein Engagement antrifft. Im Traugespräch und beim Konfirmandenbesuch ist am ehesten die Gelegenheit da, einmal grundsätzlich über die Art des Engagements mit den Randsiedlern zu reden. Beim Leidbesuch ist es selten angebracht, weil jetzt der Verlust alles überschattet.

Fritz macht es recht. Er zeigt sein Interesse und Bemühen an dieser Stelle, aber er erteilt keine Zurechtweisungen. Ohne daß er den schwierigen Moment im Leben dieser Menschen für eine Mahnung ausnützt, zeigt er doch, daß es neben Distanz auch Engagement gibt. Das Gebet am Schluß scheint mir hier angemessen zu sein. Für ein persönliches Reden von Gott wäre jetzt kaum Gelegenheit. Die rituelle Form des Gebetes unterstreicht den religiösen Charakter des Besuches in einer innigen, aber nicht aufdringlichen Art.

12: Partnerprobleme –
Eheberatung als Hilfe zur Vertiefung der Beziehung und zur Konfliktbewältigung

Der Leser hat Karin Hauri schon kennengelernt (s. S. 21). Im folgenden Gespräch sieht er etwas von ihrer eheberaterischen Tätigkeit.

Herr (Martin) und Frau (Elsa) Schneider sind beide ungefähr dreißig Jahre alt, seit einem Jahr verheiratet. Sie haben ihr erstes Kind bekommen und wollen es taufen lassen. Karin hat Herrn Schneider, der telefonisch Kontakt gesucht hat, gesagt, sie würde ihn und seine Frau gerne vorher kennenlernen. Einige Tage später kommen sie für das Taufgespräch zu ihr. Es wird ein intensives Gespräch. Herr Schneider erzählt viel Persönliches. Er sagt, er möchte schon «noch weiterkommen in seinem Leben, vor allem mit seiner Frau». Es scheint ihm, sie sollten besser miteinander reden können. Sonst gehe alles gut und sie hätten es schön. Karin sagt darauf, sie wäre bereit, mit ihnen weiter zu reden. Sie sollten doch miteinander überlegen und sie anrufen, wenn sie kommen möchten. «Nicht für eine Beratung, eher eine spielerische Form», sagt sie lachend. Sie hat bei der Frau eine Scheu bemerkt. Herr Schneider sagt dann bei der Taufe, sie würden gerne noch einmal kommen. Ein Datum wird abgemacht. Karin erzählt:

An einem Abend kommen sie. Ich bin innerlich etwas aufgeregt. Ich habe bei Herrn Schneider eine starke Motivation zum Gespräch bemerkt, bei der Frau Zurückhaltung. Diese Spannung ist mir nicht ganz geheuer.

Konventionell-fröhlich fängt der Besuch an. Der Wetterumschlag und der Tauftag bieten Stoff genug zum Vorgeplänkel. Ich habe drei genau gleiche Stühle in ein Dreieck gestellt, da sitzen wir ab. Ich spüre jetzt bei beiden eine Verlegenheit. Das kann ich gut verstehen, weil die Zwei noch nicht lange verheiratet sind und ich annehmen muß, daß sie es nicht gewohnt sind, über ihre Beziehung miteinander zu reden. Ich fange an.

«Wir haben beim Taufgespräch über eine Fortsetzung gesprochen. Jetzt sind Sie da. Was ist wichtig für Sie, was ist das Ziel, daß wir zusammenkommen?»

Das Beratungsgespräch

a) Strukturen

Die Struktur eines Seelsorgegesprächs hat entscheidenden Einfluß auf seine Wirksamkeit. Die Verantwortung für die Struktur liegt immer beim Seelsorger, sowohl in Begegnungen, zu denen er selber die Initiative genommen hat, als auch, wie hier, in Gesprächen, die auf Wunsch der Anderen stattfinden. Zur Struktur gehören sowohl die äußeren

105

Verhältnisse, wie die Sitzordnung und die Zeiteinteilung, als die innere Ordnung, wie der Gesprächsverlauf und die Zielsetzung.

In diesem Gespräch sehen wir, wie die Pfarrerin die optimalen Bedingungen schafft. Drei gleiche Stühle stehen in einem Dreieck, damit jeder den gleichen Überblick hat und niemand zur Parteinahme prädisponiert wird. Hoffentlich ist das Zimmer unauffällig gemütlich, zu einem intensiven Gespräch einladend.

Anderthalb Stunden sind abgemacht worden. Die Pfarrerin hat aber nachher keine Vereinbarungen mehr, so daß es nicht schlimm ist, wenn das Gespräch etwas länger dauern würde. Gerade für ein erstes Gespräch scheint mir das richtig zu sein. Seelsorger müssen ihre Termine nicht so strikt einhalten wie Therapeuten. Trotzdem ist es richtig, eine bestimmte Zeit festzulegen, weil die Gefahr der Strukturlosigkeit sonst größer ist als die Chancen der Lockerheit.

Am Anfang versucht Karin, zusammen mit Herrn und Frau Schneider, das Ziel ihres Gesprächs zu umreißen. Das ist wichtig. Es kann damit klar werden, was die Menschen vom Seelsorgegespräch erwarten. Vielleicht haben sie unerfüllbare Erwartungen, zum Beispiel, daß Eheprobleme in einer Beratung rasch gelöst werden können oder daß der Berater ihnen sagen kann, was sie zu tun hätten. Übrigens beharrt die Seelsorgerin nicht sehr auf der Feststellung eines Zieles. Darüber könnte man mit ihr verschiedener Meinung sein. Ich hätte gern klarer formuliert, was die Absicht wäre, vielleicht: «Also, Sie erhoffen, Herr Schneider, daß wir zu Dritt einen Durchbruch finden, damit Sie zusammen offener und tiefer reden können. Und Sie, Frau Schneider, machen gerne mit, obwohl es für Sie nicht so dringend ist.»

Am Schluß des Gespräches kommt Karin auf den Gesprächsrahmen zurück, indem sie fragt, wie das Gespräch für die Beiden gewesen ist. Das hilft Allen, klar zu sehen, was sie eigentlich im Gespräch miteinander erlebt haben und was der Sinn gewesen ist.

Weitere Bemerkungen über die Strukturierung des Gespräches kommen unter Punkt f) zur Sprache.

Ich schaue Frau Schneider an. Sie schaut auf ihren Mann. Er sagt: «Es ist einfach so, wie ich Ihnen gesagt habe. Es kommt bei uns selten zu einem tieferen Gespräch. Sonst ist ja alles gut. Aber es ist oft nur das Nötigste, was wir besprechen. Es kommt zu keinem richtigen Gespräch. Mir fehlt das manchmal. Für Dich ist das, glaube ich, anders?»

«Ja, mir fehlt nichts. Ich möchte Dich nicht missen. Für mich ist es schön, so wie es ist.» Sie spricht verhalten. Ich habe den Eindruck, daß sie Angst hat. Ich spüre Sympathie für diese Frau. Du bist mutig, daß Du überhaupt mitgekommen bist, denke ich.

«Das gilt für mich auch», sagt er. «Und doch fehlt mir etwas. Wir kommen so in einen Trott. Ich weiß manchmal gar nicht mehr, was uns zusammenhält. Es war einmal Liebe; aber ist es das noch?»

Ich erschrecke fast vor seinen Worten. Es ist ihm hochernst! Wie offen redet er! Die Frau muß sich wohl bedroht fühlen.

«Für mich ist es das schon. Ich könnte mir nichts anderes vorstellen als die Liebe zu Dir.» Verlegen bringt sie ihre Hand unter ihr Gesäß, während sie die Schultern hochzieht. Sie sieht verkrampft aus. Am liebsten würde ich sie fragen, was sie mit ihrem Körper sagt. Aber nein, jetzt noch nicht. Inzwischen macht er weiter, er macht Riesenschritte. «Ja, aber weißt Du, was ist das denn, die Liebe? Das ist doch mehr als nur so zusammenwohnen.»

Ich fürchte, daß es der Frau auf diese Weise zu heiß wird. Es geht zu rasch. Ich will versuchen, sie zuerst eine gewisse Sicherheit in diesem Raum erleben zu lassen. Darum bremse ich ihn vorläufig ab. «Was Liebe ist, dem könnten Sie vielleicht auf die Spur kommen, indem Sie einander wieder einmal sagen, was sie aneinander schätzen.» Jetzt lachen sie beide. Das ist gerade, was ich wollte. Ohne eine gewisse Heiterkeit kommt nichts zustande. Ich schaue Frau Schneider an, fordere sie auf. «Versuchen sie zu sagen: Ich schätze an Dir ... und Sie, Herr Schneider, hören einfach zu.»

Frau Schneider fängt an. «Ich könnte mir keinen besseren Mann vorstellen als er ist. Er ist gut zu mir. Er sagt mir oft ein freundliches Wort.»

«Könnten Sie das direkt zu ihm sagen? Mit «Du»? verlange ich. Jetzt ist die Frau verlegen. Ich spüre eine Peinlichkeit, immer wenn ich diesen Vorschlag der Direktheit mache. Ich verlange soviel Hingabe und ich weiß, wie groß die Widerstände dagegen sind. Frau Schneider bringt es nicht fertig, direkt zu ihrem Mann zu reden.

«Es macht Ihnen Mühe, so zu reden? Ich verstehe das, und dann noch zu Dritt!» Ich lache selber über meinen Vorschlag.

b) Eine heitere Atmosphäre

Offenes Reden kann Menschen Angst machen. Nicht umsonst haben wir alle die Tendenz, uns zu verstecken. Offenheit ist ein Merkmal des Gerichtes. Frau Schneider hat sicher Angst vor einem persönlichen Gespräch über ihre Ehe, das hat Karin schon beim Taufgespräch gemerkt. Wohltuend ist in dem Zusammenhang die Heiterkeit, die Karin dadurch schafft, daß sie Humor zeigt. Schon beim ersten Angebot zu einem Ehegespräch hat sie lachend gesagt: «Nicht für eine Beratung, eher eine spielerische Form». Mit ihrem «und dann noch zu Dritt!» relativiert sie lachend den Ernst des Unternehmens. Fast sagt sie: «Ist das ein Unsinn, was ich vorgeschlagen habe!» Nachdem sie dann darüber gelacht haben, ist der Vorschlag trotzdem akzeptabel. Humor und Selbstspott sind oft wirksamer als rationale Verteidigungen. Die üben Druck aus, Humor läßt den Weg offen, den Vorschlag zurückzuweisen. Humor verkündigt das «Fürchte Dich nicht» hier klarer als diese biblischen Worte es in buchstäblicher Form tun könnten.

Wir sehen nicht unmittelbar, ob Karins Humor ansteckend und hilfreich wirkt. Humor ist natürlich erst eine Hilfe, wenn er wirklich Angst vermindert und vertreibt. In der Analyse dieses Gespräches bekamen wir aber den starken Eindruck, daß die lockere Haltung der Pfarrerin ein wesentlicher Beitrag dazu gewesen ist, Frau Schneider zu gewinnen.

Humor darf nicht zur Methode werden. Es gibt Eheberatungs-Situationen, wo er deplaziert wäre. Im Falle der Familie Schneider ist er berechtigt. Soweit wir sehen können, stehen dieser Mann und diese Frau zueinander und haben sich gern. Die Botschaft des Humors besteht für sie darin, daß sie und ihre Beziehung zum Heil da sind und nicht zum Unheil, zum Wachstum und nicht zur Tragödie.

Aber ich gebe meinen Vorschlag nicht auf. «Wissen Sie, mich geht es eigentlich nichts an. Aber es ist für ihn gut zu hören.» Mit einem schelmischen Lachen mache ich ihr Mut und da kommt sie!

«Du hast viel Geduld mit mir. Gerade auch wenn ich aufbrause. Du bist manchmal lieb zu mir, mit einer Geste. Ich verdanke Dir viel und ich kann mich auf Dich verlassen.»

Das letzte Wort frappiert mich. Was sagt sie da? Ist das eine Feststellung oder ein Wunsch? War etwas Unruhiges in ihrer Stimme? Ich weiß es nicht, ich weiß nur, daß ich von dieser Aussage getroffen worden bin. Ich sage: «Das Letzte habe ich nicht verstanden, können Sie das klarer sagen? Oder, Herr Schneider, haben Sie es verstanden?»

«Sag es ruhig, ich weiß, was Du meinst», sagt er.

Ich merke wie verlegen sie ist. Soll ich es sein lassen? Wird jetzt entschieden, ob wir offen miteinander reden oder nur in Andeutungen? Einmal will ich sie noch beruhigen.

«Sie brauchen es mir nicht zu sagen. Hauptsache ist, daß Ihr Mann Sie versteht.»

«Ich weiß, daß Du mir treu bist. Daß Du nicht mit einer anderen Frau gingest. Ich würde es auch merken.»

Das, scheint mir, kommt aus einer großen Tiefe. Möchte sie ihn besitzen, aus Angst, sie würde ihn verlieren? Ich will aber noch nicht so tiefe Sachen zulassen, jetzt zuerst wieder zuwerfen, zurück, damit die Spannung nicht zu schnell steigt.

c) Liebe und Schutz für das Schwache

Herr Schneider ist derjenige, der das Gespräch gewünscht hat, seine Frau hat nur zugestimmt. Die Seelsorgerin versucht Herrn Schneider zu helfen, daß das Gespräch zustande kommt, aber sie orientiert ihr Eingreifen an der Tragfähigkeit der Frau. Das ist richtig. Wenn Frau Schneider zuviel Angst bekommt, kann sie innerlich nicht mehr mitmachen.

Es fällt auf, wie vorsichtig die Pfarrerin arbeitet. Für den oberflächlichen Betrachter scheint sie wichtige Gelegenheiten zu verpassen. Aber sie verpaßt sie nicht, sie weist sie bewußt zurück. Sie will keine Pyrrhussiege erringen. Wir sehen, wie sie vom offenen Reden des Herrn Schneider fast erschrickt. Warum erschrickt sie? Nicht weil sie etwa selber Angst hätte, sondern nur weil sie sich mit der Frau identifizieren kann. Sie hat deren Scheu und Angst am Anfang schon bemerkt und empfindet jetzt mit ihr, wenn der Mann redet. Wenn er seiner Frau Angst macht, spürt die Seelsorgerin das am eigenen Empfinden. Das ist Seelsorge am Paare!

Diese Haltung läßt sich bloß mit einer Gesprächstechnik nie erlernen. Die Voraussetzung ist, daß der Seelsorger das Schwache und Verängstigte im Anderen erträgt, daß er den verkrampften Menschen liebt und beschützt. Es ist die Haltung, die Jesus auszeichnet. «Ein geknicktes

Rohr wird er nicht zerbrechen und einen glimmenden Docht wird er nicht auslöschen» (Mt. 12,20). Die Pfarrerin empfindet Wärme für die Frau, sobald sie ihre Angst merkt. Das setzt voraus, daß der Seelsorger mit seinen eigenen Verkrampfungen leben will und kann. Unreife Seelsorger und Therapeuten verurteilen die Verkrampfungen. Sie propagieren Offenheit und versprechen Erfolg, wenn man nur seine Gefühle zeigt und zum Ausdruck bringt. Sie übersehen, daß sie auf diese Weise nur neuen Druck ausüben auf Menschen, die schon sehr unter Druck stehen.

Die Pfarrerin zeigt ihre barmherzige Weisheit, wenn sie die Aussage des Mannes: «Es war einmal Liebe; aber ist es das noch?» unbeachtet läßt. Schade für die therapeutische Gelegenheit, denn der Mann ist sehr offen. Aber die Frau käme vielleicht in eine Panik hinein, wenn schon am Anfang des Gespräches die schmerzlichsten Tiefen betreten werden. Ein Seelsorger hat hier großen Einfluß. Was er wichtig findet, kann er nochmals aufgreifen. Wenn ihm etwas zu gefährlich ist, kann er es liegen lassen oder sogar davon ablenken. Statt daß die Pfarrerin auf den geladenen Satz des Mannes eingeht, schlägt sie eine Art Spiel vor, in dem die Partner einander sagen, was sie aneinander schätzen. Ein Vorteil dieser Erfahrung ist, daß das Schwere nicht darin vorkommt und somit hinausgeschoben wird. Das Spiel bringt zudem nicht nur Ablenkung. Es kann zu einer gewissen Intimität führen und für die Frau kann sich die Atmosphäre langsam lockern. Man sieht, wie phantasiereich die Seelsorgerin in ihrer Liebe für die ängstliche Frau ist. Ihr Vorhaben gelingt.

Ein gefährlicher Moment entsteht, wenn die Seelsorgerin die Andeutung der Frau «ich kann mich auf Dich verlassen» aufnimmt. Herr Schneider fordert seine Frau auf, offen zu reden. Aber sie ist verlegen. Sofort greift Karin ein, indem sie ihr zubilligt, zu schweigen. Diese Beruhigung trägt wahrscheinlich dazu bei, daß die Frau ihre Verlegenheit überwindet. Karin hat einfach den Druck weggenommen. Das ist oft genug. Es scheint mir schwierig zu beurteilen, ob es nötig war, nochmals zu bremsen, wie Karin es tut. Sie befürchtet zu große Spannungen, wenn sie jetzt schon auf die eventuellen Verlustängste der Frau eingehen würde. Vielleicht ist sie hier zu vorsichtig. Aber besser Vorsicht, solange keine wirklichen Barrieren entstanden sind. Das Gespräch geht gut weiter, die vorsichtige Haltung der Seelsorgerin verhindert den Fortgang nicht, sondern bewährt sich.

«Herr Schneider, würden Sie jetzt versuchen, mit Ihren Worten zu wiederholen, was Ihre Frau zu Ihnen gesagt hat? Dann weiß sie, ob Sie sie verstanden haben.»
Er wiederholt meines Erachtens genau das, was seine Frau ihm gesagt hat. Ich fordere ihn auf, jetzt auch von ihm aus zu sagen, was er an ihr schätzt.

«Ich bin stolz auf Dich. Ja, natürlich liebe ich Dich auch, das ist selbstverständlich. Du bist immer da, wenn ich nach Hause komme, das ist schön. Du kannst heute prima kochen, das schätze ich.»

In meinen Ohren bleiben die Worte «stolz auf Dich» und «selbstverständlich» hängen, während er weiterredet.

«Und ich schätze, wie Du Dich kleidest, wie Du zu Dir schaust.»

Ich muß sie nur mit einem Blick auffordern, dann wiederholt sie, was er ihr gesagt hat. Ich bin schon ein wenig ungeduldig, weil ich das «stolz» und das «selbstverständlich» wieder einbringen will. Sie wiederholt diese Wörter nicht.

«Ich habe», sage ich zu Herrn Schneider, «nicht verstanden was Sie meinen mit «stolz auf Dich».»

«Ich bin stolz, was aus ihr geworden ist. Ein wenig ist das auch «stolz auf mich». Ich habe sie herausgeholt aus dem Elternhaus. Und Du bist sehr verändert seither. Ich bewundere das.»

«Wollen Sie auch sagen, worin sich die Veränderung bemerkbar macht?»

«Sie ist viel freier geworden, gelöster, selbständiger.»

Ich frage Frau Schneider: «Wie ist das für Sie, sehen Sie das ähnlich?»

«Ja, ich glaube schon. Ich war ziemlich ängstlich, mit Geldausgeben und so. Das geht schon viel besser. Martin hat mir sehr viel Mut gemacht.»

«Sie haben noch etwas gesagt, was mich traf», sage ich Herrn Schneider. «Daß Sie Ihre Frau lieben, sei vielleicht oft zu selbstverständlich. Ich weiß nicht, Frau Schneider, ob Sie das verstehen.»

«Nein, eigentlich nicht.»

Er sagt: «Ich meine es so, daß ich oft meine Liebe zu wenig zeige.»

«Empfinden Sie das auch so?» frage ich sie.

«Nein, im Gegenteil. Du sagst mir so oft etwas Liebes. Gerade auch, wenn Du nach Hause kommst. Oder Du berührst mich mit Deiner Hand.»

Wie komme ich hier weiter? Er beschuldigt sich selber, aber sie klagt ihn gar nicht an! Oder hat er die Sache einfach umgedreht? Probieren, ob das stimmt!

«Herr Schneider, wie ist das für Sie, erfahren Sie dasselbe auch von Ihrer Frau?»

«Nein, eben nicht.» Also!

d) Besser hören als Menschen sich selber hören

Ich habe schon einmal darauf aufmerksam gemacht, wie scharf die Pfarrerin zuhört: Sie hat «ich kann mich auf Dich verlassen» als Andeutung gewisser Ängste verstanden und das stimmte. Auch wenn der Mann aufzählt, was ihm an seiner Frau gefällt, hört Karin scharf zu. Sie macht sich während des Zuhörens bewußt, was sie besonders trifft. Die Stichworte «stolz» und «selbstverständlich» haften bei ihr. Das erste wohl, weil sie es nicht verstehen kann, das zweite, weil es wahrscheinlich sehr geladen ist. Sie hat eine gute Art, solche Stichworte aufzunehmen. Sie sagt, daß sie sie nicht ganz versteht und lädt dazu ein, daß er es klarer sagt. Das ist zielbewußt und doch diskret. Der Mann kann, wenn er will, ausweichen, aber er kann das Gespräch auch mit Klartext intensivieren. Es ist eine allgemeine Tatsache, daß Menschen, auch wenn sie offen sein wollen, in Andeutungen reden. Dadurch haben sie selber den

Eindruck, offen zu sein, weil sie selber genau wissen, was sie andeuten. Gleichzeitig weichen sie aber unbewußt aus, weil eine Andeutung für die Anderen nicht klar ist und deshalb niemand darauf eingehen muß. Die Aufgabe des Seelsorgers ist es, solche Andeutungen zu identifizieren und sie hervorzuholen. Auf diese Weise macht er den Anderen darauf aufmerksam, daß er etwas verschweigt. In einem Zweiergespräch hat der Seelsorger es einfacher, weil er Andeutungen sofort selber aufnehmen kann und fragen, ob er sie richtig versteht, wenn er sie in diesem oder jenem Sinne interpretiert. In einem Gespräch zu Dritt muß er vorsichtiger sein mit solchen Interpretationsnachfragen, weil er mit der Wirkung seiner Worte auf den anderen Partner rechnen muß. Andeutungen bedeuten ja immer auch, daß Menschen sich gegen völlige Offenheit wehren, wenn auch unbewußt. Deshalb ist eine Rückfrage im Stile von «wie meinen Sie das, können Sie das klarer sagen?» in einem Dreiergespräch klüger. Sie läßt dem anderen die Freiheit, selber zu bestimmen, in wie weit die Andeutung demaskiert werden soll.

Zur Hellhörigkeit gehört nicht nur ein gutes Ohr, sondern auch ein gewisses Maß an Menschenkenntnis. Herr Schneider sagt, daß er seine Liebe oft zu wenig zeigt. Im Grunde meint er, daß seine Frau diesen Fehler macht, aber das weiß er selber nicht. Diese Vertauschung trifft man oft an in Gesprächen. Fast immer geht sie in die umgekehrte Richtung. Menschen ärgern sich über andere, weil jene die Fehler zeigen, die sie selber haben und bei sich selber nicht sehen wollen. Sie projizieren ihr Problem auf den anderen. Herr Schneider macht einen liebenswürdigen, umgekehrten Gebrauch dieses Abwehrmechanismus. Er identifiziert sich mit seiner Frau und beschuldigt sich selber dessen, was er im Grunde seiner Frau anlasten muß. Vielleicht hat er Angst, seine Frau anzugreifen. Zur Seelsorgeausbildung gehört es, solche allgemein beliebten Kommunikationsstörungen kennenzulernen. Wichtig ist, daß die Seelsorgerin die Identifikation ahnt. Sonst würde das Gespräch sich hier in eine unfruchtbare Richtung weiterentwickeln.

«Das ist es ja gerade», sagt Frau Schneider. «Ich kann das einfach nicht.»
«Es macht Ihnen Mühe, Ihren Mann zu berühren, ihm mit einer Geste Liebe zu zeigen.»
«Ich müßte mir Zwang antun. Es ist wie eine Barriere in mir. Auch wenn ich möchte,» seufzt sie.
Ich sage: «Sie möchten schon, aber es ist da etwas, was Sie stoppt und das möchten Sie nicht überspielen.»
«Es ist genau so.»
Jetzt sind wir an einer wichtigen Stelle. Es ist peinlich ruhig zwischen uns. Jeder scheint zu spüren, daß hier eine große Schwierigkeit liegt. Ich fühle mich hilflos, mir kommt jetzt keine helfende Idee. Aber jetzt redet der Mann schon wieder.
«Wir kommen hier nicht weiter. Versteh' mich recht, es ist ja sonst alles gut. Aber wir bleiben sonst stehen. Das scheint mir nicht gut.»

Ich kehre mich zu Herrn Schneider: «Sie sagen, es wäre noch schöner, wenn dies noch anders wäre, wenn Sie einander noch näher kommen könnten.»

«Ja, sonst hat es doch einfach keinen Sinn. Ich sehne mich manchmal wahnsinnig darnach.»

Herr Schneider ist jetzt erregt. Er leidet, seine Wunde ist aufgerissen worden. Das Gespräch soll weitergehen, aber wie? Ich suche einfach weiter:

«Haben Sie beide eine Idee, wie Sie hier weiterkommen könnten? Was Sie dazu beitragen könnten?»

«Nein», sagt er, «ich bin ratlos.» Höre nur, wie verzweifelt er ist!

Nun fängt Frau Schneider wieder an. Sie errötet etwas, sie ist auch aufgeregt. «Ich habe mich schon gefragt, ob es mit zuhause zusammenhängt.»

«Sie haben schon nach Gründen gesucht», probiere ich.

«Nicht daß meine Eltern nicht recht gewesen wären. Aber wenn ich jetzt nach Hause komme, ist es immer dasselbe. Mutter ist sehr allein. Vater ist hart und grob zu ihr. Ich ertrage das nicht.» Sie bekommt Tränen.

Ich sage ihr: «Es ist für Sie schwer, das Elend Ihrer Mutter mitansehen zu müssen.»

So war es auch früher. Wenn wir spazieren gingen, kam Vater nie mit. Ich habe nie erlebt, daß sie lieb miteinander waren. Meine Mutter muß es immer sehr schwer gehabt haben.» Wieder weint sie.

«Ich spüre, daß es Sie ganz traurig macht, wenn Sie davon reden.»

Frau Schneider bricht jetzt richtig in Tränen aus und weint eine Zeitlang. Herr Schneider scheint etwas sagen zu wollen, aber ich winke ihm zu, noch zu warten.

e) Förderung der emotionalen Katharsis

Auch in diesem Gespräch sehen wir, daß die Seelsorgerin keine Angst vor dem Ausbrechen starker Emotionen hat (s. S. 100).

Sie wehrt Herrn Schneider sogar ab, wenn er, nach ihrem Empfinden, zu früh eingreifen will. Es gehört Feingefühl dazu, beurteilen zu können, ob ein Tränenausbruch strukturlos ist und deshalb Eingreifen und Reden verlangt, oder ob er sinnvoll ist und deshalb ein natürliches Ende finden muß. Karin hat offenbar den Eindruck, daß das Zweite der Fall ist. Es findet eine Katharsis: eine Befreiung und eine Reinigung statt, wenn Menschen ihre schmerzlichen Gefühle zum Ausdruck bringen. In erster Linie meint man oft, daß ein voller und heftiger Ausdruck solcher Gefühle alles andere als hilfreich für den Betreffenden sei. Die paradoxe Wirklichkeit ist aber, daß sogenannte negative Gefühle zu positiven umgebildet werden, wenn sie voll ausgedrückt werden (s. Carl Rogers, «Partnerschule. Zusammenleben will gelernt sein – das offene Gespräch mit Paaren und Ehepaaren», München, 1975, S. 122).

Der Ausbruch von Frau Schneider scheint mir zu wichtig zu sein, um ihn zu unterbrechen. Es sind wohl alte Schmerzen, die schon lange auf eine Ausbruchsmöglichkeit gewartet haben. Unter Schluchzen erzählt sie weiter.

«Oft sah ich zu, wie die Nachbarskinder mit ihren Vätern spielen und auf ihrem Schoß sitzen konnten. Ich habe mich darnach gesehnt, daß das mit meinem Vater auch so wäre. Aber das habe ich nie erlebt. Ich hatte auch Angst, er würde mich abweisen. Er konnte manchmal so hart sein. Eigentlich war er nur hart.»

112

«Das muß schon traurig gewesen sein für Sie. Sie haben sich so nach der Nähe Ihres Vaters gesehnt. Gleichzeitig mußten Sie Angst haben, er lehne Sie ab.»
«Das hat mich manchmal fast zerrissen.»
«Und es bewegt Sie auch jetzt immer noch sehr stark.»
«Ja, ich habe das irgendwie nicht gewußt. Ich dachte immer, ich sei darüber hinweg.»
Der Ausbruch geht zu Ende, glaube ich. Es wird ruhig. Ich verhalte mich sehr still. Ich will jetzt keine Initiative nehmen, es kommt sicher etwas.

f) Das Gleichgewicht zwischen Führen und Sichführenlassen

Wo soll der Seelsorger in einem Beratungsgespräch eingreifen und wo soll er abwarten? Wo soll er aktiv, initiativ sein, wo ist passives, rezeptives Verhalten angebracht? Führung und Aktivität ist in Dreiergesprächen stärker notwendig als in Zweiergesprächen. Es ist interessant zu sehen, wie Karin sich in dieser Hinsicht verhält. Sie schafft eine klare Struktur. Das ist Aktivität. Sie greift ein, wenn für die Frau zuviel Bedrohung entstehen kann, wie ich schon dargestellt habe. Das ist auch Aktivität. Sie greift auch ein, wenn sie Andeutungen hört, hinter denen sie Wichtiges vermutet. Ihre Interventionen sind oft auch Versuche, noch einmal klar auszusprechen, was der Mann oder die Frau gesagt hat. In den schweren Momenten bringt sie ihre Anteilnahme und ihr Verständnis zum Ausdruck. Sie lenkt das Gespräch auch, wenn Herr Schneider seine Frau in ihrem starken Erleben stören könnte. Sie winkt ihm zu, zu warten. Das ergibt eine vollständige Beschreibung der Interventionen in einem guten Beratungsgespräch zu Dritt. Darin soll der Seelsorger:
– eine klare Struktur schaffen
– zur Klärung und Vertiefung beitragen
– seine Wärme zeigen
– den Schwachen stützen
– die emotionale Katharsis fördern.
Zur Klärung und Vertiefung braucht es in manchem Gespräch auch die Form der Herausforderung. In diesem Gespräch ist das unnötig, weil schon soviel von selber kommt, daß es kaum zu bewältigen ist.
Jetzt fällt aber auch auf, daß die Seelsorgerin manchmal nicht eingreift, wo es möglich gewesen wäre. Das gehört nun auch zu einem guten Gespräch. Wer zu sehr führt, macht die anderen abhängig und mundtot. Gerade mit Menschen, die motiviert sind, kann der Seelsorger unbekümmert abwarten. Sie bringen selber, was ihnen wichtig ist. Jetzt am Ende des Ausbruchs, wartet Karin. Die Frau hat ausgeweint. Da wird Herr Schneider aktiv. Er liebkost sie. Das ist viel wirksamer als ein weises Wort von Seiten der Seelsorgerin. Wenn Herr Schneider dann von psychologischen Tiefsinnigkeiten anfängt, bricht Karin ab. Das ist

richtig. Das tiefe Erleben des Gesprächs, mit dem Tränensturz und den Aussagen der Frau über ihr Elternhaus, ist gefährdet, wenn jetzt Rationalisieren folgt. Lieber aufhören und ein anderes Mal weiterdenken. Diese anderthalb Stunden sind jetzt voll gewesen.

Aus einem anderen Grund ist Karin früher im Gespräch eher passiv gewesen, nämlich weil sie selber nicht weiter wußte. Sie fragt einmal, ob die Beiden eine Idee haben, wie sie hier weiterkommen könnten, was sie dazu beitragen könnten (s. S. 112) Karin weiß auch nicht weiter, aber sie handelt richtig. Sie bleibt beim Thema, sie wartet einfach, bis ein Weg sichtbar wird. Und der Weg wird sichtbar: Frau Schneider fängt von ihrem Elternhaus an und das führt zum Höhepunkt des Gesprächs. Ein Eingreifen der Seelsorgerin hätte diesen Verlauf möglicherweise verhindert.

Es gibt zweierlei Abwarten des Seelsorgers, was in der Realität nicht einmal klar zu trennen ist. Das eine verspricht nicht viel, weil es ein Abwarten ist, indem der Seelsorger zu wenig präsent ist oder sein Fach zu wenig versteht. Das andere ist fruchtbar, weil es Raum für den Anderen, für den Heiligen Geist, freiläßt. Das verlangt vom Seelsorger, daß er Unsicherheit erträgt und daß er bereit ist, zuzugeben, daß er nicht immer kompetent genug ist, einen weiterführenden Weg zu finden.

Herr Schneider streichelt seiner Frau über den Arm. «Elsa, darf ich Dir eine Frage stellen? Könnte es sein, daß Du in mir Deinen Vater wiedererlebst?»

«Wie das? Nein, das glaube ich nicht.»

«Weißt Du, weil ich ein Mann bin. Daß diese Angst dann unbewußt für Dich da ist, Dich blockiert.»

«Ja, das könnte schon sein. Ich habe nie erlebt, daß Vater mit mir lieb war.»

«Mich erstaunt das», sagt er weiter, «was ich jetzt erlebt habe. Ich habe gemeint, Du hättest Dich gelöst von zuhause. Ich kann mir gar nicht vorstellen, daß so alte Geschichten so nachwirken.»

Etwas in mir wird unruhig. Ich glaube, wir müssen aufhören. Die Zeit, die wir abgemacht haben, ist auch fast vorbei. «Ich glaube Ihnen gerne», sage ich, «daß es für Sie sehr schwer nachvollziehbar ist. Und doch gibt es Erlebnisse aus unserer Kindheit, die uns manchmal noch lange Schwierigkeiten machen. Ich selber habe davon auch etwas erlebt. Ich habe den Eindruck, wir sollten langsam für heute zum Schluß kommen. Unser Gespräch hat uns in unerwartete Tiefen geführt, und es ist sicher noch nicht zu Ende. Können wir noch kurz darüber reden, wie dieses Gespräch für Sie war?»

Frau Schneider sieht mich an: «Ich spüre, wie ungeklärt die Beziehung zu meinem Vater ist, und wie mir das bis heute Schwierigkeiten macht.»

«Das ist Ihnen neu», sage ich.

«Ja, ganz»

Herr Schneider sagt: «Mir ist es auch neu. Ich spüre, wie sehr dies für Dich noch eine Schwierigkeit ist. So wie heute habe ich Dich noch nie gehört.»

Ich sage Beiden: «Ich finde es mutig, daß Sie sich so dreingeben konnten. Es ist sicher nicht leicht für Sie. Solche Schwierigkeiten brauchen Zeit.»

Frau Schneider sagt mir, sie möchte gerne weiterreden mit mir.

«Sie allein, das wäre auch möglich.» Aber jetzt habe ich sie falsch verstanden.

«Lieber zu Dritt», korrigiert sie mich.
«Ich danke Dir für Dein Vertrauen», sagt Herr Schneider, «das ist schön.»
Wir verabreden, daß sie mich wieder anrufen, wenn sie weiterreden wollen.

Die eigentlich seelsorgerlichen Elemente dieser Begegnung

Was unterscheidet diese Beratung von einer anderen, zum Beispiel an einem Institut für Eheberatung oder mit einem Psychotherapeuten? Die Antwort auf diese Frage darf nicht den Eindruck wecken, daß Seelsorge besser sei als Psychotherapie. Sie sucht nur das Charakteristische der Seelsorge, ohne Wertung.

Der Anlaß zu diesem Gespräch war die Taufe des Kindes. Hier sind wir schon mitten in der Sache. Ohne das Taufgespräch wäre es nie zu dieser Eheberatung gekommen. In dem Taufgespräch kommt Herr Schneider dazu, von seiner Ehe zu reden, ohne daß er das beabsichtigt hatte. Kasualien sind oft die Türe zu tiefen Kontakten. Sie sind das nicht automatisch, sondern nur, wenn der Seelsorger einen guten Eindruck auf die betreffenden Menschen macht. Aber ohne Kasualien würden diese Eheleute die Pfarrerin wohl nicht entdeckt haben. Inhaltlich könnte das ganze Gespräch auch mit einem nichtkirchlichen Berater stattgefunden haben. Es ist der kirchliche Kontext, der es zu einer seelsorgerlichen Begegnung macht. (s. S. 225 ff.)

Übrigens lassen sich auch zum Inhalt noch zwei Dinge sagen. Erstens dient das Gespräch den Ehepartnern dazu, daß sie einander besser verstehen. Sie sind daran, einen latenten Konflikt zu bewältigen. Das ist Versöhnung, ein Hauptthema der biblischen Verkündigung. Die Feststellung, daß auch nichtkirchliche Berater Menschen zu solcher Versöhnung helfen, soll uns nur froh machen. Die «Kinder dieser Welt» sind sogar manchmal klüger als die «Kinder des Lichtes» (Luk. 16,8). Zweitens fällt in der Atmosphäre des Gesprächs etwas auf, das viele seelsorgerlichen Begegnungen charakterisiert, ohne daß man sagen kann, daß es nur für die Seelsorge typisch ist. Es ist die Barmherzigkeit, die unter Punkt c besprochen worden ist. Eheberatung und Therapie sind oft kühler und härter als die Art und Weise, wie Karin mit den Leuten umgeht. In der Methode ist die Seelsorge auch freier und unbekümmerter.

115

13: Schuld –
Vergebung verkündigen

Am frühen Morgen eines Werktags steht eine Kolonne Autos und Mopeds vor einem Bahnübergang. Ein Zug passiert. Einige Autofahrer hupen schon, um den Bahnwärter zur Zügigkeit aufzufordern. Als dieser beim Vorbeifahren der letzten Wagen die Schranken wieder zu öffnen beginnt, schlüpft ein junger Mopedfahrer unter den sich erhebenden Schranken durch. Er berührt das Trittbrett des letzten Wagens. Sofort wird er mitgerissen. Er ist auf der Stelle tot.

Der Bahnwärter hat die Schranken relativ früh geöffnet. Er wird von seinem Posten enthoben. In der gerichtlichen Beurteilung wird die Hauptschuld dem Verunfallten selber zugesprochen. Deshalb entgeht Bahnwärter Stettler einer Verurteilung wegen fahrlässiger Tötung. Er kommt aber nicht an seine Stelle zurück, sondern arbeitet im gleichen Betrieb an einem anderen Posten weiter. Er ist damit voll einverstanden. Trotz des gerichtlichen Freispruchs fühlt er sich am Unfall mitverantwortlich und leidet sehr unter seiner Schuld.

Schuld

Wie gerne würde ich den armen Bahnwärter von seiner Schuld und seinem Elend lossprechen! Eine Unvorsichtigkeit unterläuft uns doch allen einmal, sicher im Verkehr. Daß er so schwer daran tragen muß, steht doch mit seiner Tat nicht in Proportion?

Wenn wir so denken – und ich merke die Tendenz dazu an mir selber – sind wir in naiven Vorstellungen gefangen. Nicht die Absicht unserer Taten, nur ihre Wirkung gilt. Ein junger Mensch ist umgekommen, und das Verhalten des Bahnwärters war nicht vorschriftsgemäß. Leichtsinn, wenn auch nur einmalig, hat zum Tod eines Menschen geführt. Der gleiche Leichtsinn führt in tausend anderen Situationen nicht zu einem Unglück. Obwohl das menschliche Verhalten gleich ist, wird die Schuld dort nicht sichtbar. Erst die katastrophalen Konsequenzen machen die Schuld klar und deutlich. Schuld wird nicht oder selten beachtet, wenn sie keine Folgen hat. Die Tatsache aber, daß unsichtbar gebliebene Schuld nicht getragen werden muß, hebt das Gewicht der Schuld nicht auf, wo sie an den Tag tritt.

Es hilft Herrn Stettler nicht, wenn wir uns solidarisch erklären, weil wir auch oft Dummheiten begehen. Es hilft ihm nicht, daß «alle» Menschen schuldig sind. Dann reden wir von der existentiellen Schuld, der niemand entrinnen kann und die mit dem Vollzug des Lebens verbunden ist. Das ist etwas Anderes als die Schuld des Bahnwärters. Er hat erlebt, daß seine Tat die tödliche Unvorsichtigkeit eines Menschen provozierte. Deshalb ist er in einer anderen, eindringlicheren Weise wie wir mit seiner Schuld konfrontiert worden.

Robert Schenck (36) ist seit kurzem Pfarrer in der Gemeinde, in der Herr Stettler mit seiner Familie wohnt. Robert fing mit seiner Arbeit an, kurz nachdem das Gericht sich ausgesprochen hatte. Als er vom Schicksal des Bahnwärters hörte, hat er ihn bald besucht. Dieser hat Robert den ganzen Vorfall und die Nachgeschichte erzählt. Es kam zu einem guten Kontakt.

Einige Wochen nach diesem Besuch ruft Frau Stettler den Pfarrer an. Sie teilt ihm mit, daß ihr Mann schon zwei Wochen krank sei, und bittet ihn vorbeizukommen. Robert besucht Herrn Stettler am folgenden Tag:

Frau Stettler läßt mich hinein und führt mich in die Wohnstube. Das sehr aufgeräumte, aber nicht ungemütliche Wohnzimmer ist mir schon vertraut. Herr Stettler liegt angekleidet auf dem Sofa. Er bewegt sich kaum, als ich auf ihn zugehe. Ich begrüße ihn und gebe ihm die Hand. Frau Stettler schiebt mir einen Stuhl zu.

«Ihre Frau hat mir gesagt, daß es Ihnen nicht so gut geht. Ist es Ihnen recht, daß ich komme?»

«Ja, es ist mir recht», sagt er. Er sieht fahl aus. Er redet leise und langsam, wie wenn er müde wäre. «Ich habe gar keinen Appetit und immer wieder Bauchweh. Jetzt meint der Doktor, daß ich ein wenig Ruhe halten soll.» Er bewegt seine Hand mühsam über seinen Bauch. «Etwas drückt darauf, ein unverdaulicher Brocken», sagt er seufzend.

Mir scheint klar, daß er noch an dem Unglück leidet. Was kann der unverdauliche Brocken sonst sein? «Und haben Sie eine Ahnung, was es sein könnte?», frage ich.

«Ich glaube, es liegt nicht am Magen. Sie kennen die ganze Geschichte.» Er starrt vor sich hin. Frau Stettler ist inzwischen aus der Stube verschwunden. Sie will mich offensichtlich mit ihrem Mann allein lassen.

«Sie denken an das schreckliche Ereignis mit dem Burschen», bringe ich heraus.

«Sie hätten den Schrei hören sollen.» Er schaut mich an und schildert die unglückselige Stunde nochmal mit allen Einzelheiten, an die er sich erinnert. Ich höre einfach zu. Ich merke, wie Herr Stettler leidet.

«Wissen Sie, was das ist, wenn einer tot ist wegen einem?», fragt er mich.

«Nein», sage ich, «ich weiß es nicht. Ich versuche es, soweit ich kann, zu verstehen. Es kommt mir ganz nah, wenn ich auf Sie höre. Das ist ganz ungeheuer für Sie.»

«Ich habe mein Leben verdorben», seufzt er. «Ich bin erst fünfundvierzig und muß mit dem leben. Da kann man schon Bauchweh bekommen.»

Das Gespräch ergreift mich sehr. Ich erlebe die Umgebung, die Stube, die Möbel nicht mehr. Ich höre und sehe nur noch den gequälten Mann, allem anderen fühle ich mich enthoben.

«Das ist für Sie fast nicht mehr zu bewältigen. Es nimmt Ihnen alle Lebensfreude.»

«Was soll ich auch?», sagt er. «Der Bursche ist tot. Das macht alles so hoffnungslos.»

Wir reden über die Eltern des toten Burschen. Zweimal ist Herr Stettler ihnen begegnet. Sie machen ihm Vorwürfe, aber sehen auch ein, daß ihr Sohn selber unvorsichtig war. So ist die Aussprache zwiespältig geblieben.

«Es würde mir genau so gehen, wenn ich in ihrer Lage wäre», sagt er. «Sie nehmen es mir übel, und das begreife ich. Das würde ich auch machen.»

Das Elend dieses Mannes hat sich wie ein Ölflecken über sein ganzes Leben ausgebreitet und er kann ihn nicht beseitigen. Wir sind lange still.

Ich sage: «Wenn ich Ihnen zuhöre, wird mir klar wie nie zuvor, wie tief das geht, wenn Menschen schuldig werden und es kein Wiedergutmachen gibt.»

«Ich muß damit leben. Und ich kann nicht.»

«Sie sind mir sehr sympathisch, Herr Stettler. Es beeindruckt mich, daß Sie so offen und hart ehrlich mit sich selber sind. Sie könnten ja versuchen, nur anderen die Schuld zuzuschieben. Den ungeduldigen hupenden Autofahrern zum Beispiel. Aber das machen Sie nicht.»

«Natürlich, ohne die Huperei wäre ich ..., aber es war meine Verantwortung.»

Schuldbewußtsein

Wenn wir schuldig werden, können wir unterschiedlich darauf reagieren. Wir können die Schuld ignorieren oder Andere als die eigentlich Schuldigen anklagen. Wir können unsere Schuld aber auch bewußt erleben. Wenn nicht alles trügt, hat Herr Stettler sich zu diesem Weg durchgerungen. Er ist sich seiner Schuld bewußt. Diese Haltung ist ein Zeichen menschlicher Reife, deshalb zwingt sie uns zum Respekt und weckt Sympathie.

Es ist nicht leicht, mit Menschen zu reden, die sich einer schweren Schuld bewußt sind, besonders nicht in Situationen, die keine Wiedergutmachung zulassen. Zuhörer haben oft die Tendenz, dem Anderen seine Schuld auszureden oder nach mildernden Umständen zu suchen. Wenn wir das tun, flüchten wir vor der Realität, weil wir Angst haben vor dem Elend der Schuld. Robert macht diesen Fehler nicht, er hört wirklich zu. Er bagatellisiert die Schwere der Tat nicht. In dieser Weise hilft er Herrn Stettler, zu seiner Schuld zu stehen und das Schuldbewußtsein ganz zu erleben. «Sie kennen die ganze Geschichte», sagt der Bahnwärter auf Roberts Frage, was der Brocken auf dem Magen wohl sein könnte. Robert reagiert nicht mit einer Bagatellisierung, etwa: «Denken Sie immer noch ...?» Eine Beschwichtigung in diesem Stil würde einer echten Begegnung im Wege stehen. Seine klare Aussage: «Sie denken an das schreckliche Ereignis mit dem Burschen» zeigt sofort volles Eingehen auf das wirkliche Leiden des Mannes. Auch auf die Frage, ob der Seelsorger weiß, was «das» ist, antwortet dieser nicht beschwichtigend mit: «Wir kommen eben alle nicht darum herum, schuldig zu werden», als ob das Leid dieses Mannes im Grunde nicht so besonders wäre. Er läßt sich vielmehr von Herrn Stettler mitführen, bis in die völlige Entmutigung: «Ich muß damit leben. Und ich kann nicht.»

Das Gespräch hat bis hierher den Charakter einer Beichte. Der Seelsorger ist bereit zu hören, was geschehen ist. Die Einzelheiten und die Konsequenzen der Tat werden mitgeteilt. Wer in einer solchen Situation bremst oder beschwichtigt, bezeugt die unevangelische Botschaft: «Jetzt höre auf, sonst wird es zuviel. Die Vergebung reicht nur für ein kleines Maß.» Robert läßt sich alles sagen, bis zur tiefsten Verzweiflung. Damit richtet er schon jetzt Gottes Wort aus: «Sage alles. Es zerstört die Verbindung nicht. Die Liebe, die für Dich da ist, ist groß genug, um dies alles hervorkommen zu lassen und zu verkraften.» In der Phase der Beichte wirkt dieses Evangelium nur, wenn es indirekt, nicht verbal zum Ausdruck kommt. In der Verbalität würde es den Ausdruck des Elends hemmen, weil die Aufmerksamkeit schon bei einem nächsten Schritt wäre.

Der Unterschied zwischen echter und neurotischer Schuld

Eine böse Tat weckt in einem reifen, erwachsenen, verantwortungsbewußten, Ich-starken Menschen Schuldgefühl aus, besonders wenn die Konsequenzen der Tat erkennbar werden. Im Gespräch mit einem so in Schuld verstrickten Menschen soll der Seelsorger die ihm mitgeteilten Schuldgefühle zum Nennwert nehmen und die Selbstbeschuldigung als ein richtiges Urteil akzeptieren und stehen lassen.

Schuldgefühl kann sich aber auch auf eine Tat beziehen, die nüchtern betrachtet nicht als Schuld bewertet werden kann. Ein neurotisches Schuldgefühl liegt vor, wenn jemand sich zuviel Verantwortung auflädt und sich Fehler vorwirft, die es nach erwachsenem Ermessen nicht sind. Diese Schuldgefühle sind subjektiv echt, und der Seelsorger soll sie ernst nehmen, aber nicht zum Nennwert. Von Schuld im unmittelbaren Sinn ist hier nicht zu reden. Deshalb passen hier die Kategorien Beichte, Wiedergutmachung und Vergebung nicht. Neurotisches Schuldgefühl bezieht sich nicht auf Schuld. Es wurzelt in Ichschwäche und hängt mit der Angst vor Selbständigkeit, vor Hingabe oder vor Wut zusammen. Oft ist es fast nur Groll gegen Verpflichtungen, die man im Innersten nicht akzeptiert. Zwar weist das neurotische Schuldgefühl auch auf Schuld hin, im Sinne eines Versagens, dessen Wurzeln in einer tiefen Schicht der Persönlichkeit liegen. Hier ist aber Wachstum und Reifung nötig, nicht Vergebung von Schuld. Das bedingt und bestimmt eine andere Seelsorge als in Situationen, wo eine echte Schuld vorliegt.

Wie kann der Seelsorger entscheiden, ob und inwieweit die Mitteilungen einer Schuld wörtlich genommen werden sollen? Wie unterscheidet er zwischen echter und neurotischer Schuld? Das einzige Kriterium, das der Seelsorger besitzt, ist sein eigenes Urteilsvermögen. Es gehört zu seiner Ausbildung, dieses Vermögen theologisch und psychologisch kritisch zu prüfen. Wer zu wenig Zugang hat zu seiner eigenen Schuld, wird die Schuld anderer auch nicht ernst nehmen. Wer selber stark neurotisch reagiert und in lebensfeindlichen Wertsystemen gefangen ist, wird bei Anderen auch als Schuld betrachten, was in Wirklichkeit eine legitime Lebensvariante ist.

«Aber wissen Sie», sage ich, «es wird mir noch was Anderes klar, wenn ich bei Ihnen bin: daß es wirklich nur einen Ausweg gibt.»

Er sieht mich skeptisch an.

«Gott», sage ich.

Es bleibt still. Ich weiß noch nicht weiter. Ich bin selber betroffen von meiner Aussage. Sie kam einfach aus mir heraus.

Dann sagt er endlich: «Das habe ich auch schon gedacht. Aber so einfach ist das nicht.»

Jetzt will ich behutsam sein. Ich habe Angst, daß ich billig werden könnte. «Ich suche die rechten Worte. Ich habe Angst, daß ich zu wenig verstehe. Ich will Ihre Lage nicht billig mit Sprüchen überdecken. Ich will Ihnen Gottes befreiendes Wort sagen.»

Wieder ist es still.

«Es gibt einen Weg», fahre ich weiter. «Einen einzigen Weg, wo Befreiung ist. Legen Sie das Schwere vor Gott hin. Dann ist es nicht weg, aber Gott hat versprochen, daß er es wegnimmt. Er will es tragen für Sie.»

Nach einer Pause sagt Herr Stettler: «Bis jetzt habe ich gedacht, daß ich zu meiner Tat stehen muß. Daß ich sie tragen muß. Wie kann ich sie abgeben?»

«Sie wollen sich der Verantwortung nicht entziehen, und sie nicht auf Andere abschieben, so verstehe ich das», sage ich.

«Genau», bestätigt er.

«Das finde ich sehr mutig und richtig. Gott will Ihnen nicht die Verantwortung wegnehmen. Aber ... unlösbare Schuld, die Sie zusammendrückt, die will er tragen.»

Er hört zu, aber reagiert nicht. Wie soll er auch?

«Das ist das Kreuz. Das ist Christus. Hier bei Ihnen, Herr Stettler, geht mir das neu auf. Bei Ihnen wird es wahr. Christus ist wirklich für uns gestorben, und für uns da.»

«Das geht nicht so einfach in Sie hinein», sondiere ich.

«Nein, ... aber ...»

«Aber?» frage ich.

«Ja», sagt er, «vielleicht gibt es doch mal eine Lösung.»

«Lassen wir es doch dabei bewenden für heute, Herr Stettler. Ich glaube, Sie brauchen noch mehr Zeit. Ich möchte gerne wieder zu Ihnen kommen.»

«Danke, daß Sie gekommen sind», sagt er und reicht mir die Hand.

«Ich fühle mich sehr mit Ihnen verbunden», sage ich. «Gott sei mit Ihnen. Auf Wiedersehen. Und gute Besserung.»

Ich verabschiede mich auch von Frau Stettler, die mir im Korridor entgegen kommt. Sie begleitet mich zur Haustüre. Ich fühle mich ziemlich erledigt. Vielleicht sollte ich mich auch noch mit ihr unterhalten, aber meine Kraft ist aufgebraucht.

120

Vergebung

Gottes Richten ist ein rettendes, reinigendes Richten. Seine Gerechtigkeit macht Schuldige gerecht. «Wenn wir unsere Sünden bekennen, so ist er treu und gerecht, daß er uns die Sünden vergibt und reinigt uns von aller Untugend» (1.Joh. 1,9). Seelsorge an Schuldigen steht auf dem Boden dieser Verheißung. Nicht Logik, nicht nüchterne Lebensweisheit, sondern das unfaßbare Wunder der frohen Botschaft befreit Schuldige aus der aussichtslosen Lage ihrer Verschuldung und aus der Verhaftung des endgültigen, des nicht mehr gut zu machenden Schadens. Der Dienst des Seelsorgers ist es, diese Botschaft dem reuevollen Schuldigen auszurichten.

Das ist leichter gesagt als getan. Die theologische Lehre ist klar. Ihre Ausrichtung ist das Problem. Es gibt zwei Hauptschwierigkeiten. Die eine liegt in der Gefahr, daß der Seelsorger Vergebung mit Beschwichtigung verwechselt und die Schuld nicht ernst nimmt. Das befreit keinen Schuldigen. Die andere Gefahr besteht darin, daß der Seelsorger die Botschaft der Vergebung in einer stereotypen, abstrakten, lehrhaften, unpersönlichen oder unverständlichen Weise ausrichtet. In diesem Fall hat der Schuldige den Eindruck, daß der Seelsorger an ihm vorbeiredet.

Robert macht diese Fehler nicht. Er nimmt die Schuld ernst, das sahen wir im ersten Teil des Gesprächs. Die Art, wie er die Vergebung verkündigt, zeichnet sich sowohl durch Originalität als auch durch Solidarität mit Herrn Stettler aus. Seine Worte sind einfühlsam, sie rechnen mit der Art, wie Herr Stettler sich selbst erlebt. Aber was Robert sagt, ist auch persönlich und echt. Er ist eben sowohl mit seinem Gesprächspartner als auch mit sich selber in Verbindung. Ich fasse zusammen, was diesbezüglich auffällt.

Er spricht das Wort «Vergebung» nicht aus. Es gibt nun einmal Ausdrücke, die dem Klang nach mehr oder weniger verbraucht sind. Sobald sie ausgesprochen werden, rufen sie meistens Assoziationen hervor, die ein Gespräch belasten. Dem Inhalt nach spricht Robert aber klar Vergebung zu. Schon im eindrücklichen «Gott», am Anfang dieses Gesprächsteils, liegt eine geheimnisvolle Kraft. Klarer wird die Vergebung in «Befreiung» formuliert, auch in «wegnehmen», «er (Gott) will es tragen für Sie». Am Schluß erwähnt Robert fast meditativ die großen Worte des Evangeliums: «Kreuz», «Christus», «für uns gestorben», aber nicht formalistisch, sondern persönlich: «Hier bei Ihnen geht mir das neu auf. Bei Ihnen wird es wahr.»

Die vielen Pausen machen das Gespräch zwar stockend, aber sie sind auch ein klares Zeichen eines echten Suchens. Der Seelsorger repetiert nicht etwa sein Wissen zum Problem «Schuld».

Der Seelsorger macht seine Schwachheit fruchtbar. Es macht ihn sympathisch und glaubwürdig, wenn er sagt: «Ich habe Angst, daß ich zu wenig verstehe. Ich will Ihre Lage nicht mit billigen Sprüchen überdecken. Ich will Ihnen Gottes befreiendes Wort sagen.» Er steht offen zu seiner Angst und zu seinem Glauben in Gottes Kraft.

Er versucht nicht, Herrn Stettler zu bejahenden Reaktionen zu bewegen. Er kann verstehen, daß dieser im günstigsten Fall intensiv zuhört. Er zeigt ihm, daß er versteht, wie unglaublich die Botschaft der Vergebung tönt: «Das geht nicht so einfach in Sie hinein.»

Robert ist zufrieden mit dem zögernden «vielleicht», das Herr Stettler schließlich von sich gibt. Er versteht, daß Vergebung kein schneller Akt ist, sondern ein Weg. Gerade wenn die belastenden Tatsachen durch Zeitungsberichte und Gerichtsverfahren in die Öffentlichkeit geraten sind, ist die Aneignung der Vergebung besonders schwierig. Weitere Betreuung des Seelsorgers wird nötig sein.

II Grundstimmungen

14: Eine Depression –
Verkündigung ohne Anknüpfungspunkt

Christian Berger ist ein junger Pfarrer, der das Schwergewicht seiner Arbeit in der Seelsorge sucht. Am Anfang seiner Tätigkeit hat er selber erleben wollen, was Seelsorge und Therapie ist und hat dazu neben der Seelsorge-Ausbildung verschiedene langfristige gruppentherapeutische Erfahrungen gemacht. Er betreut die Patienten einer Abteilung in einer psychiatrischen Klinik. Die Abteilung ist geschlossen, die Patienten können die Räume also nicht ohne Begleitung des Pflegepersonals verlassen. In einer Ecke sitzt, ganz für sich, eine Frau in einem schwarzen Kleid. Sie muß ungefähr siebzig Jahre alt sein. Sie sieht stattlich aus, fast elegant. Christian Berger berichtet:

Ich habe mit einigen Patienten gesprochen. Jetzt habe ich die Wahl: Soll ich zu der Frau gehen oder nicht? Sie kennt mich nicht, sie weiß aber wohl, daß ich Pfarrer bin, weil andere mich mit diesem Titel begrüßt haben. Sie sitzt regungslos an einem Tisch, sie hat ihre Hände still daraufgelegt. Ich gehe auf sie zu.

«Darf ich auch Ihnen noch Grüezi sagen? Ich habe Sie schon gesehen im Gang, mich aber noch nicht vorstellen können.» Die Frau richtet langsam ihre Augen auf und schaut mich an. Aber sie sagt kein Wort.

«Ich bin Pfarrer Berger und komme ab und zu auf die Abteilung.»

«So», sagt sie leise und blickt wieder weg. Nichts kommt auf mich zu, nur Leere. Kein Zeichen von Freude, auch nicht von Ablehnung. Ist sie völlig gleichgültig?

«Darf ich mich ein wenig zu Ihnen setzen?» Ist das nicht aufdringlich?, denke ich. Wenn es ihr unangenehm ist, daß ich komme, gehe ich schnell wieder weg.

«Wenn Sie wollen», sagt sie. Ihre Stimme ist unbewegt; ihre Worte tönen nicht aggressiv. «Wenn Sie wollen», sagt sie wieder. Ich setze mich neben sie. Ich will sie nicht zwingen, mich anzuschauen. «Es hat keinen Sinn», sagt sie.

Keinen Sinn? Das ist eine klare Sprache. Warum soll ich noch bleiben? Sie sagt es aber nicht abwehrend. Ich bleibe.

«Ja, ich bleibe gleichwohl ein wenig bei Ihnen.»

«Wenn Sie wollen ... Es hat nichts mehr einen Sinn.» Es tönt trübe. Ich will sie wissen lassen, daß ich ihre Worte verstanden habe.

«Wenn nichts mehr einen Sinn hat, dann gilt dies auch für ein Gespräch mit mir?»

«Ja genau. Aber bleiben Sie nur, wenn Sie wollen.» Sie spricht langsam. Merkwürdig, sie lädt mich nicht ein, gibt sich aber Mühe mir zu sagen, daß sie mich nicht fortschickt. Etwas unendlich Müdes kommt mir entgegen, als ob sie mir sagen wollte: «Mach alles selber, von mir kommt nichts, keine Ko-operation, aber auch nichts Böses.»

Ich will etwas dazu sagen. Ich lasse den Eindruck von völliger Gleichgültigkeit doch nicht einfach sein, wie wenn es die normalste Sache wäre.

«Ich spüre, daß Sie ganz tief traurig sind. Es muß für Sie alles ganz dunkel sein.» Keine Reaktion. «Darf ich Ihren Namen wissen?» frage ich, «Sie sind für mich nicht nur irgendeine Patientin hier.»

«Durieux.» Sie äußert das stereotyp. Sie gibt Auskunft, sie sagt nichts.

«Aha, französisch?»

«Welsch», verbessert sie mich (westschweizerisch). Warum mußte ich auch so etwas Blasses sagen? Aber es ist quälend schwierig, bei dieser Frau zu verweilen.

Ihre Fingerspitzen spielen sachte mit einer Strickarbeit auf dem Tisch. Ich frage, ob sie das gestrickt habe und ob es eine Decke gebe.

«Nein. Ich kann's nicht, es hat keinen Sinn. Ich kann nicht reden.» Es tönt, wie wenn sie sich entschuldigt.

Der Seelsorger beharrt in seiner Initiative

Die Begegnung mit Frau Durieux wäre ohne die Initiative des Pfarrers nicht zustande gekommen (s. S. 233). Für hospitalisierte depressive Menschen wie Frau Durieux hat diese Initiative eine besondere Bedeutung. Sie ist durch ihren Zustand schon so blockiert, daß sie selber keinen Kontakt sucht. Sie ist darauf angewiesen, daß Andere die Initiative zum Kontakt ergreifen. Sicher machen das auch andere als der Seelsorger. Aber diese anderen haben wahrscheinlich alle ihre eigenen Interessen, die für Frau Durieux einen Druck bedeuten. Die Ärzte und die Pfleger der Klinik sind Autoritäten für sie und schon dadurch eine Herausforderung und eventuell sogar eine Last. Sie befehlen oder suggerieren ihr, daß sie aufstehen soll, essen, spazieren, oder etwas arbeiten. Ihre Verwandten, die sie vielleicht besuchen, haben durch ihre Nähe zur Patientin auch keine günstige Position. Auch wenn sie Frau Durieux nicht plump auffordern, sich endlich wieder zu freuen über die Chancen des Lebens, drücken sie das ohne Worte aus, vielleicht sogar wenn sie es selber nicht wollen. Der Seelsorger hat im Vergleich zu ihnen eine freiere Beziehung. Er kann Frau Durieux nicht befehlen, er wartet nicht mit Ungeduld auf ihre Entlassung. Das gibt seiner Beziehung zu der Frau einen größeren Spielraum. Diese Freiheit bewahrt der Seelsorger nur, wenn er nicht aufdringlich ist. Er soll es fröhlich ertragen, wenn sie keinen Kontakt will.

Frau Durieux ist nicht sehr einladend. Ein Seelsorger, der von depressiven Menschen eingeladen werden will, hat nicht viel Arbeit. Normalerweise bedeutet das Fehlen einer einladenden Haltung, daß man dem Seelsorger zu verstehen geben will: «Ich will Ihren Besuch nicht.» Christian Berger ist sensibel genug um das als mögliche Deutung der Passivität von Frau Durieux zu betrachten, aber er merkt auch, daß sie ihn nicht wirklich abweist. Das gibt ihm das Recht und die Möglichkeit, den Kontakt nicht aufzugeben. Er zeigt der Frau, daß er wirklich zu ihr kommen will und daß er bereit ist, über hohe Schwellen zu klettern. Ohne daß er aufdringlich wird, verharrt er entschieden in seinem Versuch, mit ihr ins Gespräch zu kommen. Er zeigt ein klares Bild vom Seelsorger als Hirt, der sucht und nicht aufgibt.

«Frau Durieux, Sie müssen auch nicht reden. Sie finden jetzt einfach keine Worte mehr.»

«Es gibt keine Worte mehr auf der Welt. Wenn ich doch nur könnte ...» Jetzt tönt ihre Stimme einigermaßen gequält.

«Sie möchten reden und können nicht. Lassen Sie's jetzt einfach.»

«Ja, so ist es.» Ein bißchen Erleichterung ist spürbar. Sie redet nach einer Weile weiter. «Ich kann nicht stricken. Sehen Sie, all diese alten Frauen hier können stricken. Ich schäme mich. Ich habe keine Kraft mehr.»

Es macht großen Eindruck auf mich, wie die stattliche, fast aristokratische Frau sich selber Vorwürfe macht. Es scheint so schlecht zusammenzupassen, ihr Versagergefühl und ihre äußere Erscheinung.

«Sie haben Ihre Kraft anderswie brauchen müssen. Ich glaube auch, daß die Krankheit jetzt viel Kraft von Ihnen braucht. Das alles aushalten, gehört zum Schwersten im Leben. Kein Wunder, wenn Sie dann für Anderes keine Kraft mehr haben.»

Entlasten statt Fordern

Christian drängt die Frau scheinbar in die falsche Richtung. Sie sagt, daß sie nichts kann, nicht reden, nicht stricken, nichts. Er sagt ihr einfach: «Lassen Sie es», «Sie haben Ihre Kraft anderswie brauchen müssen.» Die Frau strengt sich manchmal krampfhaft an, noch etwas zustande zu bringen, aber der Seelsorger erlaubt ihr, es sein zu lassen. Die natürliche, oder besser gesagt: die impulsive Reaktion, zu der die Haltung der Frau jeden Besucher herausfordert, wäre: «Versuchen Sie es doch noch einmal. Sie können das sicher. Sehen Sie, ich finde es großartig, was Sie bis jetzt gemacht haben.» Aber Christian macht es recht! Er nimmt den Druck von der Frau weg. Natürlich will er auch, daß sie wieder lebendiger sein kann, aber Druck kann ihre Lage nur verschlimmern. Depressive Menschen erleben schon Druck genug. Nein, sie brauchen Befreiung. Das bietet Christian ihr an.

Auch Depressionen wollen angenommen werden. Depressionen sind, zumindest teilweise, verdrängte Gefühle. Aber Depressionen kann man auch wieder verdrängen oder überspielen. Die psychosomatische Krebsforschung behauptet sogar, daß Krebs eine verdrängte Depression sein kann (s. unter Anderen Gion Condrau, «Medizinische Psychologie. Psychosomatische Krankheitslehre und Therapie», München, 1975 (2. Auflage), S. 235 ff.). Seelsorge kann therapeutisch sein, wenn sie dazu beiträgt, daß Menschen ihren Zustand akzeptieren wie er zunächst nun einmal ist. Überspielen führt nicht weiter. «Der Herr erneuert das Antlitz der Erde» (Ps. 104,30). Es gibt Tage für Freude, es gibt auch Tage für Leiden, das können wir nicht verändern (Pred. 3,4). Von uns wird verlangt, damit zu leben.

In diesem Zusammenhang ist auch ein Gebet mit depressiv gestimmten Menschen in Gefahr, den Druck und die Schuldgefühle zu verstärken. «Der Pfarrer kann beten, so sollte ich es auch können, aber ich bin zu schlecht dazu», denkt der Depressive. Trotzdem kann es angebracht sein, mit ihm zu beten, besonders wo zwanghafte religiöse Vorstellungen vorherrschen. Sonst verstärkt der Seelsorger den Gedanken: «Nicht einmal mehr beten tut man mit mir, soweit ist es gekommen.»

«Meinen Sie?», reagiert sie. Sie schaut mich an, nur kurz. Aber sie schaut mich an! Offenbar habe ich sie überrascht.

«Ich kann keine Randmaschen machen. Dann gibt es schon bald einen Fehler», sagt sie wieder im alten Ton.

«Das ist schwer», sage ich. «Wenn man dann gegen den Rand kommt, hat man richtig Angst vor dem Fehler und macht dann erst recht alles falsch.»

«Dabei gebe ich mir solche Mühe», sagt die Frau.

«Das spüre ich, daß Sie sich Mühe geben. Mit aller Mühe kommen Sie dennoch nicht weiter.» Ich merke, wie ich langsam selber das Krampfgefühl bekomme, das zu mühsamen Versuchen gehört. Ein Sisyphus-Erleben.

«Im Gegenteil», sagt sie, und redet jetzt ein wenig reger, «immer muß ich es wieder aufmachen. Da fang ich schon gar nicht mehr an.»

«Es muß mühsam sein», sage ich, «immer wieder anzufangen. Demütigend. Da geben sie sich Mühe, fangen wieder neu an, kommen an den Rand und wieder und wieder geht's nicht. Mit allem Willen geht's nicht. Sie müssen einen starken Willen gehabt haben. Aber jetzt, jetzt schlägt's aufs Gemüt. Und die anderen hier können's noch. Wenn die wüßten, wie's in Ihnen aussieht!»

«Ja, Herr Pfarrer. Ich bin am Ende. Es ist alles aus.»

Diese Worte treffen mich sehr. Frau Durieux ist wirklich völlig hoffnungslos.

«Ja, das ist so für Sie», sage ich. «Sie können sich gar nichts anderes mehr vorstellen.» Ich schaue sie an, aber sie schaut immer auf den Tisch.

Monoton redet sie weiter. «Wenn ich wenigstens etwas anderes könnte. Aber ich habe nie Handarbeiten gemacht.»

«Ich habe vorhin auch gedacht», reagiere ich, «Sie könnten doch etwas anderes versuchen. Aber es ist sicher überall das Gleiche. Sie haben schon zuviel neu angefangen.»

«Das ganze Leben hindurch», sagt sie.

«Das verbraucht einen ... Wenn sie wollen, erzählen Sie mir ein wenig aus Ihrem Leben?»

«Ich war zweimal verheiratet. Beide sind gestorben ... Ich habe keine Kinder ... Der erste Mann ist ein Jahr nach der Hochzeit gestorben.»

«Was, das ist ja verrückt! Ich bewundere Sie, daß Sie dann die Kraft gehabt haben, wieder zu heiraten. Das ging sicher nicht sofort.»

«Acht Jahre. Dann waren wir fünfzehn Jahre zusammen. Auch er ist dann gestorben. Das ist jetzt schon lange her.»

«Und immer haben Sie sich dann gesagt, nochmals anfangen, das geht nicht. Ja, da kommt ein Mensch schon dazu zu sagen, es hat alles keinen Sinn mehr.»

«Ich möchte verschwinden ... Gott ...».

Das Thema «Gott»

Plötzlich fällt das Wort «Gott» in diesem Gespräch. Unerwartet? Man kann nicht sagen, daß dieses Gespräch bisher in einer frommen Terminologie stattgefunden hat. Von daher ist «Gott» unerwartet.

Aber vom Thema her, das jetzt berührt worden ist, scheint das Wort nicht unvermittelt aufzutauchen. Hier spricht eine Frau, die zur Zeit nicht weitersieht. Sie hat alle Hoffnung verloren. Diese Leere steht zum Glauben an eine Lebensführung wohl in denkbar größtem Gegensatz. Es geht um die letzten Fragen, um die letzte Zuversicht.

Es ist erstaunlich, wie oft Menschen in einem Gespräch mit einem Seelsorger selber anfangen, von Gott zu reden. Auch wenn der Seelsorger sich die Mühe gibt, sich einfach für die Lebenssituation des Anderen zu interessieren, tönt oft, scheinbar unvermittelt, das Wort «Gott» an. Das tun Menschen selten im Gespräch mit anderen als Seelsorgern. Hier wird klar, daß für die besuchten Menschen das Gespräch schon lange seelsorgerlich ist, von Anfang an. Ihnen ist vor Augen, daß sie mit einem Seelsorger sprechen. Das plötzliche Ansprechen des Themas «Gott» ist ein klarer Hinweis darauf. Sehr oft müssen die Seelsorger gar nicht suchen, wie sie auf dieses Thema kommen sollen. Wenn sie gut zuhören und sich herzlich interessieren, kommt es manchmal von selber. Das Charakteristische der Seelsorge muß nicht vom Seelsorger ausgesprochen werden, sondern es ist schon da, der Andere weiß es. Ohne daß von Gott geredet wurde, war er in ihrer Mitte. Frau Durieux kann ihn einfach mit einem Wort anweisen. Der Seelsorger hat verbal nichts dazu beigetragen. Seine Funktion, die Frau Durieux bekannt ist, genügt. Und wenn man auch in vielen Seelsorgegesprächen das Wort «Gott» nicht hört, täuschen wir uns nicht! Ein wenig unter der Oberfläche des Gespräches wartet auch «Gott».

Jetzt bin ich nochmals überrascht. Was meint sie mit «Gott»? Tönt es anklagend, oder war es ein Hilferuf? Ich glaube eher das Erstere.

«Was meinen sie, wenn Sie ‹Gott› sagen? Sie lehnen sich dagegen auf, daß er Sie weiterleben läßt?»

«Ja. Ich habe nicht viel an Gott gedacht. Andere haben da eine Hoffnung. Jetzt ist es zu spät für mich. Es gibt keine Hoffnung.»

«Frau Durieux, ich verstehe, daß Sie keine Hoffnung in Gott setzen. Sie denken, sie hätten nie an ihn gedacht und jetzt denkt er auch nicht an Sie. Ich selber bin davon überzeugt, daß Gott nicht so ist. Er trägt Sie in seiner Hand. Ich möchte, daß auch Sie das einmal spüren. Doch jetzt sagt Ihnen dies nichts. Ich hoffe es dennoch, ganz fest, für Sie.»

«Das gibt es nicht mehr für mich. Für Sie schon.»

«Ich verstehe Sie. Für Sie gibt es nichts Helles mehr. Ich hoffe es einfach. Lassen wir dies doch jetzt einmal stehen.»

Verkündigung ohne Anknüpfungspunkt

Christian versucht, Frau Durieux zu trösten und zu ermutigen. Er macht das recht. Er findet den einzig richtigen Weg. Für Seelsorger, die depressiven Menschen etwas bedeuten wollen, ist es wichtig, diesen Weg klar zu sehen. Wie geht dieser Weg?

Es ist ein hoffnungsvoller Weg. «Gott trägt Sie in seiner Hand.» Das ist ein Bild letzter Geborgenheit. Entscheidend ist aber nicht dieses Bild, sondern die Tatsache, daß Christian selber die Initiative und damit die Verantwortung für diesen Zuspruch trägt. Er sagt nicht: «Sie wissen doch, daß Gott uns nie verläßt.» Das heißt: Er appelliert nicht an den Glauben oder an das Vertrauen oder an die Einsicht der Frau. Er stellt seine Aussage in den Raum, ohne ihre Zustimmung zu erwarten. Er sagt sogar: «Doch jetzt sagt Ihnen dies nichts.» Er zielt nicht auf einen sofortigen Umschwung ihrer Stimmung. Er erträgt es, daß die Frau und er in dieser Hinsicht getrennt sind. Es gibt zwischen depressiven und nichtdepressiven Menschen eine Erlebenskluft, die unüberbrückbar ist. Christian nimmt diese Kluft ernst.

Die üblichen vergeblichen Aufmunterungsversuche haben eine andere Struktur. Sie versuchen dem depressiven Menschen die Verantwortung zuzuschieben. Dagegen wehrt er sich aber, weil er sie jetzt nicht ertragen kann. «Sie wissen doch ...», «aber in Ihrem Leben gibt es auch ...», sind typische Ansätze zu solcher «doch-und-aber-Seelsorge», die zum Scheitern verurteilt ist.

Verkündigung an Depressive geschieht ohne emotionalen Anknüpfungspunkt. Der Seelsorger soll sich zuerst, soweit möglich, in die deprimierte Stimmung einfühlen. Den Schritt in die Ermutigung muß er aber alleine machen. Macht diese Situation nicht deutlich, wie es im Grunde immer zugeht in der Verkündigung des Evangeliums? Was gibt es da anzuknüpfen an Einsichten oder Gefühle? Die Quelle der evangelischen Hoffnung liegt außerhalb, «extra nos». Das «siehe, ich verkündige euch große Freude» kommt im Grunde immer unvermittelt. Nirgends wird das so aktuell wie im Gespräch mit einem depressiven Menschen.

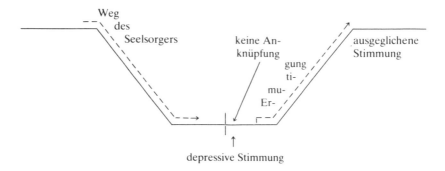

Ist es aber nicht sinnlos, Menschen zu ermutigen, wenn sie keine Kraft und keine Lust haben? Es ist sinnlos, wenn der Seelsorger eine sofortige Wirkung erwartet. Seine Worte können aber haften, als Gegenüber zum deprimierten Erleben. Walter Schulte hat darauf hingewiesen, daß der Deprimierte die wiederholte, verständnisvolle Aufmunterung, owohl sie immer neu zunichte gemacht wird, braucht («Die Welt des psychisch Kranken», Göttingen, 1974, S.28).

Sie nimmt ihre Arme vom Tisch weg, sie regt sich einigermaßen. Sie sagt: «Wenn jemand da ist, dann geht es mir besser. Heute morgen war eine Freundin da. Wir haben von früher berichtet. Aber kaum war sie weg, kam es wieder.»

«Ich hoffe, mein Besuch war jetzt auch eine Abwechslung. Ich denke aber, es wird auch nachher wiederkommen, dieses Dunkle, das nicht weggeht.»

«So ist es. Es kommt immer wieder.»

«Ich möchte gerne wiederkommen. Wenn es aber zu schwer ist für Sie, sagen Sie es mir ruhig.»

«Ja, kommen Sie wieder. Es tut gut. Aber», fügt sie zu, «nur wenn Sie wollen.»

«Ich komme wieder und vergesse Sie nicht. Sie haben mir Eindruck gemacht. Auf Wiedersehen, Frau Durieux, und hoffentlich kommt das Dunkle jetzt nicht zu fest.»

«Ja, hoffentlich und danke für Ihren Besuch.»

Ich stehe auf und reiche ihr meine Hand. Sie nimmt sie, aber schaut mich nicht an. «Adieu, Herr Pfarrer», sagt sie und richtet ihren Blick halbwegs auf. Ihre trockene, kühle Hand zieht sie auffällig entschieden wieder zurück.

Ich fühle mich ziemlich erledigt. Einerseits möchte ich jetzt selber in einer Ecke in mich wegsinken, andererseits habe ich das Bedürfnis, etwas Verrücktes zu tun. Aber ich gehe wie sonst durch den Korridor, grüße hier und da, wie wenn ich ganz ausgeglichen wäre.

Was ist depressiv?

Seelsorger sind selten oder nie kompetent, eine psychiatrische Diagnose zu stellen. Eine Depression zu identifizieren ist schwieriger als man in der Regel meint. Dilettantismus führt rasch zu Verwechslungen mit Hysterie, Dämmerzuständen oder Schizophrenie. Ohne geschulte Wahrnehmung stellen auch Ärzte Fehldiagnosen.

Etwas anderes als eine Diagnose ist das Erkennen eines Syndroms. Ein Syndrom ist ein Komplex von Symptomen. Sensible Seelsorger, die scharf beobachten können und die sich von Psychiatern helfen lassen, können bald die Syndrome erkennen. Eines der wichtigsten Syndrome ist das depressive. Es tritt bei verschiedenen Störungen auf, wie in der manisch-depressiven Psychose, in der Hysterie, in Neurosen und bei körperlichen Krankheiten. Obwohl er sich immer wieder am Psychiater orientieren soll, darf man vom Seelsorger, sicher vom Klinikpfarrer, erwarten, daß er dieses Syndrom erkennt.

Frau Durieux zeigt einige typische Symptome, die auf ein depressives Syndrom schließen lassen. Sie ist äußerlich und innerlich sehr blockiert. Ihre Sprache ist kraftlos. Sie wehrt sich nicht, sie lädt auch nicht ein. Ihre Stimmung ist negativ. Sie scheint keine Perspektive mehr zu sehen.

131

Jemand ist depressiv, wenn er völlig lustlos und fast ganz kraftlos ist. Die Reize der Außenwelt, auf die wir Menschen normalerweise ununterbrochen reagieren, ohne daß es uns bewußt sein muß, wecken bei depressiven Menschen keine Reaktion. Sie hören zwar die Geräusche, die Stimmen, die Töne, aber innerlich erreicht sie das alles nicht. Ihnen fehlt die Beziehung zur Außenwelt. Die Kraft, sich gegen diese Entfremdung zu wehren, ist nicht vorhanden.

Auch zu ihrer inneren Welt haben depressive Menschen keine Beziehung. Sie empfinden nicht, sie sind emotional blockiert. In einem gewissen Sinne ist depressiv das Gegenteil von traurig. Wer traurig ist, empfindet, er hat Kontakt mit sich selber. Das ist Leben. Wer depressiv ist, hat keinen Zugang zu seinen Gefühlen. Die These läßt sich verteidigen, daß jede Form von Deprimiertheit eine Gefühlsverdrängung ist. Gefühle entstehen in uns, ohne daß wir es wollen: Verliebtheit, Freude, Wut. Nachdem solche Gefühle in uns entstanden sind muß darüber entschieden werden, ob wir sie zulassen und empfinden wollen oder nicht. Wenn wir sie bewußt erleben, haben wir immer noch eine zweite Entscheidung zu treffen, nämlich in welcher Art wir sie ausdrücken wollen. Eine Wut kann zum Beispiel sowohl in einer kritischen Bemerkung zum Ausdruck gebracht als auch bewußt zurückgehalten werden. Wesentlich ist, daß der Betreffende seine Wut bewußt erlebt, nicht in welcher Form er sie ausdrückt. Wer aber Angst vor seinen Gefühlen hat, kann sie abwürgen, unbewußt verdrängen oder halbbewußt überspielen. Aber auch dann bestimmt das Gefühl sein Verhalten. Es meldet sich unerkannt in einer depressiven Stimmung. Walter Schulte hat die depressive, melancholische Einstellung charakterisiert als die Unfähigkeit traurig zu sein («Die Welt des psychisch Kranken», Göttingen, 1974, S. 23). Fritz Zorn schildert klar, wie das depressive Erleben sich von Traurigkeit unterscheidet («Mars», München (Fischer, 2202), 1979, S. 146 f.).

Menschen sind in dieser Situation einsam, auch wenn andere sich um sie kümmern. Sie haben fast immer Angst. Schuld- und Versagergefühle entwickeln sich, bis in wahnhafte Vorstellungen hinein. Selbstmordgedanken und -Versuche sind nicht selten.

Über die Ursachen der depressiven Einstellung gibt es keine Einstimmigkeit. Manche Psychiater heben konstitutionelle, erbliche Faktoren hervor, andere bestreiten diese These und betonen entwicklungspsychologische Elemente. Hierbei ist zu bedenken, daß die depressiven Zustände nicht einheitlich sind. Das Syndrom tritt am klarsten auf in der sogenannten endogenen Depression. In neurotischen und reaktiven Depressionen sind die Symptome oft etwas milder.

Wie sollen diese Informationen das Verhalten eines Seelsorgers beeinflussen?

a) Er soll das Leiden dieser Menschen nie bagatellisieren. In diese Fehlreaktion gerät man schneller als man denkt. Depressive Menschen führen ihre Umgebung unbewußt dazu, sie anzuklagen. Besucher sagen dann: «Du hast doch soviel, um glücklich damit zu sein.» Das verstärkt ihren Druck und ihre Schuldgefühle. Ein Seelsorger soll diesen Fehler nicht machen. Die Unlustgefühle des depressiven Menschen finden ihren Ursprung nicht in der Außenwelt, sondern im Unbewußten. Auch wenn ein depressiver Mensch über äußere Sachverhalte klagt, vielleicht daß er all sein Geld verloren habe, stammt die Klage aus dem Inneren. Überzeugende Beweise, daß das Geld da ist, würden die Klage nicht zum Verschwinden bringen. Ein Seelsorger soll die depressive Stimmung akzeptieren. Christian tut das, wenn er sagt: «Ich spüre, daß Sie ganz tief traurig sind. Es muß für Sie alles ganz dunkel sein.»

Ein wichtiges Detail ist hier das Wort traurig. Ich habe gerade darauf hingewiesen, daß depressiv und traurig nicht dasselbe ist, gleichsam sogar das Gegenteilige. Macht Christian einen Fehler? Ich glaube nicht. Wir dürfen von der Umgangssprache nicht verlangen, daß sie begrifflich stimmt, wie wenn sie druckreif, also geschriebene Sprache sein sollte. In der Umgangssprache hat das Wort «traurig» eine größere Bedeutungsbreite als in der psychiatrischen Fachsprache. Es steht für Unmut, Unzufriedenheit, Aggressivität und mehr. Gesprochene Sprache besitzt den Stimmton zur Differenzierung, darum darf die Wortwahl weniger genau sein als bei der geschriebenen Sprache, die eine begriffliche Korrektheit braucht, um nicht mißverständlich zu sein. Fachausdrücke wie «depressiv» sind für das lebendige Gespräch nicht oder nur selten geeignet. Sie gehören in die Reflexion (s. auch Gion Condrau, «Medizinische Psychologie. Psychosomatische Krankheitslehre und Therapie», München, 1975 (2. Auflage), S. 350 f.).

Es ist für den depressiven Menschen eine Entlastung, wenn er merkt, daß der Seelsorger ihm seine Ohnmacht glaubt. Dieser kann sein Verständnis für die lähmende Kraft dieser Gefühlsblockierung zeigen, wenn er auf Wörtlein wie «doch» und «aber» verzichtet und sogar einiges von dem, was der deprimierte Mensch ihm sagen will, schon errät oder vorwegnimmt. Zum Beispiel: «Ich nehme an, daß Sie jetzt auch keine Freude an Ihren Enkelkindern haben», «es gelingt Ihnen jetzt wohl nicht, im Gebet Ruhe zu finden.»

b) Weil das depressive Erleben etwas ganz Entsetzliches ist, soll der Seelsorger nicht zu schnell meinen und mitteilen, daß er das versteht. Besser gesteht er ein, daß er sich diese Verzweiflung kaum oder nicht vorstellen kann. Vielleicht hilft es, wenn er den Betreffenden direkt fragt: «Haben Sie den Eindruck, daß ich Sie verstehe?» «Wie erleben Sie es, wenn ich zu Ihnen komme?»

c) Ein volles Verstehen, eine Hilfe im therapeutischen Sinne kann der Seelsorger nicht anbieten. Aber er kann kommen, wieder kommen und versprechen, daß (und wann) er wiederkommt. Manchmal stellt das eine kleine Perspektive ins dunkle Leben des Leidenden hinein. Auch hilflos und sprachlos ist der Seelsorger ein Anwalt der Hoffnung. Ähnlich wie der Weg des Sohnes Gottes in die Fremde, in die dunkle, feindliche Welt letztlich von Hoffnung getragen wurde, zeigt der Seelsorger ohne Worte durch seinen Besuch, daß er das Dunkel dieses Menschen betreten will und im Ansatz auch kann. Das ist ein Hinweis darauf, daß das Dunkel, ganz winzig, schon belichtet und im Keim überwunden wird. Aus der Zukunft kommt nicht eine Tragödie, sondern das Reich Gottes auf uns zu.

d) Der Seelsorger soll auch, trotz allem, ein «Aber» sagen: hier gilt, was unter dem Titel «Verkündigung ohne Anknüpfungspunkt» gesagt worden ist. Christian Berger hat ein gutes Beispiel davon gegeben.

15: Eine Ambivalenz –
Zuhören mit zwei Ohren

Kurt Hoch stellte ich schon vor (s. S. 56). Er hat eine Familie mit zwei kleinen Kindern. An einem Abend will er mit seiner Frau ausgehen. Er hat ein Mädchen aus der Gemeinde gebeten, die Kinder zu hüten. Christa ist zwanzig Jahre alt. Sie wurde vor einigen Jahren von Kurt konfirmiert und ist seither öfters im Pfarrhaus zu Gast gewesen, meistens um die Kinder zu hüten. Sie war bis vor einigen Monaten in einer Lehrstelle tätig, weit weg von zuhause. Damals war sie nur selten ein Wochenende bei ihren Eltern. Jetzt wohnt sie wieder daheim und arbeitet in einem Städtchen in der Nähe als Verkäuferin.

Christa kommt eher früh. Kurts Frau ist noch beschäftigt. Es entsteht ein Gespräch in der Stube. Kurt erzählt:

Ich habe Christa begrüßt und ihr die neuen Spielsachen der Kinder gezeigt. «Wie geht's?» frage ich.

«Es geht», sagt Christa. Ein leises Zögern.

«Ja, geht's Dir nicht so gut?» forsche ich.

«Ich habe einfach den Moralischen, ich weiß nicht warum.»

«Das tut mir leid», sage ich. «Hast Du denn Lust, auf unsere Kinder aufzupassen?»

«Doch, doch, das macht mir nichts aus, wirklich nicht.»

Wir setzen uns. Ich nehme an, daß ihre Mitteilungen eine stille Aufforderung zu einem persönlichen Gespräch sind. Sofort geht mir durch den Kopf, daß Christa Probleme mit einem Freund haben könnte. Sie ist attraktiv. Ich habe selber manchmal tagträumerisch phantasiert, wie es wäre, ihr Freund zu sein. Solche Gedanken sind mir kaum bewußt gewesen, sie blieben flüchtig und ohne Konsequenzen. Obwohl meine Frau bald hereinkommen kann und deshalb wohl wenig Zeit für ein Gespräch vorhanden ist, fange ich doch an. Wir können eventuell später noch weiter reden, wenn es wichtig ist.

«Was meinst Du mit dem Moralischen, bist Du unglücklich?»

Christa macht eine Grimasse mit einem Mundwinkel, wie wenn sie sich selber verspotten möchte. «Ich scheine gar nicht mehr zu sein, wie ich war.»

Fast hätte ich gesagt: «Bist Du verliebt?» Aber Christa gibt mir eigentlich keinen Anlaß, so zu interpretieren. Darum lasse ich von meinen Vermutungen ab. Es kostet mich einige Mühe, mich von ihnen zu lösen und mich wirklich auf Christa einzustellen.

«Wer sagt das?»

«Meine Mutter zum Beispiel», antwortet sie. «Sie sagte mir, ich sei ganz anders geworden als noch vor einem Jahr.»

«Und ‹anders› heißt ‹weniger gut›?»

Mit einem Nicken bejaht Christa meine Annahme.

«Ja, und findest Du das selber auch oder ist das nur die Meinung Deiner Mutter?»

«Nein, ich spüre selber, daß ich anders bin. Ich verstehe nicht recht, warum ich mich jetzt manchmal so elend fühle. Früher konnte ich so unbeschwert sein.»

«Du stellst auch selber fest, daß Du nicht mehr heiter und fröhlich bist. Du möchtest es wieder sein, aber es gelingt Dir nicht.»

«In Lausanne, in meiner Lehrstelle, da war ich anders», sagt Christa, «aber jetzt zuhause fühle ich mich schlechter, oder einfach so komisch.»

«In dem Fall hast Du nur hier zuhause den Moralischen», stelle ich fest.

«Es dünkt mich, bei uns zuhause, da wird oft so unnutzes Zeug geredet. Besonders die Mutter redet so oft leeres Geschwätz – oder es dünkt mich jedenfalls so. In Lausanne, da haben wir nie etwas Überflüssiges gesprochen; wir redeten was nötig war.»

«Du hast Deine Mutter jetzt plötzlich von einer anderen Seite gesehen und bist enttäuscht von ihr.»

«Ja. Und doch habe ich gar keinen Grund, keinen einzigen. Meine Eltern waren gut zu uns, sie haben uns gut erzogen. Sie haben ihre Sache wirklich recht gemacht.» Christa sagt das ziemlich heftig. Sie beteuert mir: «Sie müssen nicht denken, daß ich ihnen Vorwürfe machen will.»

Das verwirrt mich jetzt. Was will sie eigentlich? Meine ursprüngliche Vermutung, daß sie Liebesprobleme hat, stimmt wohl nicht. Jetzt bin ich froh, daß ich den Gedanken nicht geäußert habe. Ich versuche, das letzte, was sie sagte, klar zusammenzufassen.

«Nein, Du bist dankbar für so liebe Eltern, Du hast nur Grund, Gutes von Ihnen zu sagen.»

«Nur», unterbricht sie mich fast, «letzthin habe ich mich geärgert, als ich feststellen mußte, daß wir älteren Geschwister sehr viel strenger erzogen wurden als die jüngeren, die Mutter läßt ihnen heute fast alles durch.»

«Diese Art Bevorzugung hat Dich denn ziemlich aufgeregt.»

«Ja, aber ...», zögert sie, «vielleicht verstehe ich es einfach nicht, vielleicht ist es überall so, wo viele Kinder sind.»

Zwei Seelen in einer Brust

Es gehört zu den spannenden Phänomenen im menschlichen Erleben, daß eine Brust zwei Seelen gleichzeitig beherbergen kann. Die eine Seele will, was die andere gerade verhüten möchte. So muß der betreffende Mensch mit einem inneren Widerspruch fertig werden. Christa will sich offenbar über ihre Mutter beklagen, aber sie will zur gleichen Zeit nur Gutes über sie verbreiten. Was kann sie tun? Die ganze Sache ruhen lassen, bis sie klarer sieht? Das geht nicht, weil ihr die Beziehung zur Mutter jetzt zu dringend ist, um sie ruhen zu lassen. Sie will reden. Aber sobald sie etwas sagt, muß sie es fast wieder zurücknehmen, weil die andere Seele nicht zuläßt, was die eine unternimmt.

Gute Seelsorger machen es sich zur Gewohnheit, wichtige und problematische Mitteilungen anderer in diesem Sinne ernst zu nehmen, daß sie sie selber auch noch einmal sagen, abgekürzt oder zusammengefaßt, paraphrasiert oder auf den emotionalen Kern reduziert. Das macht Kurt genauso. Aber jetzt wird ein Problem dieser Gesprächsart sichtbar. Wenn Kurt zusammenfaßt, was Christa sagt, macht er ihr klar, welche «Seele» in ihr gesprochen hat. Für Christa ist das unerträglich, weil sie noch eine andere Seele hat, die immer das Umgekehrte behaupten will. Sagt Kurt, daß Christa von ihrer Mutter «enttäuscht» ist, dann reagiert Christa mit einem Lobgesang auf ihre Eltern. Kurt soll nicht denken, daß sie ihrer Mutter Vorwürfe macht! Wenn Kurt dieses nun wieder ernst nimmt, indem er feststellt, daß Christa so «dankbar» ist für ihre Eltern, reagiert Christa mit einem Angriff auf ihre Mutter. Die Aussage von Kurt, daß die Bevorzugung der jüngeren Geschwister sie aufregt, neutralisiert Christa mit einem nachdenklichen «vielleicht verstehe ich es einfach nicht.»

Solche Dialoge sind mühsam. Sie lassen sich nicht vermeiden. Nur soll der Seelsorger bald einmal entdecken, daß hier eine Zwiespältigkeit vorherrscht. Er redet eigentlich mit zwei Personen. Christa steckt in einer Ambivalenz. In Ambivalenzen stehen unbewußte Widersprüche

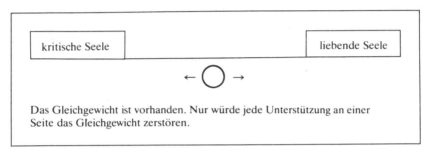

Das Gleichgewicht ist vorhanden. Nur würde jede Unterstützung an einer Seite das Gleichgewicht zerstören.

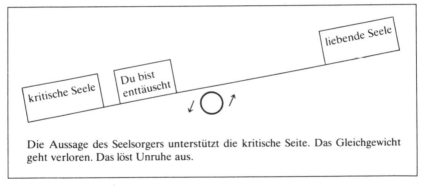

Die Aussage des Seelsorgers unterstützt die kritische Seite. Das Gleichgewicht geht verloren. Das löst Unruhe aus.

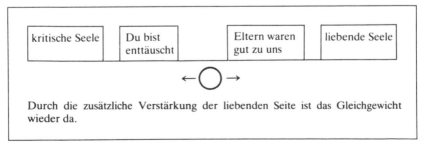

Durch die zusätzliche Verstärkung der liebenden Seite ist das Gleichgewicht wieder da.

einander gegenüber. Nur sind diese Widersprüche unbewußt, im Gegensatz zu solchen, die dem Menschen bekannt sind. Daß ich gerne eine schöne Uhr kaufen würde, aber daß es mich reut um das viele Geld, macht mich zwar unschlüssig, aber ich weiß genau, zwischen welchen Möglichkeiten ich auswählen muß. Ambivalenzen jedoch machen Menschen nicht nur unschlüssig, sie verursachen eine elende Stimmung. Menschen wissen dann nicht, was genau mit ihnen los ist.

Eine Ambivalenz ist ein unbewußtes, labiles Gleichgewicht von zwei widersprüchlichen Absichten oder Anliegen. Christa möchte ihrer Mutter Vorwürfe machen, aber sie hat auch große Angst, das zu tun, weil sie ihre Mutter liebt. Sobald sie sich kritisch äußert, reagiert die liebende Stimme und nimmt die Kritik zurück. Sobald jemand aber ihre Mutter lobt, reagiert die kritische Stimme und erzählt eine die Mutter belastende Geschichte.

Der Seelsorger, der jede Aussage in seinen eigenen Worten resonieren läßt, macht es ihr schwierig, das labile Gleichgewicht zu bewahren. Das Schema macht es anschaulich.

Dieses Schaukeln kann sich endlos wiederholen. Der Seelsorger soll entdecken, daß sich eben zwei Stimmen in Christa melden.

Christas eigentliches Problem liegt tiefer als ihre Kritik an der Mutter. Sie weiß nicht, wie sie mit dieser Kritik umgehen soll. Das ist ihr Problem. Sie ist verwirrt zwischen Auflehnung und Verbundenheit. Sie will die Mutter zurückdrängen, aber sie will sie nicht verlieren. Die Angst, sie zu verlieren, macht es ihr unmöglich, sich kritisch zu äußern.

Im Gespräch mit jemanden, der in einer Ambivalenz verstrickt ist, gilt es, zuerst die Verwirrung bewußt zu machen. Es freut die Leute, wenn jemand ihre Widersprüchlichkeit formulieren kann. Menschen wollen erkannt werden, auch wenn sie sich in Widersprüchen verstekken. Die Entdeckung, daß und wie man verwirrt ist, bringt eine erste Befreiung. Sehen wir, wie Kurt Christa dazu hilft.

«Und dann schweigst Du lieber und behältst Deine Bedenken für Dich.»

«Einmal habe ich der Mutter deswegen etwas gesagt. Aber sie wollte es nicht wahrhaben. Jetzt sage ich lieber nichts mehr. In Lausanne, da konnte ich frei reden, wie es mir schien, aber hier geht das nicht.» Resigniert blickt Christa auf den Boden.

«Du möchtest Dich oft wehren und eine andere Meinung vertreten, aber wenn Du dann über alles nachdenkst, scheint Schweigen doch das Vernünftigste zu sein. Nur verlierst Du damit Deine gute Stimmung.»

«Ja, das stimmt, ich mag nichts mehr sagen. Überhaupt, meine Mutter opfert sich so sehr auf. Jetzt besorgt sie noch einen zweiten Haushalt, weil eine Tante krank ist. Und trotzdem kommt sie zwischendurch nach Hause und will zum rechten sehen, obwohl ich jetzt da bin. Ich habe es ihr gesagt, aber damit bin ich nicht gut angekommen.»

«Sie ist immer die Stärkere.»

«Ja, meine Eltern haben immer recht.»

«Aus diesem Grunde kannst Du schlecht mit Ihnen reden: sie haben immer recht.»

«Ja», erwidert Christa, «aber sie waren gut mit uns. Wir haben eine rechte Erziehung gehabt. Ich bin ihnen viel schuldig, ich möchte ihnen zurückgeben.»

Meine Frau kommt herein. So sind wir bereit, wegzugehen. Ich stehe auf.

«Du, Christa, ich höre immer zwei Sachen bei Dir. Das eine ist, daß Du Deinen Eltern wirklich und von Herzen dankbar bist für das, was sie Dir gegeben haben und immer noch geben. Das andere ist, daß Du bestimmte Dinge anders siehst und daß Du Dich aufregst über einiges, besonders an Deiner Mutter. Aber Du siehst eigentlich nicht, wie Du beides verbinden kannst. Du willst Dich selber sein und offen reden, auch kritischer, aber Du willst die gute Beziehung nicht verlieren.»

«Genau das ist es», sagt Christa. «Ich fühle mich einfach hin und her gerissen.»

«Reden wir ein anderes Mal weiter, ob Liebe und Kritik überhaupt zusammen gehen können?» frage ich sie.

«Ja gerne. Danke, daß Sie zugehört haben. Es hat mir sehr gut getan, das alles einmal zu sagen.»

Ich verabschiede mich von ihr, und wir gehen.

Einfühlung in eine Verwirrung

Es fällt auf, daß Kurt keine eigene Stellungnahme zu Christas Problemen gibt. Er versucht nur, zu verstehen was in ihr vorgeht. Er spricht klarer aus als Christa es selber tut, worum es geht. Auf diese Weise ist die Zerrissenheit zwischen der Auflehnung gegen die Mutter und der Verbundenheit mit ihr klar zu Tage getreten.

Ratschläge sind in solchen komplizierten Fällen selten oder nie hilfreich, weil sie die Kräfte, die im Spiel sind, unterschätzen. Würde Kurt raten: «Probier doch einmal, ganz ruhig und klar mit ihr zu reden», dann sagt eine scheue Christa: «Ja, vielleicht sollte ich das tun», aber sie wäre mit ihrer Angst vor der Übermacht der Mutter allein gelassen. Eine freimütige Christa würde sagen: «Das probier ich eben immer, aber es hat keinen Sinn!» Würde Kurt sagen: «Ach, weißt Du, das gibt es halt zwischen Müttern und erwachsenen Töchtern, ich würde die Sache nicht zu ernst nehmen, das macht es nur schlimmer», dann fühlt Christa sich nicht ernst genommen, denn ihr setzt die Beziehung zur Mutter nun einmal sehr zu. Eine solche Spannung kann niemand einfach abstellen.

Jetzt ist das Problem zwar noch nicht gelöst, aber es ist klarer sichtbar geworden. Jetzt erst ist deutlich, was überhaupt schwierig ist: den Weg zwischen Aggressivität und Anhänglichkeit zu finden. Das dumpfe Gefühl von Druck und Resignation verschwindet vor einer klaren Einsicht. Neue Gefühle entstehen, die der Problematik angemessener sind: vielleicht Mut, vielleicht Hilflosigkeit, wahrscheinlich beide.

Sobald die gewisse Ruhe, die mit der Entdeckung einer Einsicht verbunden ist, entstanden ist, hat jemand die Kraft, die beiden Seiten einer Ambivalenz ungestört zu untersuchen. Ohne diese Ruhe kann er sie nicht betrachten, weil dauernd die andere Seite die Arbeit stört. Zu dieser Untersuchungsarbeit muß der Seelsorger manchmal helfen. Oft wird während dieser Untersuchung klar, welche realistischen Wege es gibt, das Problem zu lösen.

Nachdem meine Frau und ich von unserem Ausgang zurückgekommen sind, setze ich mich nochmals zu Christa.

«Möchtest Du noch ein wenig weiterreden?»

«Ja, wenn es Ihnen nichts ausmacht. Wie spät ist es?»

«Es ist zehn Uhr gewesen. Ja, mir ist es auch recht, wenn Du ein anderes Mal kommst.»

«Nein. Ich wäre sehr froh, die Sache bedrückt mich sehr.»

«Wo setzen wir ein?» frage ich.

«Es ist schon so, wie Sie sagten. Ich habe meine Eltern gern und deshalb möchte ich sie nicht verletzen.»

«Und das macht Dich still und anders?»

«Ja. Ich rege mich einfach im Stillen auf.»

«Du bist hin und hergerissen zwischen Deiner Liebe und Dankbarkeit einerseits und Deinem Bedürfnis, Dich in bestimmten Momenten zu wehren – das ist die andere Seite? Sehen wir doch diese zwei Kräfte in Dir an. Wie siehst Du das eigentlich, die Liebe zu Deinen Eltern, wie möchtest Du die verwirklichen?»

«Ich will nett zu ihnen sein, sie nicht ärgern.»

«Heißt das auch, daß Du Ihnen nicht zeigen willst, daß Du manchmal anders über bestimmte Dinge denkst?»

«Ich weiß nicht», sagt Christa.

«Weißt Du, ich probiere mir vorzustellen, wie das bei mir geht. Ich liebe meine Frau, aber ich ärgere mich auch ab und zu über sie. Ich glaube, daß ich ihr das sage. Unsere Liebe geht deshalb nicht kaputt. Wie ist das bei Dir?»

«Ja, mit Ihrer Frau kann man eben reden.»

«Aha, jetzt wird es mir klar. Deine Eltern wollen immer Recht haben und deshalb kannst Du nicht mit Ihnen reden.»

«Genau.»

«Und wenn Du sie liebst, willst Du das auch lieben?» frage ich.

«Nein, das finde ich falsch. Aber wenn ich das sage, tue ich ihnen weh.»

«Statt dessen zeigst Du ihnen eine Fassade, wie wenn Du einverstanden wärest?»

«Ja. So gibt es keinen Streit.»

«Eine Art fauler Friede?»

«Vielleicht. Ja, sicher.»

«Umfaßt Liebe nicht auch, daß wir offen zueinander sind, daß wir uns einander schenken, wie wir sind, auch mit Sachen die wehtun?»

«Mmh», brummt Christa hilflos.

«Du, schauen wir die andere Seite doch auch einmal an, Deine Kritik. Was willst Du eigentlich, willst Du, daß sie sich verändern?»

Das scheint ein bisschen schwierig zu sein. Christa denkt nach. Ich setze noch einmal an. «Geht es Dir darum, Ihnen zu zeigen, wo Du selber stehst, oder willst Du, daß sie sich so verhalten, wie Du möchtest?»

«Ach nein, sie sind einfach so. Aber ich möchte mich absetzen, zum Beispiel von dem fleißigen Kontrollieren, ob ich alles recht mache und so.»

«Du willst Dich selber sein und das auch zeigen, auch dort, wo deine Mutter nicht einverstanden ist?»

«Jaah, ich glaube, daß das es wohl trifft.»

«In dem Fall mußt Du sie gar nicht eigentlich angreifen. Du würdest Dein Ziel erreichen, wenn Du klar machst, wo Du stehst.»

140

«Ja», sagt Christa, «aber sie fassen das sofort als Vorwurf auf, auch wenn ich es so nicht meine.»

«Kannst Du ein Beispiel bringen?» fordere ich sie auf.

«Wenn ich kochen muß, kommt sie immer kontrollieren, ob ich es recht mache. Wenn ich ihr sage, daß sie sich nicht einmischen solle, faßt sie das als eine Beleidigung auf.»

«Das ist doch auch eine Art Beleidigung? ‹Einmischen›?»

«Wie soll ich es denn anders sagen?» fragt Christa hilflos.

«Ja, wie könntest Du das anders sagen? Verstehst Du eigentlich, daß Deine Mutter heftig wird, wenn Du ihr sagst, sie soll sich nicht einmischen?» Christa schaut mich an, aber sagt nichts.

«Wie reagierst Du selber auf Worte wie ‹einmischen›?» frage ich weiter. Jetzt lacht sie: «Es ist nicht gerade ein Kompliment. Aber was sonst?»

«Mit ‹einmischen› sagst Du etwas über Deine Mutter. Was spürst Du eigentlich bei Dir selber, wenn sie sich einmischt?»

«Es irritiert mich, ich möchte es allein tun.»

«Wie wäre das, wenn Du das sagen würdest: ‹ich möchte es allein tun?› Da liegt kein Vorwurf drin. Es macht klar, was Du willst, ohne die Mutter anzugreifen.»

«Ja, ich müßte es vielleicht gerade am Anfang sagen, nicht erst wenn sie hereinstürzt», phantasiert Christa weiter. «Ich finde es fast lustig, es zu probieren.»

«Ich glaube, so hast Du rechte Chancen, ohne unnötigen Krach Deine Meinung klar zu machen. Versuche zu sagen, was in Dir selber vorgeht, nicht wie Du Deine Mutter siehst.»

«Ich glaube, daß ich es so mache. Aber ich muß noch ein wenig darüber nachdenken.»

«Ja, weißt Du, es gelingt sicher nicht immer. Wenn Du Dich selber sein willst, kannst Du nicht immer Schwierigkeiten vermeiden. Aber Du hast ziemlich Angst vor Auseinandersetzungen, nicht wahr? Besonders mit Deiner Mutter?»

«Ja, aber, ich komme mir dann so undankbar vor. Aber wenn ich immer schweige, ist es auch kein Zustand. Danke, daß Sie sich soviel Zeit genommen haben.»

Christa steht auf. Ich belehre sie im Korridor noch einmal. «Alles hat seinen Preis. Wenn Du immer Ruhe willst, verlierst Du Deine Unbeschwertheit, und wenn Du Dich selber sein willst und das auch zeigst, dann kommt es zu Auseinandersetzungen.»

«Aber es hat mir wahnsinnig gut getan, mit Ihnen reden zu können. Danke vielmals!»

«Und ich danke Dir für Deine Hilfe. Ohne Dich hätten wir nicht weggehen können.»

Die Suche nach realistischen Lösungen

Es lohnt sich, die Struktur des letzten Teils dieses Gespräches genau zu analysieren. Sie zeigt, wie der Seelsorger jemandem helfen kann, aus einer Ambivalenz hinauszukommen.

a) Zuerst stellt Kurt die eine Seite der Ambivalenz zur Debatte: die Liebe, die Christa für ihre Eltern empfindet und die sie an der Offenheit hindert. Ziemlich klar stellt Kurt Christas Schlußfolgerung, daß Liebe zur Schweigsamkeit verpflichtet, in Frage. Kurt versucht Christa dazu zu führen, daß sie eine andere Variante für liebevolles Verhalten in Erwägung zieht. Er stellt nicht die Legitimität ihrer Liebe in Frage, nur ihre Ausdrucksform. Systematisch formuliert, versucht er an der einen Seite der Ambivalenz zu trennen zwischen dem legitimen Kern und ihren fragwürdigen Konsequenzen. Ein Stück weit gelingt es ihm, mit Christa diesen Weg zu gehen. Er belehrt sie, daß Liebe gerade Offenheit umfaßt. Es ist nicht so sehr Christa, die die Entdeckungen macht, sondern Kurt, der ihr Perspektiven zeigt. Er hat Christa gegenüber eine mehr oder weniger väterliche Haltung. Christa wäre tiefer überzeugt worden, wenn sie alles selber entdecken würde. Aber nicht immer ist es richtig, darauf zu warten. Eine Belehrung, die an vorangehende Erfahrungen anschließt, kann sehr hilfreich sein.

b) Daraufhin wechselt Kurt auf die andere Seite des Zwiespalts, zur Kritik. Wieder versucht er Christa zu helfen, einen Unterschied zwischen wesentlichen und veränderbaren Elementen zu machen. Was will Christa mit ihrer Kritik? Es wird klar, daß sie nicht unbedingt kritisieren will, sondern daß die Betonung ihrer Eigenheit das Wesentliche ist. Kurt sagt ihr dann, daß sie das auch ohne Aggressivität erreichen kann. Anhand eines Beispiels versucht er Christa den Unterschied zwischen einem Vorwurf und einer Ich-Botschaft, zwischen Fremdwahrnehmung und Selbstwahrnehmung zu zeigen. Es ist alles neu für Christa, aber sie scheint gut mitzukommen. Sie ist motiviert, neue Wege zu suchen.

Die Fähigkeit Kurts zeigt sich in der Verbindung von Führen, Belehren einerseits und der Aktivierung von Christa selber andererseits. Er sagt ihr nicht einfach, wie sie es machen soll. Er läßt sie selber suchen und konkret werden.

c) Am Schluß kehrt Kurt noch einmal zur anderen Seite des Zwiespalts zurück. Auch wenn Vorwürfe sich durch Selbstaussagen ersetzen lassen, Auseinandersetzungen lassen sich nicht immer vermeiden. Liebe umfaßt sie sogar. Dort war das Gespräch vorher mit Christas hilflosem «Mmh» stecken geblieben. Kurt setzt hier nochmal an. Viel tiefer gerät das Gespräch nicht. Kurt belehrt Christa noch einmal, daß Auseinandersetzungen an sich unvermeidlich sind. Scheinbar stellt das den Sinn des Gesprächs, wo doch eine verheißungsvolle Variante zum Vorwürfemachen gefunden wurde, wieder in Frage. Aber es ist richtig so. Es entkrampft, weil es relativiert. Im Leben und im Zusammenleben können wir uns nicht nach Schemen einrichten, immer ist die Realität paradox. Christa soll sich einsetzen, vorwurfsfrei ihrer Mutter zu sagen, was sie selber möchte. Aber Streit wird es trotzdem von Zeit zu Zeit geben. Ein gewisser Zwiespalt gehört zu jeder Beziehung. Aber dieser Zwiespalt ist ein besserer weil angemessener als der lähmende Zwiespalt am Anfang des Gespräches. Der Ertrag des Gespräches besteht nicht darin, daß die Ambivalenz verschwunden ist, sondern daß Christa die beiden Seiten ihrer Realität: ihren Wunsch nach Selbständigkeit und ihre Verbundenheit mit den Eltern, klarer sieht. Das ist ein verheißungsvoller Schritt.

Dieses Gespräch entstand eher zufällig. Es entwickelte sich zu einem tiefen seelsorgerlichen Gespräch. Es ist ein wichtiger Beitrag zu einem Versuch, christliche Liebe in der Versöhnung zu verwirklichen.

16: «Sterbe ich?» –
Gefährte in der Ungewißheit

Markus Friedli (53) besucht jede Woche die Patienten aus seiner Stadtgemeinde, die im Krankenhaus liegen. Seine Information bekommt er an erster Stelle in der ihm zugänglichen Krankenhauskartei und nachher manchmal von der Abteilungsschwester. Er erzählt Folgendes über einen Besuch in der medizinischen Abteilung.

Aus der Kartei weiß ich, daß Herr Gasser 54 Jahre alt ist. Ich erinnere mich nicht, ihn jemals gesehen zu haben. Aber Unbekannte gibt es für mich viele in meiner Gemeinde mit über 1700 Menschen. Ich betrete den Krankensaal. Vier Männer schauen mich aus ihren Betten an. «Grüezi mitenand. Ich möchte Herrn Gasser besuchen», sage ich und schaue mich um, wer das sein könnte.

«Das wäre bei mir», höre ich rechts von mir. Ein großer Mann sitzt im Bett und sieht mich an. Die Distanz zu den anderen Betten ist ziemlich groß. Ich entscheide mich, die anderen Patienten nicht weiter zu begrüßen und mich direkt mit Herrn Gasser zu befassen.

«Grüczi, Herr Gasser, ich bin Friedli, Pfarrer in ...»

«Ah natürlich», unterbricht er mich, «ich kenne Sie doch. Haben Sie mich besuchen wollen?» fragt er etwas verwundert. Er sieht mich aber freundlich an, ich nehme an, daß er sich freut über mein Interesse. Ich erkläre ihm, daß ich jede Woche ins Krankenhaus komme und die Gemeindeglieder besuche. «Ich fand Ihren Namen in der Kartei.»

Nehmen Sie doch Platz», sagt er. Er redet überlegen, nicht unfreundlich, aber seine souveräne Haltung macht mich unsicher. Ich schiebe mir einen Stuhl zurecht.

«Ich kenne Sie von der Abdankung von Hannes Steiner», sagt Herr Gasser. «Er war unser Nachbar». Ich erinnere mich an diese Beerdigung, sie liegt einige Monate zurück.

«Ach so, ich kann mich aber nicht an Sie erinnern. Ich freue mich, Sie kennenzulernen. Der Anlaß ist zwar nicht so fröhlich. Sind Sie schon lange krank?»

«Krank? Ich weiß nicht, ob ich krank bin. Hoffentlich nicht.» Ich fühle mich wieder verunsichert, ja fast schockiert, weil er meine Annahme, daß er krank sei, gleichsam als Fehlschlag entlarvt. Aber ich denke blitzartig, daß es seine Angst sein könnte, die ihn so reden läßt.

«In der letzten Zeit habe ich einfach ein ungutes Gefühl im Magen», erklärt er mir, «etwas ist nicht in Ordnung, jetzt klären sie es ab.»

«Dann sind Sie zur Untersuchung hier», sage ich und hoffe, daß nicht wieder eine überraschende Reaktion folgt.

«Eben. Sie haben schon einiges gemacht, aber den Befund höre ich erst am Schluß, das kann eine Weile gehen.» Er zählt mir auf, was man schon an ihm gemacht hat. Ich komme langsam in eine ruhige Stimmung hinein und kann jetzt besser zuhören, ohne mir gleichzeitig Gedanken über ihn zu machen.

«Der Bericht muß von Bern kommen», sagt er.

«Und haben Sie eine Ahnung, worum es sich handeln könnte?» frage ich ihn. Herr Gasser zögert einen Moment. In einer sichtbaren Betroffenheit sagt er: «Es kann alles sein. Vielleicht ist es gut, vielleicht ist es schlecht.» Die ernsthafte Lage ist erdrückend klar, ich spüre es körperlich. Ich schweige eine kurze Weile.

«Das sind sicher erregende Tage für Sie», sage ich.

«Ich versuche, so wenig wie möglich daranzudenken. Ich bin froh um jede Ablenkung.» Er sieht mich aber so offen an, daß ich annehme, diese Bemerkung sei keine versteckte Aufforderung, das Thema nicht weiter zu berühren.

«Das kann ich mir gut vorstellen», sage ich. «Solange das Ergebnis der Untersuchungen nicht klar ist, sind es doch alles Phantasien.» Jetzt bin ich gespannt, ob er ablenkt oder mit dem Thema der Krankheit weiterfährt.

«Genau», sagt er. «Vielleicht ist es eine Bagatelle, und wenn es schlimmer ist, kann ich es mit Grübeln auch nicht verhindern. Mein Großvater ist an Magenkrebs gestorben. Er war aber etwas älter als ich.»

Das Wort «Magenkrebs» trifft mich wie ein Blitz. Ich weiß, wie schwer diese Krebsvariante ist. Er redet natürlich nicht nur vom Großvater. Ich schweige wieder kurz.

«Das sind schon ... Sachen. Ich bin jetzt unsicher, weil Sie sagten, Ablenkung täte Ihnen gut in dieser Wartezeit. Wenn es Ihnen unangenehm ist ...» Aber schon unterbricht er mich und sagt: «Nein, es tut mir gut, einmal davon zu reden; mit meiner Frau kann ich das nicht, die regt sich sofort auf. Und vielleicht ist es wirklich nur eine harmlose Sache.»

Die Nervenprobe der Ungewißheit

Mancher Patient im Krankenhaus weiß nicht, woran er leidet. Er wird aufgenommen, damit die Ärzte ihn gründlich untersuchen können. Weil diese Untersuchungen oft komplizierter Art sind, finden sie in einem Krankenhaus statt. Deshalb sind in den letzten Jahrzehnten die Zahlen der Untersuchungspatienten sehr gestiegen. Sie leiden fast alle an der Ungewißheit. Sie schweben zwischen Angst und Hoffnung. Niemand kann dieses Problem lösen. Erst ein klarer Befund kann sie aus dieser Grundstimmung entlassen. Nur bleibt dieser manchmal aus. Die Ungewißheit dauert in jenem Fall notwendigerweise fort.

Es ist gar nicht leicht, Menschen, die in der Ungewißheit über ihren Gesundheitszustand leben, einen Seelsorgebesuch zu machen. Eine Konversation wird der Lage meistens nicht gerecht, aber für ein tiefes Gespräch gibt es kaum einen Boden. Es ist selten angemessen über die Probleme zu reden, die entstehen würden, wenn die Untersuchungen etwas Schlimmes an den Tag brächten. Die Ungewißheit selber ist aber ein Thema, worüber sich jetzt vernünftigerweise reden läßt. Sie wird durch das Gespräch nicht verschwinden, aber es kann dem Patient eine Hilfe sein, dieses Erleben mit einem anderen Menschen zu teilen.

Nicht jeder erträgt es, offen über den unsicheren Zustand zu reden. Seelsorger sollen das nie forcieren. Markus versucht in einer vorsichtigen Art, wie weit Herr Gasser davon reden will. Nachdem er mit «erregende Tage» angedeutet hat, daß er die Nervenprobe der Ungewißheit nachempfinden kann, redet Herr Gasser von Ablenkung. Sofort schließt sich Markus an. Aber Herr Gasser kommt auf seine Unruhe zurück: Sein Großvater starb an Magenkrebs. Es ist klar, daß er das auch für sich befürchtet. Markus schweigt darauf. Obwohl er den Eindruck hat, daß Herr Gasser offen reden will, ist er nicht sicher. Deshalb läßt er ihm die Wahl: «Ich bin unsicher, weil Sie sagten, Ablenkung täte Ihnen jetzt gut.» Da fällt Herr Gasser ihm ins Wort. Markus hat recht. Zwar zögerte der Patient, aber nur wenig ist nötig, ihn zur weiteren Offenheit zu bewegen.

Ein Seelsorger soll bereit sein, Menschen in der Nervenprobe der Ungewißheit abzulenken, sobald er merkt, daß sie mit ihm jetzt nicht von dieser Ungewißheit und den bedrohenden Eventualitäten reden wollen. Es wäre indiskret und eine Verletzung der Freiheit, Druck auszuüben, damit der Patient alles auf den Tisch bringt. In diesem Sinne verlangt die Situation der Ungewißheit vom Seelsorger ein feines Gespür.

Ich spüre, wie wir jetzt einander viel näher sind als vorher. Ich spüre auch, wie sehr Herr Gasser das Bedürfnis hat, sich zu äußern.

«Es scheint mir eine Art Dauerspannung», sage ich, «solange Sie im Ungewissen sind. Sie versuchen sich abzulenken, die Spannung zu verstecken, aber wenn Sie allein sind, ist das Pendeln zwischen Angst und Hoffnung natürlich voll da.»

«Genau, vor allem in der Nacht. Richtig schlafen ist ja unmöglich in diesem Haus.»

«Das ist gar nicht angenehm», sage ich.

Er wird nachdenklicher. Ein vertrauter Ton ist zwischen uns, wie wenn wir uns schon länger kennen. «Oft denke ich, daß ich einfach Ferien habe, und nachher ist alles wieder beim alten.» Unvermittelt macht er eine abwehrende Geste mit seiner Hand: «Ach, Scheiße! Der Bub ist erst zehn, der braucht noch einen Vater!»

Ein kleiner Ausbruch. Ich bin betroffen davon.

«Ich ahne, was Ihnen alles durch den Kopf geht.»

«Ja, nun, abwarten», sagt er resigniert.

«Sie können nur abwarten – aber das ist gerade das Schwierige, nicht wahr?»

«Ja, genau.»

«Sie haben eine Familie?» sondiere ich nach einer Weile. Er erzählt mir über seine Frau und seine Kinder und auch über seine Arbeit als Werkmeister in einem technischen Betrieb. Zwei Krankenschwestern treten ein und kommen auf ihn zu, ich nehme an für eine weitere Untersuchungsaktion. Ich stelle mich kurz vor und teile den Schwestern mit, daß ich mich verabschieden will.

«Meinen Sie, daß Sie in einer Woche noch hier sind?» frage ich Herrn Gasser.

«Ziemlich sicher.»

«Ich komme gerne wieder zu Ihnen. Ich hoffe, daß Sie dann Bescheid wissen und ich wünsche Ihnen viel Kraft für diese Wartezeit.»

«Danke vielmals, Herr Pfarrer, das ist sehr nett gewesen, daß Sie mich besucht haben.» Freundlich gibt er mir seine Hand.

«Ich habe mich gefreut, Sie kennenzulernen. Alles Gute, Herr Gasser.»

Die Aspekte des Erlebens im Sterbeprozeß

Gelungen ist dieses Gespräch, weil der Seelsorger solidarisch ist mit der Aufregung und der Unsicherheit des Herrn Gasser, ohne grüblerisch oder schwerfällig zu werden. Im Schweigen und in der einfachen Aussage: «Ich ahne, was Ihnen alles durch den Kopf geht» wird die Angst dieser ungewissen Situation geteilt.

Herr Gasser steht vielleicht am Anfang eines schweren Leidens, möglicherweise sogar einer tödlichen Krankheit. Obwohl das unsicher ist, zeigt er schon die Gefühle und Ausdrucksweisen, die stereotyp sind in Sterbeprozessen bei langer Krankheit. Sie zeigen sich kurz, fast unbemerkbar. In der Ungewißheit empfinden Menschen schon keimhaft alles, was bei einer wirklich tödlichen Krankheit erlebt wird. Die nächsten Seelsorgebegegnungen, die in diesem Buch besprochen werden, zeigen diese Befindlichkeiten klarer und ausgeprägter. Dort gehe ich ausführlich auf die jeweilige Gefühlslage und auf die Möglichkeiten der Seelsorger ein. Der Übersichtlichkeit wegen folgt hier ein kurzer Überblick über den ganzen Prozeß.

Elisabeth Kübler-Ross hat die verschiedenen Aspekte des Sterbeprozesses in ihren «Interviews mit Sterbenden» (Stuttgart, 1971) als Phasen beschrieben. Ich wies in der Besprechung des Trauerprozesses daraufhin, daß das Bild der Phasen nicht ohne weiteres brauchbar ist (s. S. 94). Übrigens ist das Trauer-Erleben in der Struktur dem Sterben gleich. Beide Krisen sind Varianten der Schockverarbeitung.

a) Ungewißheit

Der eigentliche Sterbeprozeß hat oft eine Vorphase, nämlich solange der Sterbende mit der Möglichkeit einer gefährlichen Krankheit rechnet, aber noch nicht sicher ist. In diesem Zustand befindet sich Herr Gasser. Weil das Leben auf dem Spiel steht, ist diese Ungewißheit für die meisten Menschen eine Nervenprobe, die ihnen viel Angst macht. Die Angst läßt sich selten wegnehmen. Seelsorge heißt hier: die Unsicherheit teilen. Das setzt die Bereitschaft des Seelsorgers voraus, sich weiter mit diesem Menschen zu beschäftigen und sich bald wieder bei ihm zu informieren.

Übrigens haben nicht alle Menschen Angst vor dem Sterben. Es ist eine weitverbreitete falsche Annahme, daß der Tod uns immer abschreckt. Es gibt Kinder und alte Menschen, weniger auch Erwachsene, die ihrem Lebensende unbefangen entgegentreten. Ihnen Angst zu unterschieben, wäre eine Projektion. Seelsorger sollen sich vor solchen Schablonen hüten und die Menschen sehen wollen, wie sie wirklich sind.

146

b) Verleugnung

Sobald jemand Gewißheit darüber bekommt, daß er tödlich krank ist, kann er dieses Wissen emotional von sich wegschieben. Er weiß zwar, was los ist, aber er kann sich verhalten, als ob es nicht so wäre. Etwas davon sahen wir im Gespräch mit dem Herzinfarktpatienten (s. S. 41). Nur selten ist es sinnvoll, diese Abwehrhaltung zu durchbrechen oder das zu versuchen. Es gibt Menschen, die vorübergehend oder während ihrer ganzen Krankheit nicht offen über ihr Sterben reden wollen. Haben sie nicht das Recht dazu? Es scheint mir nicht notwendig, auch nicht heilsnotwendig, sich verbal mit seinem Sterben zu befassen. Darüber soll jeder Mensch selber entscheiden. Seelsorge ist in dieser Situation: Die Verleugnung des Sterbenden akzeptieren und mit ihm von anderen Dingen reden. Nur so kann der Patient Vertrauen in seinen Besucher aufbauen. Es gibt Ausnahmen von dieser Regel, nämlich dort, wo eine Konfrontation mit der Realität menschlicher Respekt vor der Verleugnung. Aber für diese Ausnahme soll es eine klare Indikation geben. Krampfhaftes Schweigen über die Realität des Sterbens ist zwar ein elendes Verfahren, aber aufdringliches Reden davon ist genauso krampfhaft. In vielen Fällen kommen Menschen nach einiger Zeit von selber dazu, von ihrem bevorstehenden Tod zu reden. Sie brauchen gleichsam die Verleugnung als eine Schonfrist. Sigmund Freud hat behauptet, daß jeder Mensch im Unbewußten von seiner Unsterblichkeit überzeugt sei («Zeitgemäßes über Krieg und Tod», 1915 in: Gesammelte Werke, Fischer, Frankfurt, S. 341). Wenn das stimmt, ist es verständlich, daß das bewußte Wissen um den bevorstehenden Tod eine gewisse Zeit ohne weiteres verleugnet werden kann.

Keimhaft zeigt Herr Gasser die Haltung der Verleugnung mit seiner Bemerkung, daß er oft denke, er habe einfach Ferien und bald sei alles wieder beim alten.

c) Auflehnung

«Ach, Scheiße!» ruft der Kranke aus. Wut bricht hervor, wenn auch nur kurz. In anderen Gesprächen bekommt dieser Aspekt des Sterbeprozesses ein Hauptgewicht (s. das Gespräch mit Frau Hedinger, S. 159).

Genauso wie trauernde Menschen sich unbewußt gegen die Tatsache des Verlustes wehren, aber ihre Auflehnung an andere Instanzen und an Menschen weiterleiten, zeigen Sterbende manchmal die Tendenz zu unberechtigten Vorwürfen an Angehörige, Pflegepersonal und so weiter. Unbewußt gilt ihre Empörung dem Schicksal, das ihnen etwas aufbürdet, was sie nicht akzeptieren wollen. Im erwähnten Gespräch mit

Frau Hedinger werden die Schwierigkeiten und die Möglichkeiten der Seelsorge in einer solchen Situation sichtbar.

d) Arrangement

«Der Bub ist erst zehn, der braucht noch einen Vater!» seufzt Herr Gasser. Wörtlich genommen impliziert das: «Wenn der Bub älter wäre, würde es mir nichts ausmachen zu sterben.» Nur dürfen wir solche Aussagen nicht streng logisch interpretieren. Im Grunde versuchen Menschen, in Äußerungen dieser Art eine Regelung mit dem Schicksal zu treffen, als ob das Schicksal für vernünftige Argumente offen wäre. Menschen versuchen zu retten, was zu retten ist. Anstatt offen und ehrlich zu sagen: «Ich möchte noch leben, noch gesund werden», verstekken sie ihren Wunsch hinter dem Argument: «Der Junge braucht einen Vater.» Unbewußt wurzeln solche Argumente in der Hoffnung, daß das Schicksal sich überzeugen läßt und den Tod aufschiebt. Auch im Gespräch mit Frau Bodmer wird ein Versuch zum Arrangement sichtbar (s. S. 97).

Es gilt hier allerdings oft zu unterscheiden zwischen Arrangement und Traurigkeit, und das ist nicht immer einfach. Der Schmerz um das vaterlose Kind und ähnliche Seufzer, daß dieses oder jenes wichtige Anliegen nicht realisiert zu werden droht, können wörtlich gemeint sein und von echter Sorge um andere Menschen und von echtem Abschiedsschmerz zeugen. Nur ist das nicht immer so. Emotional liegt das Hauptgewicht möglicherweise auf dem Arrangement mit dem Schicksal: «Ich will noch leben.» Erst in der konkreten Begegnung kann der Seelsorger merken, wie solche Aussagen eigentlich gemeint sind.

Menschen behalten diese Gedankengänge sehr oft für sich. Oft spüren sie selber, wie unrealistisch ihre Versuche sind. Sie sagen ihre tiefsten Wünsche vielleicht still in ihren Gebeten. Das Gebet kann natürlich zum Arrangieren einladen. Aber das muß nicht verkehrt sein. Überhaupt sollen wir die verschiedenen Aspekte des Sterbeprozesses nicht moralisch bewerten, als ob nur die reife Annahme des bevorstehenden Todes richtig wäre. So würden wir das Ziel des Prozesses verabsolutieren und die Zugangswege zu diesem Ziel vernachlässigen und unterbewerten. Sterben ist ein Weg und jeder Schritt hat seine Bedeutung und Würde.

e) Traurigkeit

Der schwerste Schritt im Sterbeprozeß ist der zum Schmerz um den Abschied vom Leben. Wer das Wissen um den bevorstehenden Tod nicht mehr verdrängt, sich nicht mehr auflehnt und auch kein Arrangement mehr sucht, wird frei für die Traurigkeit. Sie kann sehr tief gehen. Aber sie ist verheißungsvoll. Sie ist der letzte Schritt vor der Annahme.

Viele Menschen haben aber Mühe, ihre Traurigkeit zu empfinden und zu zeigen. Ihre Umgebung versucht leider manchmal auch noch, sie am Gefühlsausdruck zu hindern. Diese Abwehr wurzelt in der oberflächlichen Meinung, daß Traurigkeit etwas Schlechtes ist, das man vermeiden muß. Seelsorge soll Traurigen immer die Möglichkeit geben sich offen zu zeigen. Nicht immer benützt der Traurige die Gelegenheit, aber oft nimmt er das Angebot gerne an.

Verdrängte Traurigkeit führt zu Resignation, zu bitterer Bedrücktheit. Gelebte Traurigkeit hat eine Zukunft. Traurigkeit ist Leben, Resignation ist Tod. In Herrn Pfeiffer treffen wir jemanden, der traurig ist, und in seinem Seelsorger jemanden, der den Weg zum traurigen Menschen findet (s. S. 167).

f) Annahme

Das Ziel des emotionalen Sterbeprozesses ist erreicht, wenn Menschen sich ihrem Sterben ergeben und innerlich ihren Weg bejahen. Diese Annahme setzt Ruhe, Frieden und sogar Freude frei. Selten ist sie ein Dauerzustand. Die Annahme des Sterbens ist eher ein befristeter Akt. Wer heute bejahen kann, lehnt sich morgen vielleicht wieder auf, oder er resigniert. Körperliche Schmerzen können dabei eine wichtige Rolle spielen, auch das Sichhinzichen des Leidens. Die zwei letzten Begegnungen dieses Abschnittes (s. S. 173 und S. 176) zeigen Menschen, die ihr Ableben akzeptieren.

17: Ungeteiltes Leid –
Seelsorge an den Angehörigen

Krankenhauspfarrer Paul Bühler (37) besucht Herrn Aebischer, der seit zwei Wochen auf der Privatabteilung für innere Medizin bleiben muß. Er hat dem Seelsorger angedeutet, daß er sehr krank sei. Aber die Anwesenheit seiner Frau verhindert ein tieferes Gespräch, auch während des zweiten Besuches. Übrigens ist die Frau sehr freundlich zu Paul. Sie ist den ganzen Tag bei ihrem Mann. Sie versucht offensichtlich, eine heitere Atmosphäre zu verbreiten. Paul merkt, daß sie eine offene Aussprache mit ihrem Mann subtil verhindert.

Inzwischen hat Paul vom Arzt und von den Schwestern vernommen, daß der Patient todkrank sei und daß sowohl er als auch seine Frau klar darüber informiert worden seien. Als er zum dritten Mal zu Herrn Aebischer gehen will, begegnet er der Frau auf dem Korridor. Plötzlich kommt ihm die Idee, offen mit ihr über die Betreuung des kranken Mannes zu reden. Er erlebt Folgendes:

Frau Aebischer grüßt mich freundlich. «Ich bin Ihnen so dankbar, daß Sie meinen Mann besuchen. Wollten Sie gerade zu Ihm?» Sie ist wie immer sehr gepflegt gekleidet. Über die gesellschaftliche Korrektheit hinaus strahlt sie etwas Liebes und Warmes aus.

«Grüezi, Frau Aebischer. Ja, ich wollte Ihren Mann besuchen. Wie geht es ihm?»

«Es ist nicht sehr gut, nein, leider.»

«Ich habe vom Arzt vernommen, daß er sehr krank ist», sage ich. «Ich hätte gerne einmal mit Ihnen allein geredet, haben Sie gerade einen Moment Zeit?»

Sofort ist sie einverstanden. Wir schauen uns um. In einer Ecke stehen Stühle, dort nehmen wir Platz. Es ist kein idealer Gesprächsort, aber wir sind doch ziemlich ungestört. Die Sitzecke liegt abseits vom Korridor, in dem Schwestern, Patienten und Besucher umhergehen.

«Ich nehme an, daß es für Sie auch ganz besonders schwer ist», fange ich an.

«Ach, wissen Sie, ich kann mich selber jetzt zurückstellen. Ich möchte alles tun, daß es meinem Mann erträglich geht. Ich weiß, daß ich ihn verlieren muß, aber soweit denke ich noch nicht. Jetzt ist er da. Ich komme jeden Tag, ich kann mich gut so einrichten.» Sie redet ruhig, nicht unbetroffen, aber scheinbar souverän.

«Ich spüre auch», sage ich, «wie Sie sich Mühe geben, es Ihrem Mann recht zu machen. Also rechnen Sie eigentlich mit dem Schlimmsten. Aber ich habe den Eindruck, mit Ihrem Mann reden Sie nicht darüber?»

«Nein», sagt sie, «ich versuche mich zusammenzunehmen und ... einfach ...» Sie schweigt und sieht hilflos vor sich hin.

«Das Leid erleichtern, das möchten Sie», helfe ich ihr.

«Ja, daß er wirklich die Hoffnung nicht ganz verliert.»

Das Versteckspiel am Sterbebett

In keiner Situation wird die Verlogenheit einer Lebenshaltung, die nur das Schöne gelten läßt und das Schwere überspielt, so bitter und problematisch als im Umgang mit Sterbenden. Menschen, die jahrzehntelang miteinander umgegangen sind, machen einander im Angesicht des Todes etwas vor. In der naiven Annahme, daß es menschlicher ist, Elend und Schmerz zu verstecken als offen wahrzunehmen und mitzuteilen, lassen sie einander allein in ihren Leiden, in ihrer Angst und in ihrer Verzweiflung. Die Isolation des Leidenden wird damit verstärkt und bestätigt. Am Sterbebett führt diese Lebenshaltung zum Theater. Jeder weiß, wie der Zustand wirklich ist, aber keiner redet darüber. Jeder bleibt für sich allein. Gemeinschaft wird verweigert an dem Ort, wo man emotional mit Leib und Seele engagiert ist. Menschen machen das natürlich nicht von ungefähr. Es sind Ängste, die uns zu diesem Versteckspiel treiben. Die Angst, hilflos und traurig zu sein, führt zu Verkrampfungen, die Fassung und Souveränität vortäuschen. Der «Gewinn» ist, daß man sich nicht hingeben, daß man sich nicht dem wirklichen Leben ausliefern muß. Wie ein zögernder Schwimmer nicht vom Sprungbrett springt, bleibt man auf Distanz und muß sich nicht engagieren. Der Preis ist die Einsamkeit.

Die Alternative ist Offenheit. Sie führt nicht nur zur Befreiung aus Isolation und Theater, sie läßt auch die Schmerzen als Schmerzen empfinden, sie läßt das Leben erleben, so wie es ist. Es gibt Kranke, die das nicht oder noch nicht ertragen wollen. Seelsorger sollen das respektieren. Die Informationen des Arztes sind in diesem Zusammenhang wichtig. Der Arzt kann gute Gründe haben, einem Patienten nicht einfach «alles» zu sagen. Er kann auch schlechte Gründe haben, und das ist ein Problem für sich, das ich hier nicht besprechen will. In unserem Gespräch hat der Arzt Herrn und Frau Aebischer «alles» gesagt. Das Problem liegt nicht beim Arzt, es liegt bei ihnen. Die Frau zeigt mehr Zurückhaltung als ihr kranker Mann. Sie ist dabei keine Ausnahme, die Kranken tendieren in der Regel eher zur Wahrheit als die Angehörigen. Paul wagt den Versuch, den beiden zu mehr Offenheit zu verhelfen. Auf der Offenheit liegt Gottes Verheißung. Gott ist Licht und in ihm ist keine Finsternis.

Nicht immer vermag der Seelsorger Kranke und Angehörige zur Offenheit zusammenzuführen. Aber manchmal bekommt er die Gelegenheit, Menschen auf ihre Haltung im Umgang mit sterbenden Angehörigen anzusprechen. Manche wollen gerne hören, was er ihnen aus seiner Erfahrung sagt. Die gesellschaftliche Mode des Versteckens ist nicht die einzige Kraft, die im Menschen wirkt. Fast jeder Mensch ist auf eine ehrliche, liebevolle Offenheit ansprechbar. Oft weiß man einfach nicht, wie damit anzufangen wäre. Eine konkrete Aussprache mit dem Seelsorger kann entscheidend zum guten Umgang mit dem Sterbenden beitragen.

«Vielleicht täusche ich mich», wende ich ein, «aber ich fürchte, daß ihm das ein Gefühl des Alleinseins gibt, wenn Sie versuchen, so optimistisch mit ihm zu sein. Ich verstehe, was Sie damit wollen, Sie wollen ihm Mut machen. Aber ich vermute, daß Sie ihm erst dann Mut machen, wenn Sie ehrlich und offen mit ihm reden über seinen Zustand.»

«Mache ich es ihm dann nicht schwerer?» fragt Frau Aebischer.

«Sie meinen, daß ihm am meisten geholfen wird, wenn Sie ihn ablenken?» versuche ich sie zu verstehen.

«Ja? Ich weiß auch nicht.»

«Ich selber glaube, Ihrem Mann würde ein Stein vom Herzen fallen. Er macht oft Andeutungen, daß er offen reden möchte.»

«Ja, das ist wahr», sagt sie.

«Aber vielleicht ist es für Sie auch nicht so leicht, offen mit ihm zu reden?»

«Wir haben zwar viel miteinander geredet, immer. Aber ich finde es selber jetzt auch schwierig. Was sagt man? Vielleicht weint er auch.»

«Eben, Sie fühlen sich selber auch fast überfordert und unsicher. Aber Sie müssen gar nicht soviel machen, nur zuhören, ihn sagen lassen, wie es ihm zumute ist. Das verbindet stark. Er möchte sein Leiden teilen. Das macht Mut.»

«Ja, das könnte schon sein. Ich könnte ihn einfach einmal fragen, wie geht's? Das habe ich jetzt absichtlich nicht mehr gemacht.»

«Aus Angst, daß er Schweres sagen könnte?», frage ich.

«Ja, genau.»

«In dem Fall wäre es für Ihren Mann nicht so schwierig, über seinen Zustand zu reden. Er würde schon anfangen. Aber für Sie ist es schwer.» Es ist eine Weile still.

«Das stimmt. Das war mir nicht klar», sagt Frau Aebischer.

«Ich glaube, es brächte sie viel näher zueinander. Im Grunde genommen wissen sie beide, wie es steht, aber sie machen beide ein Geheimnis daraus.»

«Ja», sagt sie, «das Wichtigste wird nicht ausgesprochen, das stimmt.»

«Dann brauchen Sie ziemlich viel Mut», sage ich.

«Doch, ich will ... wirklich ... machen was recht ist. Schwierig ist es so oder so.»

«Ich habe es Ihnen sagen wollen, obwohl ich Sie nicht gut kenne. Aber weil ich viel mit schwerkranken Menschen umgehe, habe ich gemeint, daß ich das darf.»

«Ich bin Ihnen sehr dankbar, Herr Bühler. Ich habe das sehr hilfreich gefunden, was Sie sagten.»

«Ich wünsche Ihnen alles Gute dazu. Wenn ich helfen kann, sagen Sie es mir.» Wir stehen auf und verabschieden uns.

Ermutigung zur Offenheit

Die Initiative zu diesem Gespräch geht vom Seelsorger aus. Es entsteht eher zufällig. Paul begegnet der Frau und benutzt diese Gelegenheit. Sonst hätte es vielleicht noch einige Zeit gedauert, bevor er sie gesucht hätte, oder es wäre nie zu einer Aussprache gekommen. Seelsorge findet nun einmal zum Teil in zufälligen Begegnungen statt.

Pauls Ziel ist, Frau Aebischer zu einer anderen, offeneren Haltung im Umgang mit ihrem Mann zu bewegen. Der erste Schritt, den er im Gespräch unternimmt (nachdem er seine Anteilnahme gezeigt hat), ist eine offene Herausforderung: «Ich fürchte, daß ihm das ein Gefühl des Alleinseins gibt, wenn Sie versuchen, so optimistisch mit ihm zu sein.» Ohne eine solche Offenheit können Seelsorger andere nie zu Offenheit auffordern. Paul verwirklicht selber, wozu er die Frau auffordern will. Natürlich darf die Herausforderung nicht brutal oder arrogant sein. Sie soll dem Anderen Raum lassen für eine andere Auffassung. Paul redet klar und doch bescheiden: «Vielleicht täusche ich mich?», «ich vermute». Er sagt nicht: «Das machen Sie verkehrt» oder «Sie müssen unbedingt ...» Er läßt der Frau Spielraum.

Der zweite Schritt ist für viele Seelsorger der schwierigste. Die Herausforderung löst beim Anderen fast immer Widerstand aus. Wie geht der Seelsorger damit um? Frau Aebischer sagt unter anderem: «Mache ich es ihm dann nicht schwerer?» Sie wehrt sich. Paul geht aber auf ihre Widerstände ein. Er gibt ihr Gelegenheit, eine andere Auffassung zu vertreten: «... sodaß ihm am meisten geholfen wird, wenn Sie ihn ablenken?» Die Frau kann feststellen, daß der Seelsorger versucht, ihre Sicht zu verstehen. Auch weiterhin im Gespräch hat er immer wieder eine verstehende Einstellung. Wie in allen Herausforderungen in der Seelsorge soll die Konfrontation mit Verstehen verbunden werden, sonst entartet das Gespräch in eine rationalistische Diskussion. Andererseits dürfen die rationalen Argumente nicht fehlen, sonst wird die Frau nicht zu einer kritischen Prüfung ihres Verhaltens veranlaßt. Paul verbindet Einfühlung und Herausforderung in vorbildlicher Weise. Wenn er Frau Aebischer herausfordert, vertritt er ihr gegenüber die Interessen ihres Mannes. Paul will ihr zu einer besseren Begleitung des sterbenden Patienten verhelfen. Aber er sieht nicht nur die Sache des Mannes. In den einfühlenden Aussagen nimmt er die Frau ernst, ihre Fragen, ihre Ängste. Daß gerade der Seelsorger sich für Offenheit in dieser schweren Situation einsetzt, ist ein lebendiges Zeugnis dafür, daß er im Dienst eines Herrn steht, der diese Situation in seiner barmherzigen Hand hält.

Das Problem der Wahrheit am Krankenbett ist meistens äußerst kompliziert. Die Andeutung des Kranken, daß er offen reden möchte, und die reflexionsfähige Haltung seiner Frau vereinfachen die Lage sehr. Insofern hat der Seelsorger hier keine schwere Arbeit gehabt.

18: Die Panik einer sterbenden Frau –
Stützende Seelsorge

An einem Morgen weist die Stationsschwester Silvia Keller, die als Seelsorgerin in einem Krankenhaus arbeitet und die der Leser schon kennengelernt hat (s. S. 39) auf eine Frau hin, der es sehr schlecht geht. Silvia entnimmt diesem Hinweis, daß die Patientin nicht mehr lange leben wird. Sie fragt die Schwester, ob die Frau Schmerzen habe. Das trifft mehr oder weniger zu. Aber das Problem scheint noch mehr ihre Angst zu sein. Die Krankenschwestern versuchen, möglichst viel im Zimmer dieser Frau zu sein. Aber sie wären sehr froh, wenn die Seelsorgerin sich auch Zeit für sie nehmen könnte. Silvia erzählt:

> Ich gehe in das Zimmer hinein und sehe Frau Padrutt. Bleich liegt sie im Bett, sie sieht elend aus und weint. Trotz der Vorinformation fühle ich mich überrumpelt. Die Frau ist jünger als ich erwartet habe, ungefähr fünfzig. Das Zimmer wirkt unheimlich. Alle Aufmerksamkeit ist auf die leidende Frau konzentriert. Ich finde eine gewisse Sicherheit vorläufig darin, daß ich alles langsam tue. So gehe ich auf Frau Padrutt zu und sage:
> «Grüezi, sind Sie Frau Padrutt? Mein Name ist Keller, ich bin hier Pfarrer im Hause.»
> Vor Weinen zuckend erwidert die Kranke:
> «Grüezi, Frau Pfarrer.» Wir begrüßen uns. Die Hand von Frau Padrutt ist feuchtwarm und zittert.
> «Darf ich zu Ihnen kommen?» forsche ich.
> «Ach, Frau Pfarrer!» seufzt die Frau. Ich setze mich. Ich beuge mich ein wenig vornüber und ruhe mit den Ellbogen auf den Knien. Ich bin ziemlich nahe beim Gesicht der Kranken und schaue sie an. Die Frau weint jetzt stärker als vorher.

In Situationen von Panik ist Beschwichtigung nötig

Die Seelsorgerin benimmt sich entschieden. Obwohl sie ungebeten kommt, nimmt sie sofort an, daß sie willkommen ist, und setzt sich in große Nähe von Frau Padrutt. Sie zeigt damit, daß sie eine stützende Einstellung annimmt. Diese Haltung ist richtig. Der Seufzer «Ach, Frau Pfarrer» ist ein klares Signal, daß Silvia bleiben soll. Frau Padrutt ist hilflos, das wird besonders durch ihr schluchzendes Weinen deutlich. Die Information der Stationsschwester hat Silvia natürlich geholfen, die Situation sofort zu verstehen. Frau Patrutt ist ihrer Lage innerlich nicht gewachsen, sie braucht Unterstützung.

Hier ist es nötig, zwischen stützender und beratender Seelsorge zu unterscheiden. Wenn Menschen von Notsituationen überwältigt werden und sich hilflos und ausgeliefert fühlen, geraten sie manchmal in eine

154

Panik. Ein klärendes Gespräch, das versucht, genauer zu verstehen, was eigentlich geschieht, ist da selten am Platz. Menschen in Panik brauchen Halt. Ein Stärkerer soll sie an der Hand nehmen und führen. Das beruhigt sie ein Stück weit. Es macht ihnen klar, daß sie nicht der Verdammnis entgegengehen, sondern daß sie auch jetzt getragen und gehalten sind.

Panik ist eine besondere Form, ein schockierendes Erlebnis abzuwehren. Einerseits bedeutet Panik, daß Menschen sich total dem Unheil ausgeliefert fühlen, andererseits aber – das unterscheidet die Panik von der Resignation – ist sie ein gewaltsamer Versuch, die Situation zu verändern und das Unheil ungeschehen zu machen. In der Panik verlieren Menschen ihre Fassung, weil sie die Situation, die ihnen aufgedrängt wird, nicht wahrhaben und ungeschehen machen wollen. Ihre Betroffenheit und ihre Angst überfluten sie. Den Gegensatz zum panischen Verhalten finden wir dort, wo Menschen ihre Betroffenheit verlieren und sich hinter einer Fassade verstecken. Reifes, unbefangenes Verhalten ist ein Gleichgewicht zwischen Gefaßtsein und Betroffensein. Wo dieses Gleichgewicht nach der einen oder der anderen Seite gestört wird, eben zum Fassadenverhalten oder zur Panik, wehren Menschen die Realität innerlich ab.

Menschen in Panik kann man nur helfen, indem man ihnen zu ihrer Fassung zurückhilft. Eine emotionale Katharsis hilft hier eben nicht. Nur Stützung und Beschwichtigung führt sie zu sich selber zurück. Die Aufgabe des Seelsorgers ist es, die rechte Beschwichtigung zu finden. Wie kann Silvia dieser Frau eine Stütze sein?

Ich schaue die Frau eine Weile an. Warme Gefühle für die verängstigte Kranke entstehen in mir. Jetzt will ich etwas sagen.

«Ja, Frau Padrutt», sage ich und gleichzeitig lasse ich meine linke Hand über die Hand von Frau Padrutt gehen, ganz leise.

«Es ist so schwer, ich kann nicht mehr!» ruft die Kranke, lauter jetzt. Nervös rollen ihre Augen hin und her. In einem viel ruhigeren, langsamen Ton erwidere ich:

«Sie haben keine Kraft mehr», während ich meine Hand nochmals leise über der ihren bewege. Heftig schluchzend sagt sie:

«Nein, beten Sie für mich. Daß ich wieder aufstehen kann, nur wieder aufstehen und ans Lavabo stehen!» Die Hand der Kranken hat sich umgedreht und umfaßt nun meine Hand, mit einem festen Druck.

Mein Herz klopft. Was soll ich überhaupt? Aber eine klare Stimme sagt mir, daß ich aufrecht bleiben muß.

«Ich bete für Sie», sage ich und schaue die Frau an.

«Ich kann nicht beten. Auf mich hört Gott nicht.»

«Er hört Sie schon. Auch wenn Sie nichts mehr sagen können.»

«Aber ich spüre nichts.»

«Das ist schwer. Aber er hört Sie trotzdem, auch wenn Sie nichts spüren.»

«Ich sage es Ihnen dann, wenn ich etwas spüre.»

«Ja.»

Beruhigung durch klaren Widerspruch

Gewaltig sind die Kräfte, die über Frau Padrutt gekommen sind. Sie fühlt sich total verzweifelt. Ihre Stimme schreit und ihre Augen sind unruhig vor Angst. Silvia läßt sich von dem Elend nicht überwältigen, obwohl sie sehr betroffen ist. Sie will ruhig und stark bleiben, und das gelingt ihr. Das ist wichtig in dieser Situation. Jetzt ist Silvia der einzige Halt für die verzweifelte Frau. Dieser Halt soll bestehen. Sie bleibt entschieden, wenn die Frau alles in Frage stellt: Gott hört nichts, ich spüre nichts. Die unausgesprochene Botschaft von Silvia ist: Hab keine Angst, Du gehst nicht verloren. Das steht in klarem Widerspruch zu den Befürchtungen der Frau. Die Frau läßt sich führen: «Ich sage es Ihnen dann, wenn ich etwas spüre.» Es ist fast naiv, wie von einem Schüler.

Die Seelsorgerin vermeidet eine berüchtigte Falle. Frau Padrutt macht aggressive Aussagen. Besonders klar wird das in den Worten: «Auf mich hört Gott nicht.» Sich aber in diese Aggressivität einzufühlen, wäre jetzt aussichtslos. Silvia würde sich in Nebensächlichem verstricken, wenn sie es täte. Denn die Hilflosigkeit, die Verzweiflung ist das Grundgefühl von Frau Padrutt, nicht die Aggressivität. Die Angriffe sind nur flüchtige, kurze Versuche der hilflosen Situation zu entgehen.

Dieser Gesprächsabschnitt zeigt ein klares Nebeneinander von Verzweiflung und Beruhigung. Es findet ein Kampf statt zwischen der verzweifelten Frau und der beruhigenden Silvia. In einer klärenden Beratung wäre dieses Vorgehen falsch, weil die Frau sich nicht verstanden fühlte. In der stützenden Seelsorge ist ein solcher Kampf oft das einzig Richtige. Hier verlangt der andere unbewußt, daß der Seelsorger seinen Ängsten widerspricht und ihm Halt bietet. Die Kranke hofft im Grunde, daß Silvia den Kampf gewinnt. Deshalb hat Silvias Widerspruch auch ein Chance.

Einige Momente ist Frau Padrutt ruhig. Ab und zu bewegt sie ihre Hand. Ich merke, daß die Berührung ihr wohltut. Sie blickt jetzt schräg vor sich hin. An der Wand hängt ein Spruch. Ich schaue hinauf. Die Frau sagt: «Da steht: ‹Befiehl dem Herrn Deine Wege ...› aber wie soll ich denn das machen, ich habe ja gar nichts mehr zu befehlen.» Sie sagt es nicht vorwurfsvoll, eher kraftlos. Ich bin jetzt unsicher. Will die Frau über die biblischen Worte reden? Oder sind sie ihr einfach ein Anlaß, nochmals ihre Hilflosigkeit auszusagen?

«Sie fühlen sich ganz hilflos.»

«Ja, hilflos.»

«Das heißt auch nicht befehlen im Sinn von anordnen, sondern anbefehlen, im Sinn von anvertrauen.» Ist das jetzt nicht zu gelehrt? Rede ich an der Frau vorbei? Versteht sie das?

«Anvertrauen?» sagt sie, als ob sie meint: «Auch das noch?» Nach meinem «Ja», fährt sie fort: «Ich will nicht.» Es tönt resigniert. «Ich will, daß es schnell geht oder besser wird.»

«Entweder Sie werden wieder gesund, oder dann soll es wenigstens schnell gehen», wiederhole ich. «Das wünsche ich auch für Sie.»

Jetzt weint Frau Padrutt wieder. «Entschuldigen Sie, Frau Pfarrer, ich kann mich nicht mehr halten.»

«Sie müssen es nicht», erwidere ich und streiche wieder ihre Hand.

Es ist eine Weile still. Die Kranke hat sich beruhigt und dann fragt sie: «Frau Pfarrer, was raten sie mir, was soll ich tun?» Jetzt wird es mir fast zuviel. Was soll ich bloß sagen und raten? Ich fühle mich fehl am Platz, aber die Worte kommen einfach:

«Ich kann Ihnen nicht raten. Nein, ich kann Ihnen nicht raten.» Meine Hand geht über das Handgelenk von Frau Padrutt.

«Was tun Sie für mich?» sagt diese, mit fragenden Augen. Jetzt weiß ich plötzlich wieder weiter.

«Ich bete für Sie und ich besuche Sie.»

«Das ist gut.»

«Sie können es der Schwester sagen, wenn ich kommen soll. Und morgen komme ich auf alle Fälle.»

«Gut.»

Die kranke Frau ist merkwürdig beruhigt. Ich bin selber erstaunt. Die ganze Atmosphäre hat etwas Friedliches. Keine Freude, aber Ruhe. Nach einiger Zeit habe ich den Eindruck, daß ich gehen kann. Alles scheint gesagt und mitgeteilt zu sein. Ich nehme nochmals Frau Padrutts Hand und sage: «Auf Wiedersehen, Frau Padrutt. Gott wird Ihnen Kraft geben.»

Die Frau hält meine Hand festumklammert. Ich ahne, daß der Abschied nicht einfach sein wird. Ich stehe langsam auf, lege meine rechte Hand auf die Stirn der kranken Frau.

«Gott segne Dich und behüte Dich. Amen.»

«Danke, Frau Pfarrer», sagt sie und blickt zugleich erleichtert und verängstigt zu mir auf.

Ich gehe. Bei der Türe schaue ich mich noch einmal um. Frau Padrutt hat die Augen zu. Leise gehe ich durch die Türe. Ich fühle mich ziemlich erledigt und ausgepumpt. Ich suche das Stationszimmer auf und Gott sei Dank ist die Schwester da. Ich will jemandem erzählen, wie schwer es für mich war. Zu meinem eigenen Erstaunen bin ich eine starke Stütze gewesen für jemanden, der zweimal so alt ist wie ich. Aber es hat mich viel gekostet, trotzdem ich bei Frau Padrutt in meinem Auftreten die Sicherheit in Person war.

Am gleichen Tag noch starb Frau Padrutt.

Nähe und Halt als Sterbehilfe

Es ist offensichtlich, daß der Besuch von Silvia der Frau wohlgetan hat. Wo ihr Vertrauen von der beängstigenden Situation angeschlagen war, zeigte Silvia durch ihre ruhige Entschiedenheit und ihre zärtliche Nähe, daß die Frau nicht verzweifeln muß. Die Frau erwartete viel von Silvia: «Was raten Sie mir?», «was tun Sie für mich?». In der Situation von Frau Padrutt verkörpert Silvia eine Art mütterliche Hilfe. Gott tröstet, «wie eine Mutter» (Jes. 66,13). Danach sehnt sich die sterbende Frau.

Im nichtverbalen Bereich geschieht viel Wichtiges. Durch die Hände strömt Wärme und Nähe. Es gibt wohl kein klareres Zeichen von Nähe als körperliche Berührung. Offenbar ist das Frau Padrutt wichtig, denn sie beteiligt sich aktiv an dieser nichtverbalen Begegnung.

Die Schwierigkeit für Silvia bestand darin, auf die Wirkung ihrer Nähe und Entschiedenheit zu vertrauen. Ist das eine Hilfe für einen Sterbenden? Ja! Keine Hilfe im medizinischen Sinne. Aber Hilfe in der Form von Gemeinschaft zwischen Menschen angesichts einer schweren Lage. «Ich bete für Sie, und ich besuche Sie.» In ganz einfachen Worten sagt sie der Frau, daß der unsichtbare Gott für sie da ist und auch die sichtbare Seelsorgerin. Die Frau versteht sofort. «Das ist gut.» Und sie beruhigt sich. Neben ihrem Frieden lebt die Unruhe zwar weiter, aber der Trost des Evangeliums hat sich neben die scheinbar verzehrenden Ängste gestellt. Mitten in der Not ist Hoffnung ausgerufen worden in einer Weise, die die Kranke annehmen kann. Das kräftige, liturgische Segenswort am Schluß, zusammen mit der Hand auf der Stirn, faßt nochmals die Essenz des ganzen Besuches zusammen.

Die Gefahr von Besuchen bei Sterbenden ist, daß man zuviel redet über Dinge, die nicht mehr wichtig sind: Familie, Vergangenheit und so weiter. Silvia weiß fast nichts von der Frau, aber sie hat es verstanden, mit dem, was die Frau ihr gezeigt hat, die seelsorgerliche Beziehung zu gestalten.

19: Die Warum-frage –
Erlaubnis zum Protest

Walter Hagmüller ist Pfarrer in einer kleinen Gemeinde und betreut als Nebenaufgabe eine chirurgische Abteilung des Bezirksspitals. Seit einigen Wochen besucht er Frau Hedinger. Sie hat berichtet, daß sie schwer krank sei und mit einem baldigen Sterben rechnen müsse. Im Schwesternrapport vernahm Walter, daß Ärzte und Schwestern sehr offen mit Frau Hedinger reden und daß sie mutig versucht, mit der Realität zu leben. Sie sei eine freundliche und kooperative Patientin, man gehe gerne zu ihr. Lesen macht ihr Mühe, deshalb hat sie einen Fernseher in ihrem Zimmer. Sie bekommt regelmäßig Besuch von ihrem Mann und ihren Kindern. Sie stammt aus Deutschland und redet am liebsten Hochdeutsch. Zum Seelsorger hat sie eine herzliche Beziehung entwickelt. Die Frau ist erst 57 Jahre alt. Trotz des schweren Schicksals hat Walter die Gespräche bisher nicht schwierig gefunden. Frau Hedinger scheint ihre Lage ziemlich zu akzeptieren. Walter besucht sie zum vierten Mal:

Frau Hedinger liegt allein in einem Zweierzimmer. Sie sitzt aufrecht im Bett, eine bunte Strickjacke locker um die Schultern.

«Grüezi, Frau Hedinger, sind Sie heute allein?» sage ich und trete auf sie zu.

«Das ist aber nett, daß Sie kommen, Herr Pfarrer. Meine Mitpatientin ist heute entlassen worden und erst am Montag soll jemand anderes kommen.»

Wir geben uns die Hand und ich nehme mir einen Stuhl. «Ist Ihnen das angenehm, so allein?» frage ich.

«Ja doch, es macht mir nichts aus.» Frau Hedinger scheint heiter wie immer.

«Wie geht es Ihnen?» informiere ich mich.

«Es geht. Natürlich wird es nicht besser, aber die Schmerzen sind erträglich», sagt sie gefaßt. «Aber ich habe eine Frage, über die ich mich gerne mit einem Theologen unterhalten würde.»

«Das interessiert mich.» Ich bin gespannt. Irgendwie spüre ich, daß etwas Schwieriges auf mich zukommt. Es ist ein Gefühl, als ob ich etwas Böses getan hätte und Prügel bekommen könnte. Ist es ein bestimmter Ton in ihrer Stimme, der mich warnt?

«Am Fernsehen zeigte man gestern einen Film über die Flüchtlingslager in Pakistan.» Sie erzählt einige Details über entwurzelte Menschen, Kinder in der Kälte, Menschen, die nicht wissen, ob ihre Verwandten noch leben. «Da ist mir die Frage gekommen, warum Gott so etwas Schreckliches zuläßt. Daß ich krank bin und vielleicht sterben muß, ist im Grunde eine kleine, individuelle Sache. Nicht wichtig. Aber was dort unnötigerweise an Tausenden geschieht, das schreit zum Himmel. Gibt es eine göttliche Weltregierung? Wie sehen Sie das?»

«Da stellen Sie mich vor eine schwierige Frage», sage ich. «Ich kann nicht einfach anfangen, eine Antwort zusammenzutragen. Was macht Ihnen Mühe? Fragen Sie sich, wie soviel Elend sich vereinbaren läßt mit dem Glauben an Gottes Liebe und Führung?»

«Das ist genau meine Frage. Wenn uns gesagt wird, Gott liebe die Welt, wie ist so etwas dann überhaupt möglich?» Sie blickt mich an. Ich spüre etwas Dringendes in ihrer Rede. Leicht nervös spielt sie mit den Fingern ihrer gefalteten Hände.

Ich denke einen Moment nach. Ich sage ihr: «Und das ist Ihnen nicht nur ein gedankliches Problem, wenn ich Sie recht verstehe, sind Sie auch erschüttert, vielleicht empört darüber.»

Signale der Aggression

Wer das Gelingen dieses Seelsorgegesprächs genau entdecken will, soll auf die Art achten, wie der Seelsorger den Weg zur Aggression dieser Frau findet. Das Umgehen mit aggressiven Gefühlen gehört zu den schwierigsten Aufgaben in der Seelsorge und im Kontakt mit Menschen überhaupt.

Wenn Menschen vom Leben verletzt werden, weckt das eine Gegenkraft, einen Widerstand in ihnen. Manchmal ist diese Reaktion klar erkennbar, manchmal versteckt sie sich auch. Neben der Traurigkeit ist die Aggression eine innere Verfassung, die viele Menschen ungern zeigen. Das wurzelt zum Teil in einer repressiven Erziehung, aber zum Teil ist das Zeigen aggressiver Gefühle grundsätzlich eine heikle Sache. Man entblößt seine Emotionen und macht sich damit verletzbar. Das verlangt Mut und Hingabe. Die natürliche Auflehnung gegen eine Verletzung wird darum oft lieber versteckt. Die aggressiven Gefühle sind zwar da, aber man versucht sie zu überdecken. Sie sollen nicht zum Thema werden.

Bei Menschen in tödlicher Krankheit wächst mit der Zeit auch eine Aggression. Sie würden gerne weiterleben. Weil sie aber spüren, daß das nicht geht, fangen sie an, sich gegen ihr Schicksal aufzulehnen. Sie wollen innerlich nicht mitmachen, auch wenn diese Auflehnung sinnlos und nutzlos ist. Das Sinnlose dieser Aggression ist mit ein Grund, weshalb man sie am liebsten versteckt, macht man sich doch lächerlich damit. Wer kämpft schon gerne gegen einen übermächtigen Feind? Äußerlich scheinen Menschen in einer solchen Lage ausgeglichen, aber tief in ihrer Seele tobt die Wut darüber, daß sie in eine aussichtslose Position geraten sind. Ihre Vernunft lehrt sie, daß Sinnloses besser unterlassen bleibt. Also darf sich die Aggression nicht zum Ausdruck bringen. Damit bleibt der betreffende Mensch ganz allein mit seiner Auflehnung, die sich in der Stille regt.

Starke Gefühle verschwinden aber erst, wenn sie sich mitgeteilt haben und zum Ausdruck gekommen sind. Bevor es soweit ist, wühlen und drängen sie in uns. Heimlich kommen sie zum Ausdruck in ungewollten Signalen. «Wenn der Mund schweigt, schreien die Organe.»

Das kann in dramatischer Form in einer psychosomatischen Erkrankung erfolgen, aber auch abgeschwächter in momentanen Körperreaktionen. Hier soll der Seelsorger sensitiv sein. Was Menschen mitteilen möchten, gleichzeitig aber zurückhalten wollen, deuten sie manchmal mit feinen Andeutungen an, ohne daß es ihnen selber bewußt ist. Walter spürt, daß «etwas Schwieriges» auf ihn zukommt, wenn Frau Hedinger von der Frage redet, über die sie sich gerne mit einem Theologen unterhalten möchte. Wie kann Walter das merken? Er vermutet selber, es sei etwas in ihrer Stimme gewesen. Vielleicht hat sie ein wenig lauter als sonst, oder etwas schneller oder langsamer, nachdrücklicher geredet. Möglicherweise ist es die Betonung von «gerne» oder die Wortwahl «unterhalten», die Walter andeutet, daß etwas Geladenes auf ihn zukommt; vielleicht ist es die Tatsache, daß sie den «Theologen» in ihm anspricht. Er fühlt sich herbeizitiert, das heißt: angegriffen. Genau kann Walter noch nichts wissen, dafür sind die Signale zu wenig klar und zuverlässig. Die Frau hat es offenbar nötig, mit Andeutungen anzufangen, wahrscheinlich weil Offenheit ihr zuviel Angst macht. Wichtig ist aber, daß Walter sich seine eigenen Gefühlsreaktionen bewußt macht: Er fühlt sich wie ein böses Kind herbeizitiert. Dieser Eindruck kann völlig verkehrt sein. Das zeigt sich dann. Walter soll also kritisch sein, auch sich selber gegenüber. Wir alle haben manchmal falsche Vermutungen über die Absichten anderer. Ängstliche Menschen zum Beispiel fühlen sich fast immer angegriffen. Ihre eigene Problematik entstellt ihre Sinneseindrücke. Die eigenen spontanen Gefühle und Phantasien dienen dem Seelsorger nur als Vermutung. Er soll wach und offen bleiben, damit er feststellen kann, ob sich seine Vermutung bestätigt oder als falsch erweist.

Walter hat aber richtig gespürt. Frau Hedinger hat tatsächlich zu einem Angriff ausgeholt. Sie kommt mit der berüchtigten Warumfrage. Das ist fast immer ein klares Zeichen, daß Menschen ihre Aggression ausdrücken wollen. Sichtbar, besprechbar wird aber nur ein gedankliches Problem, eine theologische Frage. Damit werden die Emotionen oft ausgeschaltet. Aber unterschwellig lodert meist ein Feuer, nämlich die existentielle Angst und die Auflehnung gegen das Schicksal. Statt auszurufen: «Ich will nicht!», «Nein!», «Ich habe Mühe, es tut mir so weh!» versteckt man seine Aggression hinter der theologischen Frage: Wie läßt sich die Existenz Gottes behaupten angesichts des Leidens in der Welt?

Hier ist der Seelsorger in Gefahr, sich zu einer gedanklichen Diskussion verleiten zu lassen. Wörtlich genommen, lädt Frau Hedinger dazu ein. Aber Walter hat nicht nur ihre Worte gehört, auch ihren Ton. Er fühlt den Angriff. Seine Vermutung bestätigt sich. Frau Hedinger greift

Gott an, und er, der «Theologe», muß den Angriff in Empfang nehmen. Jetzt ist nicht der Augenblick für eine theologische Diskussion, die würde am Tieferen, am Hauptanliegen der Frau, vorbeireden.

Walter muß aber vorsichtig sein. Frau Hedinger hat erklärt, es ginge nicht um sie persönlich, ihr individuelles Schicksal sei «nicht wichtig». Damit hat sie natürlich gleichsam einen Rauchvorhang ziehen wollen. Wenn Menschen sagen, was wir «nicht» meinen sollen, lenken sie fast immer, ungewollt, unser Interesse genau auf das, was ihnen unbewußt wichtig ist. Aber sie mahnen uns damit auch zur Vorsicht, weil sie offenbar Mühe haben, klar darüber zu reden.

Walter reagiert vorsichtig. Er tut nicht, als ob er sofort versteht, was Frau Hedinger meint. Er tastet ab, ob er auf der rechten Spur ist. «Fragen Sie sich, wie soviel Elend sich vereinbaren läßt mit dem Glauben an Gottes Liebe und Fügung? Er sagt nochmals in seinen eigenen und klaren Worten, welches Problem vorliegt. In der bestätigenden Reaktion der Frau spürt er etwas Dringendes, also wieder Aggression. Jetzt kann er sicher sein, daß die Frau in einer tiefen Auflehnung steht und nicht nur ein akademisches Problem erörtert.

In der letzten Reaktion versucht Walter, von der gedanklichen zur emotionalen Schicht zu gelangen: «Erschüttert», «empört vielleicht». Behutsam versucht er, die Aggression in Frau Hedinger anzusprechen. Denn erschüttert sein, ist noch konventionell. Jeder kann ohne Gefahr sagen, daß er erschüttert ist. «Empört» ist schon ein gefährliches Wort. Menschen sind selten einfach bereit, zu ihrer Empörung zu stehen, deshalb: «vielleicht».

Schritt für Schritt findet Walter den weg zu Frau Hedinger. Er hört genau, was sie sagt, besser als sie es selber hört. Er sucht die Stelle, wo sie einsam leidet: ihre Auflehnung.

«Das kann man wohl sagen. Es geht mich natürlich nicht persönlich an, oder kaum, aber irgendwie sind wir ja alle Brüder. Aber die Menschen da, und die Kinder, da bleibt man doch nicht ruhig dabei?»

«Nicht ruhig, im Gegenteil, da erhebt sich ein Groll, daß ...»

«Ein Protest, im Namen der Menschlichkeit», unterbricht sie mich.» Ich erschrecke unter diesem Wort. Sie muß sehr aufgeregt sein.

«Ein Protest, ja jetzt verstehe ich Sie. Ich kann es auch mitfühlen, obwohl ich den Film nicht gesehen habe. Ein Protest.»

Wie sehen Sie das denn, Sie sind doch Theologe?» fragt sie mich, während eine klare Herausforderung in ihrer Stimme und in ihrem Blick liegt. Sinnlos verlegt sie ein Heft, das auf der Bettdecke liegt.

«Ein Theologe soll das erklären können, finden Sie. Das erwarten Sie von mir?», frage ich.

«Wahrscheinlich kommen Sie mit der Unbegreiflichkeit Gottes oder so was», sagt sie fast höhnend.

«Ich merke einfach, wie wichtig Ihnen dieses Problem ist und wie es in Ihnen kocht. Sie sind tief berührt und empört.»

162

«Ja, das stimmt. Es ist einfach in mir hochgestiegen», sagt sie und schaut ein wenig von mir weg.

«Ein Protest», sage ich.

«Ja, ein Protest!» wiederholt sie mit Kraft.

«Ich finde das auch hundsgemein, was dort wehrlosen Menschen angetan wird. Es macht mich sehr hilflos, daran zu denken.»

«Dann wissen Sie auch keine Antwort», fordert sie mich wieder heraus.

«Auf die Warumfrage, meinen Sie?»

«Ja, auf die Warumfrage», bestätigt sie.

«Auch ohne direkte Antwort läßt sich vielleicht darüber reden», versuche ich.

«Was sagen Sie denn dazu?»

«Pakistan ist weit weg. Reden wir im Grunde nicht von allem Leiden, auch von dem, was Sie individuell zu tragen haben?» wage ich.

Sie schweigt. Ihre Finger sind ruhig. Oder erstarrt?

«Vorher sagten Sie, Ihr eigenes Leiden sei nicht wichtig. Zahlenmäßig stimmt das wohl, wenn man an all die vielen Flüchtlinge denkt, Kinder und alles. Aber für Sie ist Ihr eigenes Schicksal wohl am nächsten. Da kommt die Warumfrage wohl auch.» Ich stehe unter einer ziemlichen Spannung.

«Ja, natürlich», stimmt sie zu.

«Und der Protest», fahre ich weiter.

«Der Protest auch, aber was hilft es?» sagt sie resigniert.

Personalisieren statt diskutieren

Dies ist der schwierigste Abschnitt des Gespräches. Vergegenwärtigen Sie sich die Ausgangsposition: Frau Hedinger ist empört über die Tatsache, daß Gott das Flüchtlingselend zuläßt. Walter hat den Eindruck, daß sie noch über für sie viel dringlichere Tatsachen empört ist, nämlich über ihre tödliche Krankheit. Er spürt aber, daß die Frau Mühe hat, offen darüber zu reden. Doch sucht sie unbeholfen über Pakistan einen Weg zu sich selber. Walters Aufgabe ist es, hier zur Offenheit zu verhelfen. Wenn er taktlos, grob oder ungeduldig ist, verschließt die Frau sich wieder ganz. Er soll sie erobern, ohne sie zu vergewaltigen.

Wichtig im Verlauf des Gespräches ist, daß Walter versucht, bei ihrem Gefühl zu bleiben. Die Frau tendiert dazu, Details von den Flüchtlingen zu erzählen. Walter nimmt ihre Aussage, daß man «nicht ruhig» dabeibleibt auf und sagt «ein Groll», worauf sie ihn mit einem pathetisch dargestellten «ein Protest» unterbricht. Dieses Wort hat Gewicht, weil es offenbar das Schlüsselwort für ihr Erleben ist. Walter übernimmt es sofort: «ein Protest».

Einen Moment lang identifiziert Walter sich mit ihr: «Ich kann es mitfühlen.» Später tut er das nochmals: «Ich finde das auch hundsgemein.» Oberflächliche Gesprächstechnik meint, daß Identifikation grundsätzlich falsch ist, weil in ihr die nötige Distanz verschwindet. Im Vollzug eines Gespräches sind vorübergehende, wenn man will: takti-

163

sche Identifikationen aber sehr hilfreich. Der amerikanische Pastoraltheologe Thomas Klink hat für solche Aktionen den Ausdruck «isomoodic interventions» benutzt (in: «Depth Perspectives in Pastoral Work», Philadelphia, 1969, S. 11), «gleichgestimmte Aussagen». Sie heben die notwendige Distanz zwischen den Gesprächspartnern nicht auf. Sie erzeugen warmes Mitsein, oft nur als Pause in einer Auseinandersetzung.

Immer nach solchen Aktionen fordert Frau Hedinger den Seelsorger aber heraus: «Sie sind doch Theologe», «Dann wissen Sie auch keine Antwort». Ihre Aggression entfacht sich immer, wenn Walter ihr näher kommt. Sie will eben kämpfen. Deshalb ist es richtig, daß Walter sich dieser Herausforderung stellt. Zuerst zielt er auf die Heftigkeit des Erlebens, damit sie sich in der Tiefe verstanden fühlt: «Es kocht in Ihnen, Sie sind tief berührt und empört.» Wieder erscheint das Wort «Protest», jetzt mit gesteigerter Kraft.

Nach ihrem «Was sagen Sie denn dazu?» hält es Walter endlich für richtig, den Durchbruch zu ihrem persönlichen Erleben, zur Erörterung ihres eigenen Schicksals zu wagen. In behutsamen aber sicheren Schritten geht er auf das Eigentliche zu: «Ihr eigenes Schicksal ... da kommt die Warumfrage wohl auch.» Frau Hedinger läßt sich finden. «Der Protest» kommt jetzt nochmals, ganz persönlich und intensiv, sofort in Verbindung mit der Ohnmacht, die alle Proteste gegen das Unabänderliche begleitet: «Was hilft es?»

Manche Betrachter mögen den Eindruck haben, daß Walter viel zu lange um den Brei herumgeredet hat. Ich glaube, daß er zu Recht so geduldig gewesen ist. Die Gefahr eines Abbruches oder eines Verschwindens in einen oberflächlicheren Kontakt ist bei Menschen wie Frau Hedinger sehr groß, weil sie zur Rationalisierung tendieren. Dieses Gespräch ist ein instruktives Beispiel für den Umgang mit Aggressionen, gerade wegen der scheinbaren Wiederholungen. In Wirklichkeit sind es die geduldige Intensivierung und die vorsichtige Personalisierung, die zum Ausdruck der Aggression führen. Durch die Behutsamkeit gelingt es, den Widerstand gegenüber einem Ausdruck der Gefühle auszuschalten.

«Ich kann es mir so gut vorstellen, Frau Hedinger, daß Sie manchmal die Fäuste ballen. Sie sind noch ziemlich jung, Sie möchten auch gerne leben, noch lange leben, und jetzt versuchen Sie tapfer und vernünftig zu sein und das gelingt Ihnen gut. Aber es lebt mehr in Ihnen als Vernunft und Tapferkeit. Der Protest ist auch da.» Während ich rede, hat sie meine Hand ergriffen. Ich merke, wie sie langsam die Fassung verliert. Unruhig klammern sich ihre Finger an mich. Sie weint still vor sich hin, ihre Nase ist bald verstopft, aber sie weint weiter.

«Sagen Sie es mir, sagen Sie es Gott, wie hart es für Sie ist und wie ungerecht es Ihnen erscheint,» rede ich ihr zu.

164

«Ich protestiere, ich protestiere!» sagt sie. Sie bringt die Worte fast nicht heraus. Dikkes Schluchzen hindert sie. Ein kindliches Weinen kommt aus ihr heraus, während sie fest meine Hand drückt. Wir reden nicht mehr. Ich sehe ihre Jacke, intensiver als zuvor, ihre bunte Strickjacke.

Die Klage

Nachdem Frau Hedinger ihren Protest, ihre Wut angekündigt hatte, war sie sofort resigniert. Welchen Sinn hat es, sich gegen Unabänderliches aufzulehnen? Sie ist eine relativ stark mit rationalen Argumenten überlegende Frau. Aber der Seelsorger führt sie dazu, einen irrationalen Protest doch zum Ausdruck zu bringen. Im vorliegenden Abschnitt redet er zuerst an ihrer Stelle. Er sagt ihr, was er sich «gut vorstellen» kann. Er nimmt ihre Klage ein wenig vorweg und bringt sie damit in Gang. Frau Hedinger kommt allmählich zu ihren tiefen, aggressiven Gefühlen. Jetzt deutet sie diese nicht mehr nur an, jetzt erlebt sie sie bewußt. «Ich protestiere!» sagt sie fast unverständlich. Das ist viel intensiver als vorher, als sie «über» ihren Protest sprach.

Achten Sie darauf, wie der Seelsorger ihr hilft: «Sagen Sie es mir, sagen Sie es Gott, wie hart es für Sie ist und wie ungerecht.» Das ist viel besser als eine Belehrung, «daß man klagen darf, weil das in der Bibel auch geschieht». Belehrungen würden die Intensität des Gespräches beeinträchtigen. Sie würden zu einer Reflexion über das Thema «Klage» führen. Die direkte Aufforderung zur Klage ist viel effektiver. Sie führt zum direkten Reden und Empfinden.

Auch in diesem Gespräch geschieht eine Katharsis, eine Reinigung durch den Ausdruck des schmerzlichen Erlebens. Psychohygienisch ist ein solches Geschehen sehr hilfreich. Ist es theologisch legitim? Was machen Menschen, wenn sie sich «sinnlos» auflehnen? In den Psalmen werden aggressive Ausdrücke oft von Lobpreisungen abgelöst, siehe zum Beispiel Psalm 42, 43, 77. Wer sich gegen Gott auflehnt, behaftet ihn bei seiner Verheißung. Die Klage ist ein fast verzweifeltes Festhalten an Gottes Gnade. Die Klage rechnet mit einer Veränderung zum Guten, sie resigniert nicht vor der Macht des Schicksals. In der Klage liegt die Hoffnung auf die Überwindung des Übels keimhaft verborgen (s. Manfred Josuttis, «Zur Frage nach dem Sinn der Krankheit», in: «Wege zum Menschen», 27. Jg., 1975, S. 17).

Die Alternative zur Klage ist nur scheinbar ein gläubiges Akzeptieren dessen, was Gott zu tragen gibt. In Wirklichkeit ist eine solche Annahme, sicher am Anfang eines Leidens, fast ausnahmslos eine Maske, die die wirkliche Alternative der Klage verdeckt: die Resignation. Wer mit Gott kämpft, rechnet mit ihm und wird von ihm gesegnet. Der Kampf mit Gott kann paradoxerweise zum festen Glauben zurückführen, aus der Resignation und aus der Gleichgültigkeit heraus.

Schließlich löst sie sich von mir und rafft sich auf. Sie putzt sich die Nase und atmet tief. Ich danke Gott im Stillen, daß nicht gerade eine Schwester oder eine Putzfrau unser Gespräch gestört hat.

Langsam erzählt sie mir jetzt, wie sie merkt, daß ihre Kraft abnimmt. Sie zählt mir auf, was alles gemacht wird. Eine Krankenschwester kommt herein, aber geht wieder, sobald sie mich sieht.

«Ich finde es schwierig, von Ihnen wegzugehen», sage ich endlich. «Ich fühle mich sehr mit Ihnen verbunden.»

«Es hat mir unsagbar wohlgetan, das alles einmal zu sagen», sagt Frau Hedinger.

«Die Frage haben wir noch nicht beantwortet», sage ich.

«Es ist eine schwierige Frage.»

«Im Glauben an Jesus Christus finden wir vielleicht auch selten Antworten. Aber wir finden ihn selber, den Herrn, den Gott, der mit uns geht und im Stillen treu ist durch alles hindurch. Auch bei Ihnen, Frau Hedinger.»

«Sie sind wirklich ein lieber Mensch», sagt sie mir. Das rührt mich tief.

Ich verabschiede mich nach einigen Momenten und verspreche ihr, nächste Woche wiederzukommen.

Die Antwort auf die Warum-frage

Nach dem elementaren Ausbruch von Emotionen ebbt das Gespräch langsam ab. In milder Atmosphäre wird noch einiges geredet.

Walter nimmt «die Frage» nochmals auf. Warum läßt Gott soviel Leiden zu? Nicht mehr drängend oder aggressiv ist die Reaktion. «Es ist eine schwierige Frage», sagt die Frau. Dann gibt Walter eine Antwort. Es ist genau genommen keine Antwort. Es ist ein Hinweis, ein Zuspruch, daß Gott zu ihr steht. Nicht zufällig ist es, daß Frau Hedinger den Seelsorger einen lieben Menschen nennt. Walter hat sie auf Gott hingewiesen, aber nicht spruchartig. Sein Auftreten als Ganzes, sein Zugehen auf die tiefsten Gefühle der Frau, sein Ausharren und sein Verständnis sind der Rahmen seines verbalen Zuspruchs. Was an Gottes Treue direkt erlebbar ist, hat die Frau am Seelsorger erfahren. Was über das Erlebbare hinausgeht, was Gottes Geheimnis bleibt, steht nicht unvermittelt und widersprüchlich daneben. Die menschliche Nähe des Seelsorgers ist Echo von Gottes Nähe.

Die Theodizeefrage gehört wörtlich genommen nicht in die christliche Theologie. Die Souveränität Gottes, die sich in Jesus Christus offenbart, läßt sich nicht vor das Tribunal der menschlichen Vernunft bringen. Aber Gott schenkt uns Besseres als Antworten auf weltanschauliche Fragen. Er schenkt sich selber, im Ereignis der Liebe. Walters Begegnung mit Frau Hedinger ist eine seelsorgerliche Realisierung davon. In der Kleinheit der menschlichen Begegnung spiegelt sich die Nähe und Treue des Allerhöchsten.

20: Ein trauriger alter Mann –
Einfühlung und Zuspruch

Gerhard Hegner (38) ist Pfarrer in einer katholischen Stadtgemeinde. Er hat Herrn Pfeiffer anläßlich eines Herzleidens schon mehrere Male im Krankenhaus besucht. Nach seiner Entlassung hat er ihn einige Male im Gottesdienst gesehen. Herr Pfeiffer ist ungefähr siebzig Jahre alt, ein großer, schwerer Mann, mit breiten Schultern. Bis zu seiner Pensionierung hat er in einem großen Betrieb für Baumaterialien gearbeitet. Er bewohnt mit seiner Frau eine einfache Wohnung in einem alten Quartier. Ihre drei Kinder sind über dreißig Jahre alt und wohnen alle auswärts.

Einmal trifft Gerhard Frau Pfeiffer auf der Straße. Sie sagt, daß es ihrem Mann nicht gut gehe, er sei so niedergeschlagen. Gerhard verspricht einen Hausbesuch auf den nächsten Tag. Er geht gerne zu Herrn Pfeiffer. Die Mitteilung, daß er niedergeschlagen sei, macht ihn ein wenig unruhig. Er erwartet, daß jetzt etwas Schweres auf ihn zukommt:

Als ich am abgemachten Zeitpunkt komme, öffnet Frau Pfeiffer die Haustüre. Sie läßt mich ins Schlafzimmer, wo Herr Pfeiffer im Bett liegt.

«Schau, wie lieb, da ist der Herr Pfarrer», sagt sie und läßt mich mit ihrem Mann allein.

«Grüezi, Herr Pfeiffer, ich habe von Ihrer Frau gehört, daß es Ihnen nicht so gut geht.» Ich gebe dem Kranken die Hand. Er liegt seitlich im Bett und macht einen hilflosen Eindruck. Mit schwacher Stimme sagt er: «Grüezi». Es fällt mir auf, daß nur das «Grüezi» kommt und nicht das «Herr Pfarrer», wie der hochanständige Herr Pfeiffer sich sonst immer ausdrückt. Das muß wohl bedeuten, daß er sich schwach fühlt.

Ich setze mich auf einen Stuhl nah am Bett.

«Sie sehen müde aus, Herr Pfeiffer.»

«Es geht nicht gut, es geht nicht gut», sagt er schwach.

«Nicht gut», wiederhole ich.

«Nein, ich bin wie gelähmt.»

«Gelähmt?»

Herr Pfeiffer nickt. «Die Arme kann ich nicht mehr recht bewegen.» Langsam bewegt er sie. Nach einer Weile schaut er mich an, als ob er sagen will: «Sehen Sie es auch? Was machen wir nun?» Ich spüre eine Unruhe in mir, ich merke wie das Schicksal dieses Mannes mich bewegt. Ich nehme an, daß es sich um ein allgemeines Zurückgehen der Kräfte handelt, nicht um ein vorübergehendes Übel.

«Das muß für Sie aber schwer sein. Ist das plötzlich gekommen?»

«Nein, schon seit vierzehn Tagen. Ich habe gemeint, es sei ein Schlaganfall. Aber die Frau Doktor sagt, daß es keiner ist.»

Ich sage: «Sie wissen nicht recht, was es ist. Und Sie fühlen sich einfach schwach und hilflos.»

«Ja.» Still sitze ich neben ihm. «Aber ich habe ein gutes Fraueli», sagt der Kranke.

«Gerade jetzt sind Sie besonders froh um sie, wo Sie so sehr auf ihre Hilfe angewiesen sind», sage ich. Aber Herr Pfeiffer weiß es besser: «Sie war immer eine Gute.» Ein mildes, dankbares Lächeln liegt über seinem Gesicht.

«Ich merke», sage ich, «daß sie wirklich zusammengehören.»

«Ja», sagt Herr Pfeiffer. Es kommt allmählich etwa Starres in seinen Blick. «In Gottes Namen, in Gottes Namen!« stöhnt er.

Ich verändere langsam meine Haltung. Es ist eine Weile still. Während ich die Hand des Kranken berühre, sage ich: «Es ist nicht leicht für Sie, das alles so zu nehmen.»

«Nein», stark, aber auch ruhig blickt er vor sich hin. «Aber ich bin schon seit zehn Jahren krank.»

«Seit zehn Jahren!» sage ich erstaunt. «Das ist eine lange Zeit. Ich erinnere mich nur an Ihren Krankenhausaufenthalt mit dem Herzleiden.»

«Das war alles nicht so schlimm wie jetzt. Ich konnte mich wenigstens noch bewegen. Aber das kam so plötzlich.»

Ich verstehe ihn nicht ganz. Ein allgemeiner Kräfterückgang müßte eigentlich nicht plötzlich kommen. Hängt Herrn Pfeiffers Zustand doch noch mit etwas anderem zusammen? Soll ich nochmals genauer nachfragen? In dem Krankenzimmer ist aber eine Atmosphäre, die viele Fragen nicht erträgt. Denkt Herr Pfeiffer an seinen Tod? Ich will das ernst nehmen, auch wenn vielleicht kein direkter Anlaß besteht, mit einem baldigen Sterben zu rechnen.

«Plötzlich hatten Sie keine Kraft mehr und sind so hilflos und ohnmächtig. Und Sie waren doch ein kräftiger Mann. Ich kann mir gut vorstellen, daß Sie sich manchmal Gedanken machen, wie es weitergehen soll.»

«Ja», antwortet der Kranke, «gerade am Montag habe ich mit dem Fraueli darüber gesprochen, daß ich bald gehen muß.»

Ich höre ruhig und trotzdem gespannt zu. Was meint er jetzt mit «gehen muß»? Sterben? Oder: ins Krankenhaus gehen? Hier will ich genauer, offener reden. Ich bin zwar fast sicher, daß Herr Pfeiffer ans Sterben denkt.

«Sie haben ans Sterben gedacht.»

Mit einem tiefen Blick schaut mich der alte Mann an. Langsam nickt er. «Es macht mir keine Angst, ich bin nur traurig.»

Kurz ist es wieder stille zwischen uns. Dann sage ich: «Angst haben Sie nicht, aber es tut Ihnen weh, von den Lieben weggehen zu müssen.»

Die Augen den Mannes füllen sich mit Tränen. «Vor ein paar Tagen waren die Kinder da. Es sind liebe Kinder.»

Wege der Einfühlung

Ein Seelsorger, der einfühlend verstehen möchte, hat eine innere Einstellung, die sich in einer Vielfalt von Interventionsarten gestaltet. Im Gespräch von Gerhard mit Herrn Pfeiffer sind einige Hauptwege der Einfühlung klar erkennbar.

a) Der Seelsorger hat Kontakt mit seinem eigenen Erleben

Ich kann mich erst richtig in andere einfühlen, wenn ich auch zu mir selber den Zugang finde. Gerhard nimmt wahr, daß er unruhig ist, schon vor dem Besuch. Wenn der Mann ihm sagt, er sei wie gelähmt,

168

wird Gerhards Unruhe verstärkt. Dieses unruhige Gefühl stört den Besuch aber nicht, weil der Seelsorger es kennt und damit umzugehen weiß. Ohne diese Unruhe wäre er wahrscheinlich gefühlsarm. Jetzt ist er betroffen. Wer könnte auch ruhig bleiben, wenn er mit einem Menschen in einer so ergreifenden Situation zu tun bekommt?

Der emotionale Kontakt mit sich selber gibt dem Seelsorger auch die Feinfühligkeit, auf den anderen einzugehen. Er fühlt, wann es Zeit ist für eine Frage, für eine Stille, für eine Berührung.

b) Der Seelsorger schafft die Gelegenheit, über das Leiden zu reden

Gerhard lenkt seine Aufmerksamkeit klar auf die schwere Lage des Kranken, die er aus dem Bericht der Frau und jetzt aus eigener Beobachtung kennengelernt hat. Mit seiner Initiative zeigt er, daß er bereit ist, die Not ernst zu nehmen, auch in dem Sinn, daß sie darüber reden: «... daß es Ihnen nicht so gut geht», und «Sie sehen müde aus.» Leidende Menschen machen in der Regel die Erfahrung, daß andere nicht sehr bereit sind, ihr Klagen anzuhören. Deshalb tut es wohl zu merken, daß der Seelsorger die Gelegenheit schafft, die Not zum Thema zu machen. Falls der Kranke unerwarteterweise nicht über sein Leiden reden möchte, kann er immer noch mit einem «Ach, es geht» oder so, das Angebot abweisen.

c) Der Seelsorger informiert sich

Mit Fragen, die gleichzeitig wichtig und diskret sind, zeigt der Seelsorger sein echtes Interesse am Kranken. Dies gilt besonders für den Anfang des Gesprächs. Gerhard versucht, sich die Welt dieses Mannes anschaulich zu machen. Das ist eine wesentliche Voraussetzung für das Mitfühlen und Nachempfinden. Oft wird dieses Gesprächselement vergessen oder nur flüchtig eingesetzt, aus der falschen Annahme heraus, daß es in der Seelsorge nur um die Gefühle geht. Eine so gravierende Tatsache wie ein Arm, den man nicht mehr bewegen kann, ist es wert, genauer erforscht zu werden. «Ist das plötzlich gekommen?»

Aber dieser Seelsorger versteht es auch, auf genaue Information zu verzichten, sobald er merkt, daß die Einzelheiten für den Mann nicht wichtig sind oder ihm nicht so klar vor Augen stehen. Er fragt nicht weiter und findet sich mit der Unklarheit bezüglich des organischen Zustandes des Herrn Pfeiffer ab.

d) Der Seelsorger zeigt, daß er die Grundstimmung des Kranken vernimmt

Er nimmt genau die Gefühlslage des alten Mannes wahr. Wo dieser seufzt: «In Gottes Namen», versteht der Seelsorger die Dynamik dieser Worte: «Ich muß halt, aber es fällt schwer.» Treffend und einfach bringt der Seelsorger das zum Ausdruck: «Es ist nicht leicht für Sie, das alles jetzt so zu nehmen.» Das sind schmerzliche Worte. Daß der Seelsorger dabei einen zarten Körperkontakt herstellt, zeigt, daß er durch seine Nähe eine Stütze für den Mann sein will. So erleichtert er es dem Kranken, offen über sein Leiden zu reden.

e) Der Seelsorger nimmt vorweg, was der Kranke sagen möchte

Eine andere Art, sich einzufühlen, sehen wir in dem heiklen Gesprächsteil über das Sterben. Der Seelsorger ahnt, daß auch der Tod den Mann beschäftigt. Er ist natürlich nicht ganz sicher. Jetzt braucht er Mut und Behutsamkeit. Der Mann soll Gelegenheit bekommen, über das zu reden, was ihm jetzt wichtig ist. Aber der Seelsorger darf ihn nicht forcieren. Wenn er nicht will, soll er ohne daß es peinlich wirkt, vom schwierigen Thema wegkönnen. Die Weise, wie der Seelsorger sich ausdrückt, zeigt seine Vorsicht: «Ich kann mir gut vorstellen, daß Sie sich manchmal Gedanken machen, wie es weitergehen soll.» Damit kann Herr Pfeiffer noch in alle Richtungen und doch sind diese Worte eine klare Einladung, über das Sterben zu reden.

Auf diese Weise weitet der Seelsorger das Gespräch aus. Das ist oft nötig. Wer Einfühlen mit Reagieren identifiziert und nur anspricht, was vom Gegenüber angedeutet oder ausgesprochen wurde, engt das Gespräch unnötig ein. Es erstickt manchmal in dieser Enge. Zur Einfühlung gehören Ausweitungen wie: neue Fragen stellen, Schlüsse ziehen, Zusammenhänge erraten.

Die Situation, die durch die Antwort entsteht, ist nicht ohne Gefahr. Herr Pfeiffer sagt, daß er «bald gehen muß». Das ist mehrdeutig. Die Bedrohung durch den Tod ist noch nicht klar genannt. Jetzt wagt der Seelsorger diesen Schritt. Besser als «wie meinen Sie das?» ist sein offenes Sondieren: «Sie haben ans Sterben gedacht». Er lebt jetzt von seiner Intuition. Das ist immer ein Wagnis. Das Schöne hier ist, daß der Seelsorger den Mut faßt, das Elend beim Namen zu nennen. Vielen Menschen macht das Mühe, wahrscheinlich auch Herrn Pfeiffer. Aussprechen hat etwas von Herbeibeschwören. Durch ruhiges Aussprechen macht der Seelsorger aber klar, daß Sterben nicht etwas Tragisches oder Böses ist, über das man besser schweigt oder nur in Andeutungen redet. Mächte, deren Namen man sagen kann, sind nicht übermächtig. Gottes unaussprechlicher Name ist ihnen gewachsen. Damit das Aussprechen aber nicht plump wird, braucht es feine Intuition, um den rechten Moment abzuwarten. Übrigens ist hier doch auch eine Vorsicht am Platz. Worte wie «Sterben» und «Tod» sind nicht immer angemessen, auch wenn sie objektiv stimmen. Sie können kalt diagnostisch wirken. Die Klarheit, die sie vermitteln, kann oft besser mit anderen Ausdrücken vermittelt werden: «es geht nicht mehr lang», «nicht mehr lang leben», «nicht mehr gesund werden».

f) In der Begegnung mit dem Seelsorger kommt der Mann zu sich selber
Noch einmal zeigt der Seelsorger, daß er sich nicht nur für die Stimmung, sondern für die ganze Situation des Mannes interessiert. Zuerst bleibt die Traurigkeit abstrakt: «Es macht mir keine Angst, ich bin nur traurig.» Daraufhin versucht der Seelsorger, sich diese Traurigkeit anschaulich vorzustellen. Ihm kommt das Bild der Trennung von den Geliebten. Sobald er das sagt, macht der Mann es noch viel anschaulicher: Die Kinder, die lieben Kinder.

Jetzt ist der Mann traurig, voll und ganz. Er lebt, heißt das. Wer seine Traurigkeit nur erwähnt und nicht empfindet, oder wer sie sogar überspielt, wird niedergeschlagen. Das ist kaum noch Leben. Traurig sein ist zwar nicht angenehm, aber es ist dynamisch und verheißungsvoll. Bei diesem Seelsorger kommt der Mann zu sich selber.

Läßt ihn der Seelsorger jetzt in seiner Traurigkeit?

Ich nehme nach einer Weile meine Hand weg. Ziemlich ruhig liegt der Kranke da und blickt vor sich hin.

«Es ist schwer», sage ich, «sich so trennen zu müssen von den Lieben. Allein können wir Menschen das kaum tragen. Wir brauchen da eine Hilfe. Bei Gott sind wir auch dann geborgen, wenn wir nicht mehr weiter wissen. Das darf Ihnen jetzt auch eine Kraft sein.» Ich habe langsam gesprochen. Unbeweglich liegt der Mann da. Dann sagt er:

«Ich bin jeden Sonntag in die Kirche gegangen. Jetzt kann ich nicht mehr.»

Was meint er wohl mit diesen Worten? Prahlt er, gutgläubiger Katholik, mit seiner Treue? Oder will er einfach sagen, daß er immer auf Gott vertraut hat, den er jetzt so braucht? Oder vermißt er die Kommunion?

«Ich bringe Ihnen die Kommunion gerne nach Hause.»

«Ja gern, das wäre schön.»

Es ist für mich klar, daß ich noch beten werde mit Herrn Pfeiffer. Das habe ich zwar noch nie mit ihm getan, aber nach diesem Gespräch ist es für mich keine Frage. Soll ich ihn fragen, ob es ihm recht sei? Ach nein, jetzt nicht.

«Ich möchte noch beten mit Ihnen.»

«Ja gern.» Bevor Herr Pfeiffer seinen schweren Arm bewegen kann, habe ich seine Hand schon ergriffen.

«Herr, treuer Gott, wir bitten Dich, sei Du mit uns. Sei besonders bei Herrn Pfeiffer und schenke ihm Vertrauen in Deine Güte und in Deine Kraft. Unser Vater im Himmel, geheiligt werde Dein Name ...»

Nach dem Gebet sage ich ihm noch: «Ich wünsche Ihnen alles Gute, Herr Pfeiffer. Nächste Woche komme ich wieder zu Ihnen. Ich bringe Ihnen dann die Kommunion. Adieu, Herr Pfeiffer.» Meine Hand löst sich von der Hand des Kranken, der sich schwach bedankt für den Besuch.

Jenseits der Einfühlung: Zuspruch

Der Seelsorger tut das einzig Richtige in dieser Situation. Er stellt den Trost des Evangeliums neben die Traurigkeit des kranken Mannes. Nachdem er zuerst diese Traurigkeit nachempfunden und dem Mann die Gelegenheit gegeben hat, zu seiner Traurigkeit zu stehen, geht er einen wesentlichen Schritt weiter. Er verharmlost nichts, sondern stellt einfach die Verheißung Gottes neben das Leiden. Er versucht nicht, im Leiden selber etwas Positives zu finden, als ob es im Grunde nicht so schlimm wäre.

Gottes Verheißung knüpft grundsätzlich nicht an unsere Perspektiven oder Möglichkeiten an. Sie steht senkrecht zu unserer dunklen Welt als unglaubliches Wunder. Diese biblische Struktur realisiert sich hier in der seelsorgerlichen Begegnung.

Gerhard drückt sich persönlich aus. Er fängt behutsam, allgemein an: «Wir Menschen», aber dann: «darf Ihnen jetzt auch eine Kraft sein». Diese Verkündigung ist eine klare Anrede. Es kostet Mut, einem anderen Menschen so direkt und persönlich Gottes Hilfe zu verkündigen. Das ist nur möglich, wenn der Seelsorger den Zugang zu seinem eigenen Glauben gefunden hat. Sonst wirkt er nicht echt.

Richtig ist auch die Entscheidung, daß der Seelsorger selber die volle Verantwortung für das Gebet nimmt. Aus Angst vor Aufdringlichkeit sind die Seelsorger heute oft zu bescheiden. Zuviel meint man, man solle warten bis die Menschen selber ihr Bedürfnis nach einem Gebet melden. Es gibt viele Menschen, die für solche Meldungen die Verantwortung nicht zu nehmen wagen. Ihre Schultern sind dafür manchmal zu klein. In einem guten Kontakt wie zwischen Gerhard und Herrn Pfeiffer soll der Seelsorger ruhig die Initiative ergreifen, auch zu einem Gebet.

Die Begegnung ist ein schönes Beispiel von stützender Seelsorge. Zuerst setzt der Seelsorger sich ein, den Kranken in seinem Leiden zu verstehen, und nachher tröstet er ihn. Der Zuspruch kommt sowohl verbal als auch nicht-verbal und er spiegelt sich in der Begegnung des Seelsorgers. Daß Gott den alten Mann hält, wird durch die Berührung der Hände repräsentativ anschaulich. Daß Gott treu ist, spiegelt sich im Versprechen des Seelsorgers, daß er wiederkommt. Zwischen dem Verhalten des Seelsorgers und seinen Worten besteht eine Harmonie.

172

21: Eine geschwächte Frau –
Die Kraft des Schweigens

Frau Saxer ist schon ziemlich lange krank. Ihr Gemeindepfarrer, Eduard Heinzer (51), hat sie einige Male besucht, als sie noch zuhause war. Sie ist Witwe und lebte bisher mit einer Tochter (Aline) zusammen. In den letzten Jahre hat sie mehrere Herzkrisen gehabt. Jetzt ist sie 79 Jahre alt. Sie ist immer schwächer geworden. Die Pflege wurde für die Tochter Aline, die selber ein körperliches Leiden hat, eine zu schwere Aufgabe. So kam Frau Saxer ins Krankenhaus. Schmerzen hat sie kaum, aber ihre Kräfte versagen. Schon einige Wochen muß man damit rechnen, daß sie bald sterben wird. Eduard besucht sie zweimal in der Woche. Die Abteilungsschwester sagt ihm, daß sie keinen Besuch mehr zu Frau Saxer läßt, weil sie zu müde sei. Nur die engsten Verwandten und der Pfarrer hätten noch Zugang. Eduard berichtet über einen seiner letzten Besuche bei Frau Saxer, zwei Wochen vor ihrem Tod:

Ich betrete das kleine Zimmer. Frau Saxer liegt still im Bett. Es ist ein schöner, heller Tag. Die Sonnenblenden sind niedergelassen. Im Raum ist eine besinnliche Stimmung. Fröhliche Frühlingsblumen schmücken das Nachttischlein. Langsam gehe ich auf die Frau zu. Sie sieht mich wohl, sie blickt mich an, aber sie sagt nichts.

Ich lege meine linke Hand auf ihre Rechte. «Grüezi, Frau Saxer.» «Pfarrer», flüstert sie sehr träge. Einen Moment lang stehe ich ohne Worte da. Dann bewege ich mich und suche einen Stuhl. Ich setze mich an ihre linke Seite, damit sie nicht ins Licht blicken muß. Ich muß meinen Kopf ziemlich über dem Bett halten, sodaß sie mich sehen kann ohne sich auf die Seite drehen zu müssen.

Von draußen höre ich Geräusche, von Vögeln, von Autos. Aber hier ist Ruhe. Totaler Stillstand.

«Ich möchte wieder ein wenig bei Ihnen sein, Frau Saxer.» Ich muß leider ziemlich laut reden, sie ist schwerhörig.

«Das ist nett von Ihnen.» Sie brummt, ihre Stimme ist ganz tief. Ich merke, wie erschöpft sie ist. Aber sie sieht doch friedlich aus.

«Geht es ...?» frage ich nach einer Pause.

«Ja – ja, ja ... Schwach, oh.»

«Schwach sind Sie, gell? Ja, Sie sind sehr schwach. Es ist sicher nicht einfach, so schwach zu sein.» Sie nickt leise. Minuten vergehen. Es ist mir wohl dabei.

«War die Aline heute da?» informiere ich mich.

«Ja, ja. Jeden Tag.»

«Letzte Woche war ich kurz bei ihr», sage ich.

«Sie hat es mir gesagt», brummt sie.

«So, sie hat es Ihnen gesagt. Sie haben eine liebe Tochter. Am liebsten hätte sie Sie weitergepflegt. Aber ich hoffe, daß Sie es hier auch gut haben.»

«Ja ja.»

Wieder vergehen Minuten.

«Es ist schön für mich, bei Ihnen zu sein, Frau Saxer. Oder mache ich Sie müde?»

173

«Nein. Ich habe es gern, wenn jemand da ist.»

«Sie haben es gern, wenn jemand da ist», wiederhole ich.

Ab und zu scheint es mir, daß Frau Saxer fast einschläft. Aber dann regt sich doch wieder etwas in ihrem Gesicht oder an der Hand. Oder sie atmet auf einmal stärker oder hustet. Ihre Hände scheinen fast gelähmt zu sein, dabei sehen sie nach Arbeit und Aktivität aus.

Ich versuche, nicht an etwas zu denken, sondern einfach bei ihr zu sein. Ich spüre eine Verbundenheit. So begreife ich ihre Ruhe und auch ihre plötzlichen Bewegungen, wie wenn alles so sein muß.

«Sie schlafen langsam ein, gell?» sage ich nach einer längeren Stille. Sie brummt ein Ja.

«Ich bete mit Ihnen», sage ich und lege meine linke Hand wieder auf ihre Rechte. Ich bete das Vaterunser. Das stille Zimmer diktiert mir das langsame Tempo.

Ich nehme meine Hand nach dem Gebet wieder zurück und sitze noch eine Weile bei ihr.

«Jesus, der gute Hirt, er kommt Ihnen entgegen», sage ich ihr.

«Ja», antwortet sie.

«Adieu, Frau Saxer.» Ich berühre ihre Hände zum Abschied. «Adieu», sage ich nochmals. Dann stehe ich auf, nehme den Stuhl weg und verlasse das Zimmer.

Jenseits der Gedanklichkeit

Gesunde Menschen sind gewohnt, nachzudenken über die Welt um sich herum und manchmal auch über sich selber. Wenn sie Anderen begegnen, können sie ihre Gedanken mitteilen und austauschen. Das ist alles sehr alltäglich und selbstverständlich. Aber es gibt Lebenssituationen, in denen diese Gedanklichkeit nicht mehr funktioniert. So geht es vielen Schwerkranken und Sterbenden. Gedanken fehlen vielleicht nicht ganz. Phantasien sind da, Assoziationen. Aber die übliche disziplinierte Reflexion ist ausgefallen. Das Leben hat jetzt eine andere Form und Intensität.

Seelsorger und andere Besucher machen oft den Fehler, daß sie mit Menschen, die sich in einer solchen Lage befinden, zu sehr gedanklich reden wollen. Sie meinen zu Unrecht, daß die Außenwelt (das Wetter, die Situation zuhause, die Aussagen des Arztes) immer interessant ist für den Kranken. Auch die Erörterung des Gefühlszustandes kann sehr deplaziert sein, wenn der Kranke darüber nicht reflektiert.

Doch heißt dies nicht, daß der Kranke nicht an einem Besuch interessiert wäre. Gerade in intensiven Situationen, wie im Sterben, wird die Nähe eines Mitmenschen fast immer spürbar geschätzt. Nähe muß sich aber nicht immer mit Worten zeigen. Es gibt eine Kraft des Schweigens.

Der Verdienst des Seelsorgers, der Frau Saxer besucht, liegt in seiner Bereitschaft, sich ganz durch die Situation bestimmen zu lassen. Er ist sich wiederholt dessen bewußt, daß er sich von der Situation leiten und bestimmen läßt, und ich habe den Eindruck, wir können es ihm glau-

174

ben. Er achtet auf die dämpfenden, verlangsamenden Kräfte, die von der kranken Frau auf ihn zukommen. Er zerbricht die Atmosphäre des Zimmers nicht durch seine Aktivität, er integriert sich. Nur dieses Verhalten ist wirklich «besuchen». Ein plauderhaftes oder fröhliches «Wie geht es Ihnen?», «Freuen Sie sich über das schöne Wetter?», «Haben Sie Schmerzen?», «Kann ich etwas für Sie tun?», würde die stille Stimmung brutal stören.

Im Schweigen, das nur ab und zu von einigen einfachen Worten unterbrochen wird, wächst ein Zusammensein, das in dieser Situation mehr sagt als viele Worte. Ein freies Gebet wäre hier wohl zu anspruchsvoll. Die bekannten Worte des Vaterunser dürften die Frau ansprechen. Der Zuspruch: «Jesus, der gute Hirte, er kommt Ihnen entgegen», ist warm, kurz und einfach.

Es ist sicher ein Vorteil, daß Eduard, die Frau schon länger kennt. Aber auch bei bisher unbekannten Menschen finden Seelsorger oft einen schnellen, vertrauten Kontakt in Situationen ähnlicher Not und Intensität.

22: Der Friede eines ausgehenden Lebens – Seelsorge am Sterbebett

Viktor Näf (40) ist Pfarrer in einer katholischen Gemeinde. Am Samstagnachmittag ist er gewohnt ins Krankenhaus zu gehen, um den Patienten, die das wünschen, die Kommunion zu bringen. Er kennt die Schwestern des kleinen Bezirkskrankenhauses ziemlich gut. Nach seinen Kommunionsbesuchen hält eine Schwester ihn an und sagt, daß seit einem Tag eine sehr alte Frau Heß auf der Abteilung liege. Sie sei sehr schwach und werde nicht mehr lange leben. Angehörige scheine sie nicht zu haben. Die Schwester bittet den Pfarrer die Frau zu besuchen, wenn er noch Zeit hat. Viktor informiert sich, ob die Frau katholisch sei. Die Schwester sieht nach. Es stellt sich heraus, daß Frau Heß reformiert ist und daß sie in einem Ort, der zwölf Kilometer entfernt ist, beheimatet ist. Viktor überlegt mit der Schwester, ob er seinen reformierten Kollegen anrufen soll. Nur weiß keiner von beiden, wer dort genau zuständig ist. Viktor entschließt sich, selber die Frau zu besuchen.

Konfessionelle Komplikationen

Weder die Krankenschwester noch der katholische Pfarrer nehmen die konfessionellen Unterschiede sehr ernst. Man könnte behaupten, daß das naiv, oberflächlich, nivellierend oder sogar vergewaltigend ist. Die sterbende Frau hat sich keinen katholischen Pfarrer gewünscht.

Angesichts des Leidens und des Todes sieht die Relevanz kirchlicher Auseinandersetzungen anders aus als in theologischen Diskussionen. Es gibt eine Grenze, über die hinaus Trennungslinien zwischen Gruppen von Menschen nicht mehr gelten. Das muß nicht mit Indifferenz gegenüber dogmatischen Streitpunkten identisch sein. Die theologische Diskussion hat ihre Berechtigung, nur nicht in allen Situationen. Krankenschwestern nehmen die konfessionellen Unterschiede im allgemeinen nicht so wichtig, weil sie dauernd in einem Bereich leben, der über jener Grenze liegt. Ihnen ist am wichtigsten, wie Seelsorger auftreten. Nicht, ob sie zu einer bestimmten Kirche gehören. So denken sogar viele überzeugte kirchliche Schwestern wie Nonnen und Diakonissen. Die Schwester hält einen Seelsorge-Besuch bei der sterbenden Frau für wichtig. Sie ergreift die Chance, die damit gegeben ist, daß Viktor an dem Tag auf der Abteilung ist.

Eine andere Chance gibt es auch kaum. Natürlich könnte sie den reformierten Pfarrer des betreffenden Ortes ausfindig machen und ihn anrufen. Aber die Schwierigkeit ist, daß nicht die sterbende Frau einen Seelsorger gewünscht hat. Vielleicht will sie nicht einmal einen! Um das abzuklären, soll der Ortspfarrer vierundzwanzig Kilometer fahren, und zwar sofort? Das ist unrealistisch.

Dort, wo ein Krankenhauspfarrer arbeitet, ist es einfacher. Aber leider gibt es viele kleine Krankenhäuser ohne einen vollamtlichen Spitalpfarrer.

Die beste Lösung für die Seelsorge ist, die konfessionellen Grenzen nicht so ernst zu nehmen. Das darf man natürlich nie aufdringlichen Seelsorgern sagen. So hat jede Regel ihre Gefahren. Aber die Regel der konfessionellen Trennung ist viel verheerender.

Viktor geht zur Patientin. Er erzählt:

Ich lasse mich von der Schwester in das Zimmer führen. Die alte Frau ist an Lungenkrebs erkrankt, hat sie mir noch gesagt. Ich sehe, wie eine Sauerstoff-Flasche neben dem Bett steht. Ein Röhrchen ist in die Nase der Patientin gesteckt. Jetzt läßt die Schwester mich allein.

Ich zögere. Merkt die Frau, daß ich da bin? Ich gehe langsam auf sie zu. Sie hat ihre Augen geschlossen. Schläft sie? Langsam gehen ihre Augen auf. Sieht sie mich? Ihr Blick geht eher in die Ferne.

«Grüezi, Frau Heß.» Sie blickt, sie sieht, aber sie schaut mich nicht gezielt an. Ich weiß nicht, wie laut ich reden soll, damit sie mich versteht. Aber ich will ihr nicht weh tun mit meiner Stimme.

«Der Pfarrer besucht Sie», sage ich ihr. Ihre rechte Hand liegt auf der Decke. Ich nehme sie leise, zum Gruß. Ich lockere die Berührung, aber nehme meine Hand nicht ganz weg.

Jetzt sieht sie mich an. Es ist, wie wenn ihr Blick langsam durch einen Nebel hindurchkommt. Sie schaut mich lange an. Dann sagt sie, stockend, aber verständlich: «Das ist schön!»

Sie sucht meine Hand und drückt sie. Sie läßt mich nicht mehr los. «Oh, es tut so gut, nicht allein zu sein», sagt sie mit tiefer Stimme. Sie hält jetzt meine Hand fast krampfhaft, wie wenn sie sich festklammern möchte.

Ich stehe immer noch. Das stört mich jetzt. Mein Gesicht ist zu weit von ihr entfernt. Während meine rechte Hand in der Hand der Frau bleibt, ziehe ich mit der linken einen hölzernen Hocker herbei und setze mich darauf.

Es wird sehr ruhig zwischen uns. Ab und zu schaut sie mich an. Mit ihrer Hand drückt sie manchmal meine Hand. Mit meinem Daumen streichle ich sie ganz leicht.

Der nichtverbale Kontakt am Sterbebett

Was ich in bezug auf den seelsorgerlichen Kontakt mit Chronischkranken sagte (s. S. 56 f.), könnte ich hier wiederholen. Die nichtverbale Begegnung ist das Wichtigste. Schon das einfache Anwesendsein gibt vielen Sterbenden ein Gefühl der Ruhe und der Geborgenheit. Auch

Menschen mit einem geschwächten Bewußtsein und sogar Bewußtlose spüren, ob jemand bei ihnen ist (s. Maria Bührer, «Anregungen für die Krankenpastoral. Auf der Suche nach neuen Wegen», München/Luzern, 1977, S. 95). Treffend ist, was Frau Heß hierzu sagt: «Oh, es tut gut, nicht allein zu sein.» Sterben ist weniger ein Problem, das besprochen und gedanklich reflektiert werden soll, sondern ein Prozeß, der mitmenschliche Beteiligung verlangt.

Viktor berührt Frau Heß zärtlich. Er sucht den Kontakt zu einem beträchtlichen Teil über den Tastsinn. Gerade an einem Sterbebett ist das wichtig. Bei körperlicher Schwäche bleibt der Tastsinn besser aufnahme- und reaktionsfähig als Denken und Sprechen.

Es gibt auch Menschen, die solche Zärtlichkeiten nicht schätzen. Hoffentlich merkt ein Seelsorger das und sucht keinen regressiven Kontakt, wo erwachsene Distanz verlangt wird. Nähe kann auch eine Wohltat sein, ohne daß man sich berührt. Meistens genießen Sterbende es aber sichtbar, eine Hand zu spüren. Die warme Berührung mit einer liebevollen Hand tröstet und stärkt sie im Innersten.

«Ich bleibe eine Weile bei Ihnen», sage ich. Es ist wieder still.

Da öffnet sie wieder ihre Augen. Sie schaut mich an. «Ich bin so müde», sagt sie. «Ich werde bald sterben.» Sie spricht ganz ruhig. In einer gewissen Demut sagt sie diese Worte. «Aber beten Sie mit mir», bittet sie mich. Ihre Augen sind wieder zu. Wir halten uns immer noch die Hände. Ich bewege mich nicht, das wäre jetzt zuviel Unruhe.

Es kommen mir Worte. Ich bete frei und im Dialekt, wie wir auch vorher miteinander geredet haben. «Herr, Euse Gott, da wo-n-ich gah und schtah, da bisch Du bi mir. Du bisch a minere Siite. Du hebsch mich, Du hebsch mini Hand.» Es sind wohl Worte aus dem 139. Psalm, die mir gekommen sind. Frau Heß liegt sehr ruhig mit geschlossenen Augen. Leise bewegt sich ihre Hand von Zeit zu Zeit. «Unser Vater im Himmel», bete ich, jetzt in der Schriftsprache. Die bewährten Gebetsworte scheinen mir sehr feierlich zu sein. Eine letzte Gewißheit steht da, ein Halt, der nicht zusammenbricht. «Denn Dein ist das Reich und die Kraft und die Herrlichkeit, in Ewigkeit. Amen»

«Amen», sagt Frau Heß leise. Sie ist jetzt völlig ruhig geworden. Ihre Hand hält mich kaum noch. Nach einer kurzen Zeit löse ich mich von ihr. Ihr Atem geht leicht. Sie schläft.

Ich stecke ihr das Sauerstoffröhrchen in die Nase. Sie scheint es nicht zu bemerken. Ich bleibe noch ein paar Minuten. Manchmal schaue ich sie an, manchmal bin ich auch ganz bei mir selber. Es ist mir eine glückliche Stunde. In meinem Hals ist etwas Schweres, aber es ist nicht unangenehm. Es herrscht ein stiller Friede.

Leise verlasse ich das Zimmer. Später höre ich, daß Frau Heß zwei Stunden nach meinem Besuch gestorben ist.

Seelsorge als Perspektive auf Gottes Handeln

Was erleben Menschen an einem Seelsorger! Zu einem beträchtlichen Teil wird es wohl bei einem Ahnen oder Erraten bleiben, wenn wir das verstehen wollen. Es kommt hinzu, daß Verallgemeinerungen hier

178

gefährlich sind. Erleben kann individuell sehr verschieden sein. Für manche ist die menschliche Nähe des Seelsorgers wohl das Entscheidende. Derartig, daß es nicht wichtig ist, daß es der Seelsorger ist. Die reine Nähe ist gewichtig. Für andere ist die Nähe des Seelsorgers anders, mit anderen Gefühlen und Vorstellungen verbunden als die Nähe eines Arztes oder Verwandten. Was ist denn das Spezifische? Ich glaube, es ist die Transparenz auf Gottes Nähe.

Kein Seelsorger kann solche Transparenz produzieren. Sie ist nicht seine Leistung, sie kommt – psychologisch betrachtet – vom anderen Menschen her, von dem, den der Seelsorger besucht. Die Erwartung, die Vorstellung, die innere Einstellung des besuchten Menschen, ist die Grundlage dieser Transparenz. Theologisch betrachtet ist das Geschehen noch reicher, aber für den Seelsorger wesentlich nicht anders. Gott selber schafft sich den Zugang zum Kranken, der Seelsorger produziert da nichts. Er ist ein unnützer Dienstknecht. Sein einziger Auftrag ist es, sich wahrhaftig menschlich zu benehmen. Das ist schwierig genug. Das Andere, das Entscheidende, muß nicht er machen.

Im Gespräch vom Seelsorger mit Frau Heß findet eine Gleichsetzung von Gottes Hand und der Hand des Seelsorgers statt. Viktor hält die Hand der Frau. Es kommen ihm Bibelworte: Von der Hand Gottes, die die Frau trägt. Die tragende Kraft dieser göttlichen Hand wird durch die Berührung der Menschenhände erlebbar. Gerade weil der Seelsorger durch seine Funktion ein Hinweis auf Gott ist für die, die es so sehen wollen, ist seine Hand bis auf Gottes Hand transparent.

Frau Heß weiß gut, daß nicht ein Freund oder ein Pfleger bei ihr ist. «Beten Sie mit mir», sagt sie. Und sie umklammert die Hand ihres Besuchers.

Wenn wir verstehen wollen, was Seelsorge ist, brauchen wir nicht genau zu wissen, was Frau Heß erlebt hat. Es genügt uns zu wissen, daß die Perspektive bis auf Gott eine Erlebnismöglichkeit ist. Damit muß der Seelsorger rechnen, sonst benimmt er sich unangemessen. Sein Besuch bei Frau Heß ist gewichtig geworden, weil er die Bedeutung seiner einzigartigen Funktion ernst genommen hat. Den wichtigsten substantiellen Beitrag zur Tiefe der Begegnung gab die Frau selber, durch ihre Erwartungen und ihre Ergebung.

III Besondere Initiativen des Seelsorgers

23: Ein Hausbesuch –
Ungebetenes Interesse als Zeichen des Evangeliums

Unter Hausbesuch verstehe ich den Besuch eines Seelsorgers, der durch seine eigene Initiative zustande kommt: Besuche bei Konfirmandeneltern, bei Erstkommunioneltern, bei Neuzugezogenen und besonders Hausbesuche ohne Anlaß, einfach an Adressen, die in der Gemeindekartei erwähnt sind.

Wer auf Hausbesuch geht, hat manchmal ein unbehagliches Gefühl, besonders wenn er, wie der Pfarrer im folgenden Gespräch, nicht zuvor telephoniert hat und einfach läutet und sich dem distanziert-abwartenden Unbekannten in der Tür vorstellt. Das «Hausierergefühl» kommt hoch. Aber hier liegt nun gerade das erste Charakteristikum der Seelsorge (s. S. 233). Sonst besucht niemand aus den dienstleistenden Berufen unaufgefordert die Leute. Wer würde sich anmaßen, sich einfach anzubieten? Aber den Seelsorgern wird das Recht zu dieser Initiative im Allgemeinen zugesprochen. Man erwartet sie sogar oft. «Zehn Jahre wohne ich hier, und ich habe noch nie einen Pfarrer gesehen», ist ein oft gehörter Vorwurf. Vom Arzt und Notar erwartet niemand solche Schritte, aber der Pfarrer soll kommen.

Heute ergreifen manche Seelsorger keine Initiative mehr zum Hausbesuch. Sie kommen, wenn man sie ruft. Sie haben vielleicht eine Sprechstunde. Aber die Initiative zum Kontakt wird den Gemeindegliedern zugespielt. Diese Tatsache halte ich für sehr unglücklich. Wenn ich recht sehe, gibt es keine haltbaren Gründe zur Rechtfertigung dieser Entwicklung.

Die Initiative ist das ganz besondere Charakteristikum der Seelsorge. Hier liegt ein tiefsinniger Sachverhalt, der allzuoft von Seelsorgern nicht verstanden wird. Die Reaktion gereizter Pfarrer auf den Vorwurf, daß «in zehn Jahren noch kein Pfarrer hier war», ist in der Regel: «Warum haben Sie mich dann nie gerufen?» Aber da liegt es eben. Dieser Gegenvorwurf ist unrealistisch. Wer wagt es, den Pfarrer anzurufen und zu sagen: «Kommen Sie einmal zu uns, Probleme haben wir nicht, aber wir würden uns einfach freuen!» Darf man einen so gewichtigen Herrn oder eine so gewichtige Frau (und gewichtig sind sie schon wegen ihres langen Studiums) mit einem so unwichtigen Anliegen stören? Wer selber die Initiative ergreift, zum Pfarrer zu gehen oder ihn einzuladen, der muß etwas Wichtiges bereit haben. Das setzt voraus, daß er weiß, was wichtig ist, nein: daß er weiß, was man diesem Pfarrer als wichtig vorlegen kann. Darf man den Gemeindegliedern zutrauen, daß sie entscheiden können, was wichtig wäre für ein Seelsorgegespräch? Ich glaube es nicht. Erstens ist es Menschen nicht immer klar bewußt, daß sie Probleme haben. Zweitens wissen sie nicht immer, daß sie ein sinnvolles Gespräch darüber mit dem Seelsorger führen können. Und drittens halten viele Menschen Anliegen, die sehr wichtig für sie sind, für nicht wichtig genug, um darüber mit einem Seelsorger zu reden, weil sie ein unangemessenes Bild eines Seelsorgegespräches haben. Dazu kommt noch, daß sie, wenn sie an sich bereit wären, von ihren Problemen zu reden, die Schwelle überschreiten müssen, Hilfe zu verlangen. Viele Menschen sind zu zaghaft oder zu ängstlich, um andere mit ihren Schwierigkeiten zu belästigen. Klar, wenn sie den Schritt tun, sind sie motiviert, und zeigen, daß ihnen die Lösung der Probleme etwas wert ist. Aber es gibt nun einmal viele Menschen, für die diese Schwelle zu hoch ist. Für eine Beratung, zu der sie sich freiwillig anmelden müssen, kommen sie deswegen nie in Frage.

Ganz etwas Anderes ist es, wenn der Seelsorger aus eigener Initiative kommt und sagt: «Ich bin Ihr Pfarrer oder Ihre Pfarrerin und möchte Sie einmal kennenlernen.» Jetzt liegt die Verantwortung für den Besuch beim Seelsorger. Ein Gespräch verläuft anders, wenn nicht das Gemeindeglied, sondern der Pfarrer den ersten Schritt getan hat. In diesem Fall kann es sich die besuchte Familie erlauben, über «unwichtige» Sachen zu reden, wie die Familienzusammensetzung, die Arbeit, den Herzinfarkt von Herrn A., den drogenanfälligen Sohn und das arbeitslose Mädchen.

Die Seelsorger haben, neben einem Feld, das sie mit anderen Beratern teilen, ein Gebiet, das nur sie erreichen können. Die Probleme, die hier warten, werden entweder von Seelsorgern gefunden, oder gar nicht. Hausbesuche sind auch deswegen wichtig. Seelsorger sind in dieser Hinsicht unersetzbar.

Werner Förster ist in den letzten Jahren seiner pfarramtlichen Arbeit. Als er 58 Jahre alt war, wechselte er in eine nicht so große Vorortsgemeinde, die neben einem alten Dorfkern einige neue Siedlungen aufweist. Er hat sich vorgenommen, die neuen Viertel systematisch zu besuchen. Er geht unangemeldet zu seinen Gemeindegliedern. Er berichtet über seinen Kontakt mit der Familie Waser:

Die Frau öffnet die Tür. Sie kennt mich nicht. Sobald ich mich aber vorstelle, sagt sie, daß sie von mir gehört hat. Es stellt sich rasch heraus, daß ihr Mann diese Woche zwar zuhause ist wegen einer kleinen Operation, aber jetzt ist er gerade abwesend. Ich vereinbare einen Besuch für den nächsten Tag.

Weil dann die Kinder schlafen, besuche ich Herrn und Frau Waser am frühen Nachmittag. Sie begrüßen mich freundlich und führen mich in die Stube. Einiges Kinderspielzeug liegt herum, ein Laufgitter ist aufgestellt. Die Möbel bilden eine bunte Kombination von alt und neu. Ein wenig unordentlich, aber nicht ungemütlich. Ich erkundige mich nach der Operation. Es handelt sich um einen Arbeitsunfall am Finger.

Es stellt sich heraus, daß Herr Waser mich schon ein wenig kennt von einem gelegentlichen Gottesdienstbesuch und von einer Bestattung. Frau Waser hat einen Kaffee gemacht und kleine Keks bereitgestellt. Wir sitzen in einer Sitzecke beim Gartenfenster ziemlich nah beieinander um einen niedrigen, runden Tisch. Ein Wellensittich läßt ab und zu von sich hören. Ich stehe auf und bewundere ihn. Er gehört der Familie schon längere Zeit.

«Arbeiten Sie hier in der Nähe?», frage ich Herrn Waser.

«Ich bin Leiter einer Werkstatt für Invalide in W.»

«Nennt man das eine Geschützte Werkstatt?», frage ich.

«Ja», sagt er, «nur daß wir nicht nur geistig Invalide, sondern auch körperlich Gebrechliche beschäftigen.»

«Eine anspruchsvolle Aufgabe! Wie sind Sie dazu gekommen?»

Herr Waser erzählt mir über seine Lehre als Schreiner, über einen Verwandten, der Sozialarbeiter ist und ihn in seine jetzige Arbeit geholt hat. Herr Waser hat ein sympathisches Gesicht, finde ich. Wir haben schon eine recht angenehme Gesprächsatmosphäre.

Wir reden über Fragen der Leistungsgesellschaft. Auch Frau Waser beteiligt sich am Gespräch. Sie äußert sich positiv über die Privatschule, die ihr ältestes Kind besucht.

«Wie viele Kinder haben Sie?», informiere ich mich.

«Drei, und eines ist unterwegs», sagt sie.

«Ja was?», sage ich, «Geht alles gut?»

«Es geht mir sehr gut. Nur habe ich hier und da Schmerzen wegen der Krampfadern. Aber das ist nicht schlimm. Mitte Mai wird es soweit sein.»

«Ich wünsche Ihnen alles Gute. Heute redet man von der Kleinfamilie. Aber bei Ihnen ist die Familie schon ziemlich groß.»

«Wir haben immer gerne eine große Familie gewollt», sagt Herr Waser. «Nicht nur ein oder zwei Kinder.»

Ich sage zur Frau: «Vorläufig wissen Sie sicher, was Sie zu tun haben.»

«Ich mache es recht gerne», sagt sie. «Im Beruf war ich nie glücklich.» Sie erzählt, daß sie Verkäuferin war.

Wir kehren zum Thema Konkurrenz und Leistung zurück. Ich sage, daß ich im Religionsunterricht eigentlich froh bin, daß ich keinen Wissensstand erreichen muß. Da besteht keine Konkurrenz. «Aber andererseits habe ich das Gefühl, daß er gerade deswegen nicht ernst genommen wird.»

«Sie haben doch große Möglichkeiten», meint aber Herr Waser. «Ich selbst habe gar keine gute Erinnerung an meinen Religionsunterricht in der Schule. Nur lesen und Lieder auswendig lernen!»

«Wissen Sie», sage ich, «bei mir hat kürzlich auch ein Schüler aufgestreckt und gesagt: «Uns ist es langweilig, könnten wir nicht einmal etwas Anderes machen?»

«Aber bei Ihnen konnte er es doch sagen!», tröstet er mich. «Das wäre bei uns damals ganz unmöglich gewesen.»

«Ja, da haben Sie recht», sage ich, «das darf ich positiv werten.»

Er erzählt mir, daß ein Pfarrer hie und da zwei oder drei Konfirmanden in die Werkstatt schickt. «Die arbeiten dann einige Mittwochnachmittage mit uns. So bekommen sie einen viel besseren Einblick, als wenn sie nur einen Besuch machen und unsere Leute wie in einem Zoo anstaunen.»

«Ich habe auch schon daran gedacht, eine Art Praktikum zu machen mit den Konfirmanden. Aber ich hätte wohl zu wenig Praktikumsplätze.»

Die einzigartigen Chancen des Hausbesuches

In welchem akademischen Beruf hat man wohl mit Wellensittichen zu tun? In der Veterinärmedizin und im Pfarramt. Die Tierchen sind seelsorgerlich von Bedeutung, weil sie zur Eigenheit der Menschen gehören, die sie besitzen. Wenn Werner den Vogel betrachtet, zeigt er ein unkompliziertes und häusliches Interesse für die Familie Waser. Dieses Fragment des Besuches ist wichtig, gerade weil es scheinbar unwichtig ist. Die informelle Atmosphäre macht in vielen Fällen die Chancen des Hausbesuches aus. Es geht ganz anders zu als beim Arzt oder beim Psychotherapeuten, bei dem man angemeldet ist. Der Pfarrer kommt in die Küche, ihm wird die Wohnung gezeigt, er sieht die Einrichtung, spürt die Atmosphäre und erlebt die Anwesenden in ihrer Interaktion. Wo sieht man das Leben der Menschen realistischer als gerade so? Es wird geplaudert, geredet, vielleicht kommt ein tieferes Gespräch zustande. Wenn der Seelsorger sich interessiert und herzlich benimmt, tauen manche Menschen auf. In der Aussprache kommen sie zu sich selbst. Manche Probleme werden dann erst bewußt. Erst im Rahmen einer Anteilnahme zeigen sich Freude und Leid. Ohne die Initiative, ohne dieses eindeutige Zeichen von Interesse, bleiben sie vielleicht immer im Dunkel.

Bis hierher ist in diesem Hausbesuch nichts Problematisches sichtbar geworden. Darüber soll der Seelsorger nicht enttäuscht sein, als ob Seelsorge erst an Problemen entstehen könnte. Auch jetzt geschieht Seelsorge, in einer unbeschwerten Art. Jesus Christus versammelt und erbaut seine Gemeinde im Heiligen Geist. Der Hausbesuch, in dem Menschen sich kennenlernen, ist eine der Gestalten, in denen sich diese Verheißung verwirklicht.

Herr Waser lenkt das Gespräch wieder auf das Thema der Leistungsgesellschaft. Nach kurzer Zeit frage ich Frau Waser:

«Sind Sie hier auch in der Nähe aufgewachsen? Ihr Dialekt hört sich anders an.»

«Nein», sagt sie, «ich bin von F. Erst vor zwei Jahren sind wir hierher gezogen. Mein Mann ist zwar hier aufgewachsen, aber wir wohnten dann noch an zwei anderen Orten.»

«Sind Sie gerne hierher gekommen?»

«Gekommen schon, aber ... Es ist nicht leicht, Kontakte zu finden.»

Jetzt mischt der Mann sich wieder ein: «Das kommt sicher noch, wir wohnen noch nicht mal zwei Jahre hier.»

«Für Sie ist es in dieser Hinsicht eine Durststrecke», sage ich zu ihr.

«Ja, das kann man wohl sagen», reagiert sie.

«Vielleicht weiß der Pfarrer etwas für Dich», meint er.

«Nein», antwortet sie, «so Bibelkreise oder Kirchenchor ist nichts für mich. Ich möchte einfachere Kontakte haben.»

«Du sollst es nicht so tragisch nehmen», beschwichtigt er. Aber jetzt wird sie heftig.

«Du hast schön reden. Ich bin den ganzen Tag hier, ich kann nicht Menschen treffen wie Du.»

186

«Ich glaube doch, daß Du es zu schwarz siehst», beharrt er.

Ich sage ihm: «Ich glaube, es macht Ihnen Mühe, daß Ihre Frau sich mehr Kontakte wünscht. Fühlen Sie sich mitverantwortlich für den Zustand?» Ich nehme an, daß er den letzten Umzug durchgesetzt hat.

«Wir wollten beide eine andere Wohnung. Die alte wurde zu klein.»

«Ja», sagt sie, «aber Du wolltest weg von S. Ich wäre gern geblieben. Ich hatte eine Menge guter Beziehungen.»

«Ja nun, wenn es Dir hier nicht gefällt, ziehen wir zurück nach S. Wenn Du da unbedingt wohnen willst.» Eine Stille entsteht. Ein wenig peinlich.

«Ist das so für Sie?», frage ich sie, «Möchten Sie eigentlich wieder zurück nach S.?»

«Nein», sagt sie, «darum geht es nicht. Ich bin zufrieden, diese Wohnung ist gut. Aber ich will auch sagen können, was mir Mühe macht. Und mir nicht aufgeschwatzt bekommen, daß alles ideal ist. Vielleicht wird es tatsächlich mit der Zeit besser. Aber das ist jetzt nicht der Fall.»

«Ich möchte wirklich auch, daß Dir wohl ist», sagt er. Die peinliche Stimmung hat sich aufgelöst.

«In der Kirchgemeinde haben wir nicht nur einen Bibelkreis und einen Kirchenchor. Sie wissen natürlich, daß es jedes Jahr ein Sommerfest gibt, Ende August. Das wird von einer Gruppe aus der katholischen Gemeinde und aus unserer vorbereitet. Die haben viel Spaß damit, soviel ich weiß. Vielleicht wäre das etwas für Sie», sage ich ihr.

«Ja, vielleicht», reagiert sie.

«Nun, es dauert noch ein paar Monate, bevor das wieder anfängt. Ich glaube, daß ich jetzt wieder weitergehe. Ich habe mich gefreut, Sie kennenzulernen. Ich wünsche Ihnen alles Gute», sage ich ihm, «daß der Finger bald wieder gut funktioniert.» Zu Frau Waser sage ich: «Ich hoffe, daß Sie in unserer Gemeinde bald zurecht kommen.»

Die Wasers begleiten mich zur Haustüre. Sie bedanken sich ausführlich für meine Visite.

Probleme des Alltags

Mehr oder weniger zufällig wird Werner in ein Partnerproblem hineingezogen. Er spürt richtig, daß Herr Waser versucht, die Mitteilung des übrigens nicht so bedeutenden Unwohlseins der Frau abzuschwächen. Durch Werners Interventionen kann die Frau endlich deutlich sagen, was sie schon lang sagen will. Durch den Hausbesuch werden manchmal Probleme bewußt gemacht, bevor sie in einer krisenhaften Phase sind. Gerade der nicht so offizielle Charakter des Hausbesuches (es wird nichts Schriftliches festgehalten) wirkt auf viele Menschen einladend. Auf diese Weise entdeckt der Seelsorger schon bei dieser ersten Kontaktnahme ziemlich oft Probleme, die seelsorgerliche Beachtung verdienen: Trauerprozesse, die blockiert sind, Einsamkeit von Alleinstehenden und Verheirateten. Besonders geschiedenen Frauen mit Kindern fehlt oft eine Aussprachemöglichkeit. Alte Menschen, die langsam verbittern, wenn ihnen die Bewegungsmöglichkeiten genommen werden oder wenn der Partner kränkelt. Eltern, die ratlos werden über heranwachsende Kinder. Familienstreit. Das sind einige klassische Probleme, die den besuchenden Seelsorgern gezeigt oder erzählt werden. In den meisten Fällen suchen diese Menschen keine berufliche Hilfe. Die Not, in der sie leben, ist oft nicht derartig, daß zum Beispiel ein Arzt oder ein Sozialarbeiter helfen muß. Sie brauchen einfach einen Gesprächspartner, der aufmerksam zuhören kann. Das ungebetene, unbezahlte Interesse des Seelsorgers führt sie zum Reden. Ein tieferes Gespräch kommt natürlich nicht bei jedem Besuch zustande. Freundliches Interesse kann beim Besuch ganz auf der unverbindlichen Plauderebene bleiben. Das kann aber der Boden werden für eine spätere, wichtigere Beziehung, wenn in der besuchten Familie Probleme entstehen. Oft genug benutzt man das Bekanntsein mit dem Seelsorger, um zu ihm zu gehen. Wenn man ihn kennt, ist die Schwelle weniger hoch, besonders wenn der Seelsorger einen vertrauenerweckenden Eindruck hinterlassen hat.

Die Vernachlässigung der Hausbesuche

Wenn der Sinn der Hausbesuche so klar ist, warum werden sie dann vernachlässigt? Es gibt einige Argumente, die immer wieder genannt werden. Ich will versuchen, sie ernst zu nehmen.

a) «Die Menschen sind heute mündig»
Die Menschen sind, sagt man, mündig geworden. Der Pfarrer ist nicht mehr der Hirt, der seine Schäfchen sucht. Die Autorität des Seelsorgers ragt nicht mehr wie in früheren Zeiten über den Seelen seiner Gemeinde auf. Dazu paßt eine neue Organisation der Kontaktnahme, wobei die Initiative deutlich beim Gemeindeglied liegen soll. Der Seelsorger darf sich schriftlich im Kirchenblatt melden, einmischen soll er sich nicht.
Diese Sicht wird einigen Menschen gerecht. Auch in früheren Zeiten wird es wohl Leute gegeben haben, die Manns genug waren, den Kontakt zum Seelsorger selber zu suchen. Vielen, den meisten Menschen wird die beschriebene Sicht der mündigen Menschen jedoch nicht gerecht. Die Mündigkeit gilt mehr oder weniger im Arbeitsrecht, politisch und bildungsmäßig. Aber nicht emotional, das heißt nicht dort, wo Lebensprobleme am Menschen zehren. Emotionale Reife ist für viele Menschen heute schwerer erreichbar als in früheren Gesellschaftsformen. Es ist klar, daß der Herr Pfarrer nicht mehr eine öffentliche Autorität ist. Aber für Hausbesuche braucht es gar keine Autorität, sondern Interesse und Anteilnahme. Und die sind heute mehr gewünscht und nötiger als jemals zuvor. Je weniger sich der Seelsorger als Autorität

fühlt, desto geeigneter ist er gerade für Hausbesuche. Einfühlend und solidarisch sein ist wichtiger als Wissen.

b) «Man hat kein Interesse»

Die Menschen, sagt man, wollen nicht besucht werden. Sie haben die Kirche satt. Das ist eine Schreibtischthese. Jeder kann ihre Unrichtigkeit entdecken, wenn er sie erprobt. Die Zahl der registrierten Mitglieder, die jeden Besuch ablehnen, ist relativ klein. Es dürfte klar sein, daß dem Seelsorger nicht immer Freundliches dargeboten wird, wenn er kommt. Zu Gott, zur Kirche und dann auch zum kirchlichen Amtsträger haben letztlich alle Menschen ein ambivalentes Verhältnis. Auch der negative Pol dieser Ambivalenz ist wertvoll und soll den Seelsorger nicht einfach abschrecken. Auch Aggressivität verrät eine Beziehung.

c) «Der Pfarrer hat keine Zeit»

Die Pfarrer, sagt man, haben keine Zeit. Das bedeutet immer, daß sie andere Sachen wichtiger finden. Und tatsächlich, ein Hausbesuch kommt, wenn überhaupt, immer nur in den Lücken in Frage, die frei bleiben zwischen Gottesdienst, Unterricht, Sitzungen und anderen abgemachten, notwendigen Veranstaltungen. Es gibt sicher Pfarrstellen, die überlastet sind. Die Frage ist, ob das so sein darf. Man könnte die Frage stellen, ob es nicht eine organisatorische Sünde ist, Pfarrstellen zu erhalten, die keine Zeit zum freien Hausbesuch erlauben. Bei einigen Pfarrern scheint mir eindeutig zuviel Unterricht jede Möglichkeit zum freien Besuch zu verunmöglichen.

Verschiedene Seelsorger machen sich ein Idealbild vom Hausbesuch, das so hochgestochen ist, daß sie begreiflicherweise nie dazu kommen. «Man muß einen ganzen Abend reden mit den Leuten bei uns, sonst hat es keinen Wert.» Das finde ich Unsinn. Ein Hausbesuch muß nicht länger als eine Stunde dauern. Wenn die Besuchten das von vornherein wissen, richten sie sich ein. Viele Seelsorger haben eine merkwürdige Scheu, zu zeigen, daß sie nicht unbeschränkt Zeit haben. Eine abgemachte Stunde ist aber oft ertragreicher als ein ganzer Abend ohne Struktur und Grenzen, wenn keiner weiß, wie lange es noch geht. Das können wir ruhig von den Psychotherapeuten übernehmen: Die machen die Zeit genau ab. Wer fünf Minuten vor Abschluß das Wichtigste sagen will, weiß dann, wann er anfangen soll.

Die Pfarrer können, sagt man, nie alle Adressen besuchen, das ist unabsehbar. Daraus wird dann der Schluß gezogen: Überhaupt keine Hausbesuche ohne Anlaß. Diesen Schluß stelle ich in Frage. Seelsorge ist sowieso ein Tropfen auf einen heißen Stein. Wer die ganze Welt retten will, muß nicht Seelsorger werden.

d) Die Angst vor der Initiative

«Ich habe Angst, solche Hausbesuche zu machen», sagte ein Kollege. Dieses Argument möchte ich ernster nehmen als alle anderen zusammen. Denn es braucht Mut zum Hausbesuch, und der fehlt einfach oft.

Man liefert sich aus, «... Ich möchte Sie kennenlernen, darum bin ich zu Ihnen gekommen.» Warten. Unsicherheit bei der Frau oder dem Mann in der Türe: «Was soll ich mit ihm?» sehe ich mein Gegenüber denken. Aber gerade diese Auslieferung ist von entscheidender Bedeutung. Gerade das Risiko, daß man als Seelsorger abgewiesen werden kann, liefert die Verletzbarkeit, die den Zugang zu Herzen ermöglichen kann. Besonders wenn es dem Seelsorger rasch gelingt klarzumachen, daß er keine anderen Absichten hat, als einfach mit den Menschen bekannt zu werden, wird sein Interesse glaubwürdig. Seine schwache Position – jeder kann ihn abweisen – wird dann manchmal eine mächtige. Es rührt Seelsorger immer wieder zu erleben, wieviele Menschen sich innerhalb kürzester Zeit persönlich aussprechen, dankbar für das hörende Ohr.

Wird es sich nicht auch in der ganzen Haltung eines Seelsorgers abzeichnen, ob er grundsätzlich die Initiative zum Hausbesuch nimmt oder ob er das eben nicht tut? Ich bin nicht sicher. Ich habe nur die Vermutung, daß regelmäßiger Hausbesuch in der Gemeinde den Seelsorger prägt, und zwar positiv.

Die theologischen Wurzeln der seelsorgerlichen Initiative

Im Hausbesuch, den der Seelsorger aus eigener Initiative macht, werden charakteristische Strukturen der Seelsorge sichtbar. Aus eigener Initiative wagen sonst nur die Vertreter und die Verliebten zu kommen. Der Seelsorger gehört zu der zweiten Gruppe. Zwar ist er nicht verliebt, aber er ist ein Gesandter des Herrn, der diese Menschen liebt. Ohne diese Überzeugung wäre es wohl nie zu der Institution «Hausbesuch» gekommen. Gott sucht die Menschen. Dem entspricht das seelsorgerliche Charakteristikum, daß ein Pfarrer grundsätzlich zu den Menschen geht und nicht nur wartet, bis sie zu ihm kommen. Hier ist der Seelsorger gegenüber anderen Beratern bevorzugt. Auch in der Psychotherapie wächst die Einsicht, daß Liebe zum Patienten für den Erfolg der Behandlung nötig ist. Das Privileg des Seelsorgers ist, daß er das liebende

Interesse «zuvorkommend» ausdrücken kann. Damit richtet er schon, ganze ohne Worte, ein kräftiges Wort aus: «Du bist bekannt, es ist Interesse für Dich da, Du kannst mit mir rechnen, ich werde mich für Dich einsetzen.» Diese Botschaft, die ungebeten und unbezahlt zu den Menschen kommt, bringt keine andere Instanz als die Kirche (s. auch S. 233).

Der traditionelle Hausbesuch ist unersetzbar und gerade heute, inmitten starker Tendenzen zur Anonymität, von großer Bedeutung als Echo und Hinweis auf die frohe Botschaft, daß Gott uns «beim Namen gerufen» hat (Jes. 43,1).

24: Nicht jeder freut sich auf den Seelsorger – Abgewiesen

Willi Bühler (37) ist seit einigen Jahren Pfarrer in einer großen Stadtgemeinde. Einmal wöchentlich besucht er die Patienten aus seiner Gemeinde im Krankenhaus. Aus der Kartei sammelt er sich die Namen und Zimmernummern der betreffenden Gemeindeglieder. Er trifft den Namen eines Herrn Peter an, der nach der Karteikarte 62 Jahre alt ist und in Willis Gemeinde wohnt. Er liegt in einem Zweierzimmer. Der andere Patient gehört nicht zu Willis Gemeindegliedern. Über seine Erfahrung mit Herrn Peter teilt Willi mit:

Nachdem ich mich bei der Abteilungsschwester erkundigt habe, ob ich Herrn Peter besuchen kann, öffne ich die Türe des Krankenzimmers und sehe zuerst einen jüngeren Patienten. Ich weiß, daß Herr Peter 62 Jahre alt ist. An der anderen Seite des Zimmers liegt ein zweiter Patient. Ich nehme an, daß es Herr Peter ist.

«Grüezi mitenand», sage ich. «Ich heiße Bühler und ich bin der reformierte Pfarrer vom Industriequartier und möchte Herrn Peter besuchen. Sind Sie das?» frage ich den älteren Patienten.

«Grüezi», sagt der jüngere Mann.

«Mich brauchen Sie nicht zu besuchen», sagt Herr Peter, «ich habe mit Gott und Kirche abgeschlossen und ich wünsche keinen Besuch.»

Eine solche Zurückweisung erlebe ich selten. Ich bin überrumpelt und etwas verlegen. Ich bemerke plötzlich, wie hell das Zimmer von Neonröhren beleuchtet ist. «Ich besuche einfach alle reformierten Patienten aus meiner Gemeinde», sage ich. «Aber wenn Sie nicht wollen, respektiere ich das.» Inzwischen gehe ich noch einige Schritte auf ihn zu.

«Ich bin zwar nicht ausgetreten», sagt Herr Peter mit klarer Stimme, sogar etwas herrisch, «ich finde den sozialen Einsatz der Kirche gut, aber ich persönlich habe abgeschlossen.»

Das Wort «abgeschlossen», sticht mich.

«Sie sehen, daß ich mit Ihnen nicht abgeschlossen habe», sage ich, stolz über meinen Einfall.

«Das ist sehr nett, aber ich wünsche keinen Besuch», macht er mir klar. Er zieht mit beiden Händen die Decke hoch, wie wenn er jetzt schlafen möchte.

«In dem Fall gehe ich wieder, Herr Peter. Ich wünsche Ihnen alles Gute, ich hoffe, daß Sie hier bald finden, was Sie brauchen.

«Danke, Herr Pfarrer.»

«Adieu mitenand», sage ich und blicke den jungen Patienten nochmals an. Der grüßt freundlich zurück.

Ablehnungen sind legitim

Wer wird schon gerne abgewiesen? Eine Abweisung kann das Selbstbewußtsein eines Seelsorgers erschüttern. Wohl deshalb entstehen im Abgewiesenen manchmal starke, aggressive Gefühle.

Die genaue Analyse der Begegnung mit Herrn Peter zeigt, daß er keinen Anlaß zur Empörung gibt. Er beleidigt den Pfarrer in keiner Weise. Im «abgeschlossen» liegt wohl eine Abschätzung, aber die gilt klar der Kirche und dem Glauben, nicht der Person des Pfarrers. Die schonungslose Offenheit und die klare Stimme des Herrn Peter mögen auf eine nicht sehr freundliche Persönlichkeit deuten, aber nirgends benimmt er sich unanständig. Herr Peter hat natürlich das Recht, den Pfarrer abzuweisen. Er ist nicht ins Krankenhaus eingetreten, um dort einen Seelsorger zu suchen. Der Pfarrer kommt aus eigener Initiative zu ihm, wie das üblicherweise zum Seelsorgebesuch gehört. Damit ist die Frage immer aktuell, ob der Besuchte den Seelsorger empfangen will. Seelsorger sollen das ohne Ausnahme am Anfang ihres Besuches abklären. Es sind nicht immer prinzipielle Gründe, sondern auch zufällige, wie Kopfweh oder eine Vereinbarung, die Menschen zu einer Ablehnung des Seelsorgerbesuches Anlaß geben. Schwer lösbar ist das Problem, das entsteht, wenn Menschen eigentlich keinen Besuch wollen, aber sich nicht getrauen, das zu sagen. Hoffentlich spürt der Seelsorger dort den Widerwillen bald.

Ein anderes Problem läßt sich an der Begegnung von Willi mit Herrn Peter anschaulich machen: Wie gestaltet der Seelsorger seinen Abgang nach einer Abweisung? Wer sich gekränkt fühlt, zeigt das so oder so. Die schüchternen Seelsorger verziehen sich dann leise, fast ohne Gruß, oder sie stammeln unbeholfen, daß sie «das» verstehen. Die extravertierten finden einen Spruch, mit dem sie ihre Würde retten wollen. Beide Haltungen sind falsch, denn Abweisungen sind an sich legitim. Niemand hat den Seelsorger bestellt. Wenn er nicht zugelassen wird, braucht er sich nicht zu entschuldigen oder seine Würde zu retten.

Willi ist zuerst überrumpelt. Er findet aber rechte Worte. Er erläutert seine Initiative mit der Information, daß er alle reformierten Patienten aus der betreffenden Gemeinde besucht, fügt aber hinzu, daß er den Wunsch des Herrn Peter respektiert. Die Erläuterung wäre im Falle eines längeren Besuches auch nötig gewesen, sonst bliebe es unverständlich, weshalb Willi nur den einen und nicht auch den anderen Patienten besucht.

Als Herr Peter sein Reformiertsein mit dem Hinweis auf den sozialen Einsatz der Kirche begründet, aber nochmal sagt, er habe «abgeschlossen», bekommt Willi den Einfall, diesen Satz umzukehren: «Ich habe mit Ihnen nicht abgeschlossen.» Ein genialer Einfall, der am Bett eines schüchternen Menschen unangemessen wäre, hier aber erlaubt scheint. Ein solches Gegentor paßt nur im Fußballspiel mit starken Partnern. Die Bestimmtheit und die eher laute Stimme des Herrn Peter weisen auf eine gute Tragfähigkeit. Aufdringlich ist Willis Reaktion nicht, denn er verabschiedet sich, als er merkt, daß sein Besuch wirklich nicht, erwünscht ist.

Es scheint mir richtig zu sein, daß Willi nicht sofort nach der ersten Abweisung weggesprungen ist. Manchmal sind Abweisungen sehr aggressiv geladen und dort kann ein sinnvoller Besuch entstehen. Dort ist die Abweisung nur der Auftakt zu einer Entladung von Auflehnung. Solche Ausbrüche können ungemein heilsam und sinnvoll sein. Sie stehen oft mit dem Krankheitserleben in direktem Zusammenhang. Wenn ein allzu bescheidener Seelsorger sich sofort verzieht, wird eine Chance verpaßt. Bei Herrn Peter wird nun doch klar, daß er wirklich nicht will. Hier wäre es bemühend und irritierend, wenn der Seelsorger sein Weggehen noch hinauszögern würde, etwa mit Fragen, ob er denn so schlechte Erfahrungen mit der Kirche gemacht habe, oder ob er sehr krank sei oder schon lange im Krankenhaus liege. Sobald die Abweisung eindeutig ist, soll der Seelsorger weggehen.

Der letzte wichtige Punkt ist, welche Schlußworte der Seelsorger sagt. Willi ist sehr freundlich. Er wünscht alles Gute, sagt das sogar nicht nur mit einem konventionellen Wort, sondern originell. Er hinterläßt damit die Erinnerung eines unaufdringlichen und doch freundlichen Seelsorgers. Er wirft die Tür nicht endgültig zu. Das Versprechen, ein anderes Mal vorbeizukommen, wäre völlig fehl am Platz. Etwas anderes ist es, wenn der Seelsorger sich ein zweites Mal melden würde, wenn er nach einiger Zeit merkt, daß Herr Peter immer noch im Krankenhaus ist.

25: Ein existentielles Problem – Reden von Gott

Jürg Welti (42) hat als Gemeindepfarrer Herrn Tobler schon oft besucht. Dieser ist jetzt 72 Jahre alt und ziemlich pflegebedürftig, weil er schlecht sieht und ihm seine Beingelenke immer mehr Mühe machen. Seine Frau lebt schon lange nicht mehr. Kinder hat er nicht. Bisher wohnte er selbständig in einem kleinen Haus, das ihm gehört. Vor einigen Monaten mußte er in ein Heim übersiedeln, nachdem langwierige Versuche, jemanden für die Hauspflege zu finden, gescheitert waren.

Herr Tobler scheint ein gutes Vertrauen zum Pfarrer zu haben. Gesprächsthemen sind in der Regel die Unannehmlichkeiten, die die neue Situation ihm verursacht. Er beklagt sich über vieles und gleichzeitig resigniert er, weil er sich ohnmächtig fühlt.

Jürg berichtet von einem Besuch, den er Herrn Tobler kurz nach seinem Geburtstag gemacht hat.

Nachdem ich an die Türe geklopft und sein «ja» gehört habe, trete ich in Herrn Toblers Zimmer ein. Schwere Vorhänge machen es ziemlich düster. Ich finde die Möbel zu groß und langweilig. Herr Tobler sitzt im Lehnstuhl und steht mühsam auf, um mich zu begrüßen. «Grüezi, Herr Tobler, ich gratuliere Ihnen noch herzlich zu Ihrem Geburtstag. Ich habe festgestellt, daß Sie in der letzten Woche um ein Jahr älter geworden sind.»

«Danke, Herr Pfarrer. Ich freue mich, daß Sie kommen.»

«Wie geht es Ihnen?»

«Ach, nicht besser. Jetzt gibt es wieder eine andere Schwester, die mir die Fußwunde versorgt, und die ist so grob. Auch in der ganzen Art, nein, ich sage Ihnen.»

«Wie meinen sie, grob? Ist sie zackig oder hat sie einen frechen Mund?»

Mühsam schlägt er das eine Bein über das andere. «Ja, beides. Es ist einfach schwierig. Und dann noch etwas. Das Essen hier gefällt mir überhaupt nicht. Immer so Sachen, die ich noch nie gegessen habe. Gestern, da gab es wieder Pilze. Wir kennen das gar nicht. Ich habe früher nie Pilze gegessen. Da habe ich erst das Fleisch ganz sauber putzen müssen, erst dann habe ich es gegessen.»

«Sie sind jetzt natürlich ganz dem Geschmack eines Küchenchefs ausgeliefert. Es ist für Sie nicht leicht, daß jetzt andere über so viele Sachen bestimmen; das regt Sie manchmal richtig auf.»

Herr Tobler schaut mich an und sagt: «Ja, aber was mache ich? Nur nichts sagen. Es ist eine traurige Geschichte. Wenn meine Frau noch da wäre, wäre das anders. Ich konnte aber gut allein sein, ich hatte mich über den Verlust hinweggesetzt. Aber jetzt vermisse ich sie wieder sehr. Wenn die Beine nur wieder besser wären.»

In der Stimme des Herrn Tobler liegt eine Hoffnung, deren illusorischer Charakter ihm selber klar zu sein scheint. Er sitzt fast ohne Bewegung da, ohne Leben. Nur zittert das obere Bein ein wenig.

«Hoffen Sie doch noch, daß Sie sich wieder mehr bewegen können?» frage ich ihn.

«Ja, was soll ich ohne Hoffnung? Der Arzt sagte das letzte Mal, er sei zufrieden. Dann geht es doch aufwärts, nichtwahr?»

«Oder einfach nicht abwärts», dämpfe ich. Ich merke jetzt, daß sich etwas in mir gegen die Art wehrt, wie unser Gespräch läuft. Was mir Mühe macht, ist die unrealistische Art, in der Herr Tobler auf die Zukunft hofft. Es muß eine große Sehnsucht in ihm sein, die ihm die Realitätswahrnehmung behindert.

«Es tut mir leid, wie Sie schwer zu tragen haben und wie es Ihnen Mühe macht, Ihre gesundheitliche Situation zu akzeptieren.»

«Wie soll ich das akzeptieren? Das kann doch so nicht weitergehen? Vielleicht gehe ich jetzt zu einem anderen Arzt. Ich habe von einem Dr. Bohlen gehört, kennen Sie ihn?»

«Ich kenne ihn nicht.» Es entsteht eine Pause. Herr Tobler sieht resigniert vor sich hin.

Das Ausweichen vor existentiellen Lebensfragen

Die Erforschung des menschlichen Erlebens in Notsituationen zeigt, daß jeder Mensch die Tendenz hat, Schweres abzuwehren, auch wenn es offensichtlich unentrinnbar ist. Wenn diese Verleugnung und Selbsttäuschung nicht mehr möglich ist, weil die Not sich zu sehr aufdrängt, gerät er in eine neue emotionale Phase. Er versucht unbewußt, in aggressiven und traurigen Reaktionen den Lauf des Lebens aufzuhalten. In der Regel dauern diese Reaktionen nur eine kurze Zeit. Letzten Endes akzeptiert er das, was das Leben ihm aufzwingt.

Solche Phasen können Menschen aber in die Länge ziehen. Dann vermehren sie ihr Leiden sinnlos. In dieser Situation befindet sich Herr Tobler. Ohne daß es ihm bewußt ist, orientiert er sich am Zukunftsbild eines gesunden Menschen mit einem gut funktionierenden Körper. Das ist in seinem Fall unrealistisch. Diese Illusion kommt aber sehr viel vor. Die Naivität solcher Wunschträume bei Menschen, die an sich erwachsen und vernünftig sind, wurzelt in der Angst vor der neuen Realität der Behinderung und der Gebrechlichkeit. Die Angst beherrscht ihre Einschätzungen und führt sie zu verzweifelten Hoffnungen. Von einem Seelsorger darf man erwarten, daß er eine solche Abwehrhaltung durchschaut und dem betreffenden Menschen dazu verhilft, aus der Verzweiflung herauszukommen und den Weg echter Hoffnung zu entdecken.

Im Gespräch mit Menschen, die sich in einer solchen emotionalen Sackgasse festgefahren haben, gibt es ein klares Merkmal, nämlich die endlos wiederholten Klagen. Herr Tobler klagt, er klagt an, und er ist resigniert, in immer wiederkehrendem Turnus. Er erzählt endlos Details, immer unangenehme Begebenheiten, immer entweder aggressiv oder traurig oder in jener Mischung dieser Stimmungen, die man Bitterkeit nennt.

Entscheidend für die Bestimmung eines rechten seelsorgerlichen Verhaltens ist, wie solche aggressiven oder traurigen Reaktionen zu beurteilen sind: als eine vorübergehende Befindlichkeit oder als eine fixierte Stimmung. Im ersten Fall handelt es sich um Phasen in einem Bewältigungsprozeß. Dort ist ein verstehendes Zuhören nötig. Das führt zur Klärung, sodaß der innere Prozeß der Verarbeitung sich weiterentwickeln kann. Im anderen Fall aber hat sich eine Gefühlsphase verselbständigt. Der Prozeß ist ins Stocken geraten. Jetzt genügt ein unmittelbares Einfühlen nicht. Das Gespräch kreist immer um dasselbe, man kommt nicht weiter. Der Prozeß entwickelt sich nicht mehr, weil der Betroffene den nächsten Schritt nicht macht. Hier soll der Seelsorger initiativ werden. Auch jetzt ist Einfühlung nötig, aber weniger unmittelbar und mehr tastend und suchend. Der Seelsorger soll sich dahinein einzufühlen versuchen, wovor der andere Angst hat. Etwas hindert ihn, den bevorstehenden Schritt zu machen. Was? Das soll gesucht werden (s. auch S. 49).

Religiöse Fragen, die man einem Seelsorger vorlegt, sind oft Verpackungen seelischer Probleme, die nicht direkt religiöser Art sind. Aber hier treffen wir den umgekehrten Fall an. Herr Tobler redet immer von seinen seelischen Problemen, von seiner Sehnsucht und seiner Enttäuschung, von seiner Auflehnung und Bitterkeit. Hinter diesem Vordergrund liegt ein religiös-existentielles Problem, nämlich die Tatsache der Vergänglichkeit. Dieser versucht er auszuweichen. In unserer Gesellschaft, in der der Tod und das Leiden weitgehend verleugnet werden, geschieht das fast systematisch. Leben, Gesundheit und Kraft werden dermaßen einseitig idealisiert, daß Menschen sich völlig hilflos und verwirrt fühlen, wenn sie ihrer eigenen Vergänglichkeit gewahr werden. Die übliche Scheinlösung ist die trügerische Hoffnung, daß alles wieder ins rechte Lot kommt. Die totale Resignation ist nur die andere Seite dieses verzweifelten Optimismus. Herr Tobler pendelt innerlich hin und her zwischen unrealistischen Hoffnungen und totaler Verzweiflung.

Schematisch dargestellt sind vier Ebenen zu unterscheiden:

die rationale Ebene ←————	Klagen über Einzelheiten
die emotionale Ebene ←————	Ärger und Resignation
die Charakterebene ←————	Eine aktivistische, optimistische Lebenseinstellung
die existentielle Ebene ←————	Die Illusion einer ewigen Jugend

Wenn wir Herrn Tobler recht verstehen, können wir annehmen, daß er eine kräftige Person ist, die es sich gewöhnt ist, energisch an die Probleme heranzugehen. Daß diese Lebenseinstellung jetzt versagt, macht ihn mißmutig. Im Gespräch wird erkennbar, daß der Seelsorger sich nicht auf die zwei oberen Ebenen beschränkt, sondern den Weg zu den tieferen Schichten seines Gesprächspartners sucht.

«Herr Tobler», sage ich, «ich möchte Ihre ganze Situation noch von einer anderen Seite her betrachten. Ich höre oft von Ihnen, auch heute, daß Ihnen Vieles Mühe macht. Die Situation hier in diesem Haus, die Behandlung des Arztes. Macht Ihnen im Grunde nicht noch etwas anderes Mühe, nämlich die Tatsache, daß Sie jetzt alt und vielleicht gebrechlich und abhängig werden?»

«Ich bin doch noch nicht so alt?» wendet Herr Tobler ein.

«Ich finde, daß Sie jetzt alt sind. Aber ich glaube, daß Sie es eigentlich nicht wollen. Tut es Ihnen so weh?»

«Ja», sagt er vor sich hin, «ich vergleiche mich vielleicht mit den falschen Leuten. Mein Schwager ist 83 und sehr munter.»

«Ich sehe zwar», sage ich, «daß Sie auch noch viel Kraft haben. Sie sind sicher nicht alt im Sinne von abgelebt und fertig. Aber langsam sind Sie doch in ein ziemlich hohes Alter gekommen und Ihre Kräfte gehen zurück.»

«Das ist eine beschissene Sache, da läßt sich nichts machen.»

«Sie sagen es so ganz, wie Sie es erleben: beschissen.»

«Entschuldigung ich ...»

«Nein, ich bin froh, daß Sie es mir so klar sagen. Ich finde das Leben auch manchmal beschissen, ich wüßte kein besseres Wort. Aber jetzt möchte ich doch einmal weiterreden mit Ihnen. Ist das für Sie so, daß Sie eigentlich nicht annehmen wollen, daß wir in unserem Leben mit dem Älterwerden zurückbuchstabieren müssen?»

«Ach, ich denke nie so daran.»

«Vielleicht sollten Sie.» Jetzt ist es still. Ich glaube, daß Herr Tobler nicht weiter weiß. Ich warte einige Momente.

«Ich sehe es so», sage ich dann wieder, «daß unser ganzer Lebenslauf eine Botschaft ist. Die Tatsache, daß wir alt werden, will uns etwas sagen. Ich merke auch bei mir, wie ich älter werde. Ich bin noch nicht so weit sie Sie. Aber ich möchte mit Ihnen versuchen, die Botschaft des Alters ein wenig zu verstehen. Ich glaube, daß es letztlich eine gute Botschaft ist. Gott der Schöpfer redet zu Ihnen, und er ist ein Erlöser, er meint es gut mit uns.»

Die Initiative zum geistlichen Gespräch

Nur in einem Vertrauensverhältnis hat es einen Sinn, über existentielle Probleme zu reden. Solange zwischen dem Seelsorger und seinem Gesprächspartner zu wenig Vertrauen besteht, soll der Seelsorger warten und keine Initiative ergreifen, von den letzten Dingen des Lebens zu reden. Das schönste Bibelwort bleibt eine hohle Phrase, wenn es in einer Situation gesprochen wird, in der Menschen einander nicht nahe stehen. Über die Gemeinschaft mit Gott läßt sich nur reden, wenn Menschen Gemeinschaft miteinander haben. Zuerst soll ein Seelsorger versuchen, diese menschliche Gemeinschaft durch sein Interesse und durch seine Einfühlung zu fördern.

Jürg Welti hat ein herzliches Verhältnis zu Herrn Tobler. Dadurch hat seine Initiative zu einem geistlichen Gespräch einen festen Boden.

Er versucht, Herrn Tobler zu geistlichem Wachstum zu führen. Herr Tobler selber kommt nicht dazu, er verstrickt sich in Alltagsdetails und unrealistische Erwartungen. Er hofft zwar auf Gott, aber ganz im Rahmen dieser unrealistischen Hoffnungen. Der Seelsorger versucht nun, Herrn Tobler zu einer reiferen Hoffnung zu führen.

Das Problem der Vergänglichkeit birgt wohl für alle Menschen große Schmerzen in sich. Jahrzehntelang können wir uns der Illusion hingeben, wir seien unsterblich und unsere Kraft sei unerschöpflich. Erfahrungen des Alterns zerstören diese Illusion. Kein Glaube kann die Angst wegnehmen, die mit diesen Erfahrungen verbunden ist. Aber ein reifer Glaube hilft Menschen, daß sie diese Lebensängste ernst nehmen statt ihnen auszuweichen. Dadurch können diese Ängste sogar verheißungsvoll sein. Auf dem Wege des Ausweichens werden sie verheerend. Deshalb hat die Initiative des Seelsorgers mit Rettung zu tun. Herr Tobler befindet sich auf einem verheißungslosen Weg. Solange niemand die wichtigen Probleme anspricht, kann er sie verleugnen. Der Seelsorger will ihn auf den Weg des Lebens führen.

Der Weg der Verheißung und des Lebens ist aber kein harmloser, naiv-fröhlicher Weg. Er geht durch den Engpaß der offenen Auseinandersetzung mit der Vergänglichkeit. Davon soll nun ganz klar und offen geredet werden. Jürg führt Herrn Tobler dazu, mutig und sicher. Er hat es nicht leicht, schon deshalb nicht, weil er selber die Initiative ergreifen muß. So schwierig ist es nicht bei allen Gesprächen. Viele Menschen fangen selber, offen oder in Andeutungen, vom existentiellen Problem an. Manchmal persönlich, manchmal mit einem Spruch («Das Alter kommt mit Beschwerden», «Man kann nicht ewig jung bleiben», «Man ist halt keine zwanzig mehr»). Wenn Menschen sich so ausdrücken, ist das manchmal schon eine Bitte um Hilfe. Vom Seelsorger dürfen sie erwarten, daß er in diesem Problem daheim ist.

Der Seelsorger geht erst wirklich auf die Lebensfragen ein, wenn er sie beim Namen nennt. Die Gefahr ist, daß er nur andeutet oder in Bildern redet. Die Ebene des Erlebens wird dann aber selten erreicht. Offenheit kann sehr weh tun. Das ist der Grund, weshalb Seelsorger manchmal Angst vor ihr haben. Sie rechtfertigen und rationalisieren in der Regel ihre Angst damit, daß sie nicht plump sein und den anderen Menschen nicht verletzten wollen. Aber zwischen Plumpheit und Offenheit ist ein wesentlicher Unterschied. Plumpheit rechnet nicht mit der Solidarität, sie ist mit Klarheit zufrieden. Offenheit ist klar, aber es strömt auch Wärme zum anderen Menschen. In dieser Wärme sind auch Schmerzen erträglich. Die Situation, in der eine Initiative zur Offenheit vom Seelsorger verlangt wird, ist mit der Position eines Chirurgen vergleichbar. Eine Wunde muß gemacht werden, sonst ist Hilfe unmöglich.

Leider macht es vielen Seelsorgern Mühe, die Initiative zu einem geistlichen Gespräch zu ergreifen. Ihre Gespräche bleiben unnötigerweise oberflächlich. Sind wir selber vielleicht oberflächlich? Sind die existentiellen Lebensfragen uns selber ein Anliegen? Hier ist unser persönlicher Glaube gefragt. Ohne einen Zugang zum eigenen Glauben und Unglauben merken wir vielleicht nicht einmal, daß eine Initiative zum geistlichen Gespräch nötig ist. Jürg zeigt, daß er sich mit der Frage der Vergänglichkeit befaßt. Er macht das klar durch seine originelle Art darüber zu reden.

«Gott soll mir doch helfen, Herr Pfarrer, ich bete so oft darum», sagt Herr Tobler etwas trotzig.

«Sie meinen, daß Gott Ihnen helfen soll, wieder gesund zu werden», versuche ich ihn zu verstehen.

«Ja, genau, Gott soll mir doch helfen.»

«Gott soll eigentlich verhüten, daß Sie älter und schwächer werden ...»

«Ja», seufzt er resigniert, «das geht natürlich nicht.»

«Und das ist eben beschissen», füge ich hinzu.

Es wird still. Ich glaube, daß Herr Tobler nicht mehr weitersieht.

«Ich will versuchen, Ihr Leben anders zu verstehen, lieber Herr Tobler. Gehen wir einmal davon aus, daß Gott uns gerade damit hilft, daß wir älter werden. Das ist kein Unglück, wie Sie das vielleicht manchmal sehen. Wie ist das für Sie, eine Hilfe? Oder paßt das nirgendwo hin?»

«Eine Hilfe ... das verstehe ich nicht.»

«Daß Gott uns Schritt um Schritt dazu führt, unser Leben aus unseren Händen herzugeben und mehr von ihm zu erwarten, zuletzt sogar alles.»

Herr Tobler schaut mich kurz an und sieht dann auf den Boden. «Mir fällt es schwer», stöhnt er.

«Ich merke das, wie weh es Ihnen tut. Mit Ihrem Verstand wissen Sie auch: das ist der Lauf der Welt. Aber eigentlich lehnt sich alles in Ihnen dagegen auf. Sie wollen Ihre starke Kraft festhalten. Ich kann das, glaube ich, so gut verstehen, wir ziehen am gleichen Strick. Wahrscheinlich fällt es mir auch schwer. Ich bin auch gerne stark und gesund, selbständig.»

Der Widerstand gegen den Lauf des Lebens

Es ist instruktiv, auf den Duktus des Gesprächs in diesem Abschnitt zu achten. Eine Analyse zeigt die folgenden Schritte:
1. Jürg versucht, Herrn Tobler auf Gottes Verheißung im Altern aufmerksam zu machen (s. S. 198).
2. Herr Tobler wehrt das ab mit dem Hinweis auf die Hilfe, die er selber von Gott erhofft.
3. Jürg geht auf diese Abwehr ein.
4. Herr Tobler gibt seine Abwehr in dieser Form auf.
5. Jürg versucht nochmal, auf die Verheißung hinzuweisen, jetzt konkreter als am Anfang.

200

6. Herr Tobler meldet seine Mühe an, aber nicht mehr mit Argumente, sondern mit direktem Erleben: «Mir fällt es schwer».
7. Jürg solidarisiert sich mit ihm in diesem Erleben.

Der Seelsorger hat zwei Probleme zu bewältigen. Erstens soll er eine angemessene Art finden, Herrn Tobler Hoffnung zuzusprechen. Zweitens muß er mit dem Widerstand des alten Mannes gegen diesen Zuspruch und seine Konsequenzen fertig werden.

Das erste Problem ist die Aufgabe, einem Menschen Gottes Frohbotschaft in seinem konkreten Alltag zuzusprechen. Ein «Gott ist mit Ihnen» oder «Gott erlöst uns alle» wäre hier viel zu blaß und würde am eigentlichen Lebensproblem vorbeireden. Jürg soll das Evangelium einem Menschen sagen, der sich gegen den Lauf des Lebens wehrt. Jürg findet einen Weg, indem er die Geschöpflichkeit und damit die Vergänglichkeit grundsätzlich als Heil und nicht als Unheil darstellt. Konkret: «Gott sah, daß Herr Tobler alt wurde, und er sah, daß es gut war.» Nachher greift er das Thema noch konkreter auf, wenn er die wachsende Hilflosigkeit als eine Herausforderung darstellt, vermehrt auf Gott zu warten.

Es kann hier nicht darum gehen, Rezepte für Gespräche mit Menschen in ähnlichen Situationen aufzustellen. Gerade im religiös-existentiellen Gespräch zeigt sich die Individualität eines Seelsorgers. Das hat zur Folge, daß jeder Seelsorger sich wieder anders ausdrückt. Was der Seelsorger sagt und zuspricht, soll natürlich dem angesprochenen Menschen verständlich und der Beziehung zu ihm angemessen sein. Wichtiger ist aber noch, daß der Seelsorger aus seinem eigenen Herzen spricht.

Es ist unerläßlich, daß Seelsorger selber mit den betreffenden Lebensfragen ringen und gerungen haben. Nur dann sind sie fähig, mit Menschen in ernsten Situationen über diese Fragen zu reden. Hilfreich ist es, wenn der Seelsorger ein klares Modell als Verstehenshilfe anbietet, wie Jürg das mit «Der Schöpfer ist ein Erlöser, er meint es gut mit uns», und mit der Verbindung von Hilflosigkeit und Erwartung tut. Solche Modelle lassen sich in der Regel nicht übernehmen. Die Individualität solcher Gespräche verlangt, daß der Seelsorger sich so ausdrückt, wie er das in seinem eigenen Ringen mit den Lebensfragen gelernt hat. Glaube und Theologie sind hier beide nötig: Glaube, insofern auf Gott als unseren Halt und unsere Orientierung hingewiesen wird. Theologie, insofern die Probleme systematisch geordnet und die Lösungsversuche kritisch geprüft werden.

Das zweite Problem in diesem Abschnitt des Gespräches mit Herrn Tobler ist der Widerstand, den dieser zeigt. An sich ist der Widerstand verständlich, sonst wäre das ganze Gespräch nicht nötig gewesen. Die

Frage für die Seelsorge ist, wie mit diesem Widerstand umzugehen ist. Jürg vermeidet einen oft gemachten Fehler, nämlich die direkte Bekämpfung und Verurteilung des Widerstandes. Wer diesen Fehler macht, entfacht eine ausweglose Diskussion. Das Gespräch würde dann ungefähr so verlaufen: «... Gott soll mir doch helfen, ich bete so oft darum», sagt Herr Tobler. «Ja, aber Sie erwarten Gottes Hilfe nur als Gesundheit, er kann auch ganz anders helfen», reagiert der Seelsorger, der den Widerstand nicht ernst nimmt. «Sie sind gesund, Sie haben gut reden», sagt (oder denkt) Herr Tobler. «Sie müssen doch einsehen, daß Sie einmal alt und schwach werden», sagt der Seelsorger. Entweder gibt Herr Tobler seine Position resigniert auf, oder er kommt mit einem neuen Argument. Das Ende ist immer Erschöpfung, Resignation und das Gefühl, nicht verstanden zu werden.

Der Weg, den Jürg wählt, ist klüger. Er hat Herrn Tobler klar auf Gottes Verheißung hingewiesen und ihn herausgefordert, aber sobald dieser seinen Widerstand meldet, ändert Jürg seine Haltung und ist bereit, ihn zu verstehen: «Sie meinen, daß Gott Ihnen helfen soll, wieder gesund zu werden.» Genau das hat Herr Tobler gemeint. Erst jetzt fordert Jürg ihn nochmals heraus mit der Konsequenz dieser Worte: «Gott soll eigentlich verhüten, daß Sie älter und schwächer werden.» Und jetzt ist Herr Tobler bereit zu entdecken, daß er Unmögliches verlangt. Dort läßt der Seelsorger ihn übrigens nicht allein: «Das ist eben beschissen.» Mit der Wiederaufnahme dieses treffenden Wortes ist der Schmerz über das Unabwendbare bewußt gemacht und als echtes Leiden akzeptiert.

Als sich der Widerstand ein zweites Mal meldet («Mir fällt es schwer»), nimmt Jürg die gleiche Haltung ein. Er sagt nicht: «Gott wird Ihnen Kraft geben», denn das würde in diesem Moment eine fromme Verurteilung von «Mir fällt es schwer» sein. Im Gegenteil, Jürg solidarisiert sich: «Wir ziehen am gleichen Strick. Wahrscheinlich fällt es mir auch schwer.» Erst nachher versucht Jürg, einen nächsten Schritt zu machen, in die Hoffnung hinein.

Die Kunst guter Seelsorge in Gesprächen dieser Art, ist die rechte Verbindung von Einfühlung und Herausforderung. Herr Tobler kommt nur aus seiner Sackgasse der Resignation und der unrealistischen Hoffnung heraus, wenn der Seelsorger ihn in Frage stellt. Aber das läßt der Mann nur zu, wenn er sicher ist, daß der Seelsorger ihn versteht und nachempfinden kann, was in ihm vorgeht. Der alte Mann wagt den Schritt auf das Glatteis der Realität nur, wenn er gleichsam doch mit einer Hand die Wärme und die Anteilnahme des Seelsorgers spürt. Bedrohend für die Seelsorge sind also Einseitigkeiten nach zwei Seiten: eine rein einfühlende, reagierende Haltung, die zwar Anteilnahme gewährt, aber den Mann im Loch läßt, und eine rechthaberische Haltung, die in eine rationalisierende Diskussion entartet, in der der Mann zwar herausgefordert wird, aber zu wenig Halt und Wärme bekommt. So braucht der Seelsorger Mut und Schlagkaft, aber gleichzeitig Vorsicht und Geduld.

Unerfahrene oder unfähige Seelsorger geben es bald auf, Menschen wie Herrn Tobler in ihren unrealistischen Hoffnungen in Frage zu stellen. Sie hören eine Weile zu, sie zeigen Anteilnahme und sprechen ihnen, meist gegen Schluß, plötzlich Trost zu. Aber Zuspruch allein, also ohne Herausforderung, wirkt in der Situation des Herrn Tobler wie Opium. Die Resignation bleibt unangetastet, der zugesprochene Trost steht unvermittelt da. Der rechte Seelsorger wird versuchen, die Resignation zu bekämpfen. Dafür braucht er aber genau so viel Geschick und Phantasie, wie die Resignation sie selber im Herzen des Menschen aufbietet.

«Aber so kann es nicht immer bleiben», sagt Herr Tobler. «Das ist wahr.»

«Gottes Weg mit uns ist jetzt mal so. Ich möchte darauf vertrauen, daß es ein guter Weg ist.»

«Meine Frau sagte, kurz bevor sie starb, ‹es ist gut, Willi, es ist gut›. Sie hatte Frieden gefunden.»

«Sagte sie das?» sage ich erstaunt. «Das macht mir Eindruck.»

«Es war auch beeindruckend», erwidert er. Er nimmt die Beine voneinander weg und sitzt ein wenig vornübergebeugt.

Es ist eine meditative Atmosphäre zwischen uns entstanden. Wir sitzen einfach wortlos zusammen. Ich wage noch einmal einen Vorstoß.

«Stehen die unangenehmen Erfahrungen, die Sie täglich machen, von da her nicht in einem bestimmten Zusammenhang?»

«Ich soll mich weniger aufregen», nickt er.

«Das scheint mir nur möglich, wenn Sie eine innere Ruhe finden. Ich hoffe, daß die wächst in Ihnen.»

Wieder ist es stille. Manchmal bete ich mit Herrn Tobler, wenn ich ihn besuche. Das will ich diesmal auch tun.

«Beten wir noch zusammen?»

«Ja, gerne», sagt er. Wir falten die Hände.

«Lieber Gott, du machst es uns und besonders Herrn Tobler nicht leicht. Verstehst Du das, daß er stark sein möchte und wieder gesund? Es ist nicht leicht, mit schwachen Augen und steifen Beinen leben zu müssen. Aber Du hast uns so erschaffen, daß wir zuerst stark werden und dann doch wieder hilflos. Lieber Gott, führe uns an Deiner Hand. Trage Herrn Tobler auf seinem Weg. Bei Dir ist Hoffnung und Friede, Freude und Kraft. Sei Du mit allen Menschen, Herr, und führe uns in Dein Reich. Amen.»

Wir sitzen schweigend zusammen.

«Fühlen Sie sich eigentlich von mir verstanden oder sehe ich es nicht gut?»

«Sie verstehen mich gut. Es ist gut, daß Sie gekommen sind.»

«Vielleicht reden wir noch einmal weiter darüber.»

«Den Frieden, den inneren Frieden möchte ich mehr finden.»

«Ja», sage ich und warte. Will er noch mehr sagen? Ich habe selber das Gefühl, daß es Zeit ist, mich zu verabschieden. Es bleibt still. Ich stehe auf und sage ihm noch: «Ich wünsche Ihnen von Herzen alles Gute. Ich bin gerne bei Ihnen gewesen.» Auch er erhebt sich mühsam. Als wir uns die Hand geben, bedankt er sich für meinen Besuch. Ich verspreche ihm, wieder vorbeizukommen.

Beten und Lesen im seelsorgerlichen Gespräch

Im Gebet, das Jürg mit Herrn Tobler spricht, sind drei Elemente wesentlich. Erstens wird die Mühe, die der alte Mann in seiner Situation erlebt, als Klage vor Gott in Worte gefaßt. Jürg geht freimütig mit Gott um: «Du machst es uns nicht leicht», «verstehst Du ...?» Gerade im Gebet ist es möglich, Gefühle wie Ärger und Auflehnung auszudrücken. Wer nur dankt und lobt, bekommt Schuldgefühle über seine versteckte Auflehnung gegen Gott, und das ist kein guter Weg. Der offene Ausdruck des Leidens kann Menschen reinigen und befreien.

Zweitens bringt Jürg den Zuspruch, den er Herrn Tobler gemacht hat, im Gebet in eine klare Verbindung zu Gott: «Du hast uns so erschaffen.» Im Gebet versucht er mit dem Mann vor dem gleichen Gottesgeheimnis zu verweilen wie im Gespräch. So prägt sich dieses Geheimnis möglicherweise noch tiefer in ihn ein. Wer solche Vorstöße im Gebet nur aus pädagogischen Gründen macht, mißbraucht das Gebet. Aber ein rechtes Gebet darf pädagogische Züge haben.

Drittens bittet er Gott um Hilfe und Führung. Darauf ist Herr Tobler angewiesen, wenn er es wagt, aus seinem Jammern auszusteigen.

Weshalb ist das Gebet in der beschriebenen Begegnung angebracht? Ich sehe einige Tatsachen, die ein Gebet rechtfertigen.

a) Es betrifft einen Besuch in einer längeren Reihe von Besuchen bei einem Menschen, der das regelmäßige Interesse des Pfarrers offenbar schätzt. Solche Besuche entwickeln sich, gerade durch ihre Wiederholung, zu einer Art gottesdienstlicher Betreuung. Es ist dem Mann ja nicht mehr möglich, selber in die Kirche zu gehen.

b) Im Gespräch ist von vielen Lebens- und Glaubensfragen die Rede gewesen. Wenn ein solches Gespräch nicht eine unverbindliche Diskussion, sondern eine echte Begegnung war, ist die Ehrfurcht, die zu einem Gebet nötig ist, schon entstanden.

c) Im Gespräch ist klar geworden, daß Herr Tobler Mühe mit Gott hat, aber auch, daß er anders möchte. In einer solchen Anfechtung liegt ein Gebet auf der Hand.

Ein gemeinsames Beten, auch wenn nur der Seelsorger spricht, kann dem besuchten Menschen eine Hilfe sein, indem es zum vertraulichen Umgang mit Gott führt. Das Gebet weist weg vom helfenden Mitmenschen, oder durch ihn hindurch, auf die Treue des Herrn. Beten ist in seelsorgerlichen Gesprächen leider manchmal ein Ersatz für ein Gespräch über Gott und den Glauben. Wenn es dem Seelsorger schwer fällt, schlicht und offen, mit offenen Augen, vom Glauben zu reden, kann das Gebet die Flucht in ein Ritual sein. Eine Lesung und ein Gebet haben eben den Nachteil, daß Menschen einander dabei nicht mehr anschauen können. Besonders beim Lesen kommt eine unpersönliche Note hinein. Vorgelesene Worte eines Jesaja und eines Paulus sind, in Wortwahl und Satzbau, unpersönlich im Vergleich zum direkten Wort des Seelsorgers. Die Buchdruckkunst gibt Seelsorgern die Gelegenheit, um ihr eigenes Zeugnis herumzukommen. In der Bibel selber wird außer im Gottesdienst nie vorgelesen. Das Evangelium wird mündlich überliefert. Das ist kein Zufall, und das hat mit primitiven Zuständen schon gar nichts zu tun. Es hat mit der Tatsache zu tun, daß Gottes Wort dort vermittelt wird, wo Menschen Kontakt zueinander suchen. In der unmittelbaren, gesprochenen Sprache sind alle Sinne beteiligt. Der ganze Mensch kommuniziert. Das macht den Kontakt intensiver als eine Lesung. Eine Bibellesung soll in der Seelsorge deshalb eine Ausnahme sein, die klare Indizien verlangt. Wo ein Besuch den Charakter eines Gottesdienstes haben soll, zum Beispiel bei einem Chronischkranken, oder wo ein bekanntes biblisches Wort das Vertrauen bei Menschen in großer Not stärken soll, dort ist eine Lesung angemessen. Sonst braucht ein Seelsorger keine Bibel für seine Besuche. Er ist selber ein gläubiger Christ und er hat einen Mund, um damit zu reden. Das lebendige Wort ist besser als eine Drucksache. Oder erwarten viele Menschen vom Seelsorgerbesuch, daß gelesen und gebetet wird? Ich wage es zu behaupten, daß diese Erwartung, die es sicher gibt, hauptsächlich auf ein geistliches Wort bezogen ist und nicht unbedingt auf Lesung und Gebet. Die meisten Menschen sind von einem persönlichen Glaubenswort mehr erfreut als von einer Vorlesung, weil das direkte Wort sie tiefer berührt.

Die Frage, wo ein geistliches Wort, sei es ein persönliches oder ein gelesenes oder ein Gebet, angemessen ist und wo nicht, läßt sich nicht mit klaren Regeln beantworten. Hier verlangt die Individualität des Seelsorgers einen großen Spielraum, während gleichzeitig den Bedürfnissen des anderen Menschen Bedeutung zugemessen werden soll. Nur sind diese Bedürfnisse nicht immer klar erkennbar und ebensowenig immer legitim. Seelsorge darf nicht als Bedürfnisbefriedigung definiert werden. In gewissen Situationen bleibt dem Seelsorger deshalb nichts anderes übrig als zu erraten, was richtig ist. Unvermeidlich wird er dabei Fehler machen. Ohne diese Frustration kann man heute nicht Seelsorger sein.

26: Auf verheißungslosem Weg –
Offensive Seelsorge

Fritz Zürcher ist dem Leser schon bekannt (s. S. 93). Wir begegnen ihm jetzt noch einmal in einem Gespräch mit Frau Manzoni, die er seit einigen Monaten kennt. Sie nimmt an einem Gesprächskreis in der Kirchgemeinde teil. Fritz will sie ein wenig besser kennenlernen und besucht sie einmal zuhause. Frau Manzoni ist 63 Jahre alt. Sie war lange ledig und heiratete vor zwanzig Jahren einen ausländischen Geschäftsmann, der aber vor einem Jahr gestorben ist. Fritz erzählt:

In der Gesprächsgruppe fiel sie mir anfänglich durch eine gewisse Starre auf. Dann war sie plötzlich einmal sehr lebendig, aber das nächste Mal wieder verhalten. Am Schluß der Saison machten wir einen Tagesausflug. Als wir uns am Abend verabschiedeten, war sie völlig in Tränen. Drei Wochen später lud ich mich zu einem Schwatz bei ihr ein.

Ich sitze in einem großen Klubsessel ihr gegenüber. Ich finde die Atmosphäre in ihrem Haus kalt. Ziemlich große Möbel, alles eine Nummer zu groß für diese Frau. Den altmodischen, schweren Vorhängen haftet ein Hauch von ancien régime an. Frau Manzoni erzählt mir viel aus ihrem Leben, sprunghaft, assoziativ. Manchmal schimpft sie bitter, unter Anderem über ihren verstorbenen Mann, der sie dauernd betrogen habe. Aber sie vermißt ihn doch auch. Dann ist sie wieder nachdenklich, sagt, daß sie eine Stelle suche, weil sie zuviel allein sei. Selbstkritisch scheint sie ihre Schwächen, besonders ihre Unstetigkeit zu kennen. Sie habe drei Jahre einen Kiosk betrieben, bis der aufgehoben wurde. Auch sei sie fast ein Jahr Serviererin in einer Konditorei gewesen, aber das Herumrennen sei ihr mit der Zeit zu schwer gefallen. Im Allgemeinen gefalle es ihr nie lange an einem Ort. Aber aggressiv bemerkt sie, daß in ihrem Leben das Maß an Pech wohl besonders groß sei.

«Alles in allem genommen: Ihr Leben war schon in vielen Dingen verschissen», sage ich als eine Art Zusammenfassung.

«So kann man es wohl sagen», ruft sie aus, «verschissen! Das ist jetzt genau das richtige Wort!»

«Und was wollen Sie mit dem Rest Ihres Lebens machen?» frage ich.

«Was soll ich tun?» ruft sie fast vorwurfsvoll aus. «Ich kann Ihnen schon sagen, manchmal denke ich, ob ich nicht doch einmal eine große Dosis Tabletten nehmen soll und einfach raus aus allem. Es ist mir verleidet, den ganzen Tag herumzuhängen. Es ist doch einfach sinnlos. Als ich den Pudel von Dr. Großmann da nebenan während seiner Ferien hüten mußte, das hat mir gut getan. Aber ...» Sie zuckt ihre Achseln und sieht entmutigt vor sich hin.

«Sie haben vorhin gesagt, daß Sie eine Arbeit übernehmen möchten», bringe ich ihr in Erinnerung.

«Der Arzt meint, so zwei, drei Stunden am Tag, das würde mir sehr guttun. Mehr ginge über meine Kraft. Aber sagen Sie mir, wo finde ich eine solche Stelle?»

«Was machen Sie, um eine Stelle zu finden?» reagiere ich.

«Buchstaben zusammenklauben aus der Zeitung», sagt sie und zeigt mir mit Grimassen und Gebärden, wie lächerlich dieses Unternehmen ist. Ich muß fast lachen, so meisterhaft ist ihre Darstellung.

«Was heißt das? Haben Sie auf Inserate geantwortet?»

Frau Manzoni lehnt zurück und teilt mit, daß sie einmal auf ein Inserat reagiert habe. «Sie suchten beim Hallenbad eine Kassiererin. Da habe ich angerufen. Er hat mir gesagt, er suche jemanden, der ein paar Jahre bleibe. Da habe ich gesagt, dann müsse er eine jüngere Person suchen. Er hat mich dann gefragt, wie alt ich sei, und dann meinte er, das ginge schon, ich solle einmal vorbeikommen. Aber da habe ich es mir noch einmal überlegt und auch mit dem Arzt gesprochen. Der meinte, es sei doch zu streng für mich. Aber die brauchten doch auch manchmal Leute so zur Aushilfe. Ich habe noch einmal angerufen. Da meinte der vom Hallenbad, das sei aber schade. Er habe gehört, ich sei ja Frau Manzoni vom Kiosk. Er hätte mich genommen. Aber vielleicht lasse sich etwas machen als Aushilfe. Er rufe mich wieder an.» Sie schaut mich an, wie wenn sie mir sagen möchte: «So geht das ja immer, da ist nichts zu machen.»

Aber ich lasse mich nicht überzeugen. «Und dann?» frage ich keck.

Seelsorge als Herausforderung

Es wäre für Fritz viel leichter, nicht mehr auf das Thema Arbeitssuche einzugehen und es bei der letzten, resignierten Bemerkung von Frau Manzoni bewenden zu lassen. Jetzt wird die Stimmung eher unangenehm, weil er die Frau drängt, beim Thema zu bleiben. Aber Fritz weiß, was er will. Er fordert sie heraus, und zwar entschieden.

Das Ziel einer seelsorgerlichen Begegnung kann nicht immer darin bestehen, daß der Besuchte ein gutes Gefühl bekommt. Seelsorge rechnet mit dem Licht Gottes, und in diesem Licht werden Taten und Lebenshaltungen klar, auch in ihrer Häßlichkeit. Gottes Licht ist auch sein Gericht. Letzten Endes ist das aufdeckende Licht heilbringend, aber das ist manchmal wirklich erst das letzte Ende. Nathan deckt David auf, was er Entsetzliches getan hat (2. Sam. 12). Das ist kein Verfahren, das gute Gefühle auslöst.

Im Vergleich zur Konfrontation zwischen Nathan und David ist das Gespräch von Fritz und Frau Manzoni harmlos. Dramatische Herausforderungen sind selten in der kirchlichen Seelsorge, soviel ich weiß. Dazu kommt, daß solche harten Zusammenstöße nicht immer gelungene Seelsorge sind. Was Fritz mit Frau Manzoni tut, ist bescheiden und doch eindrücklich genug, um hier beispielhaft erwähnt zu werden. Sein Vorgehen erfüllt die drei Bedingungen, die an eine rechte seelsorgerliche Herausforderung gestellt werden müssen.

a) Eine seelsorgerliche Herausforderung ist keine Alternative zum Zuhören

Die Tatsache, daß Menschen manchmal eine herausfordernde Konfrontation brauchen, darf nicht jene Seelsorger bestätigen, die sich grundsätzlich anmaßen, besser zu wissen, wie man leben und glauben soll als die Menschen, die ihnen anvertraut sind. Deshalb ist die erste Voraussetzung einer seelsorgerlich legitimen Herausforderung, daß der Seelsorger wirklich zugehört und sich in die Welt des Anderen hineinversetzt hat. Die Herausforderung soll eine Konsequenz, nicht eine Alternative des Zuhörens sein, sonst entartet sie in unbrauchbare Ratschläge. Viele unfruchtbare Herausforderungen in seelsorgerlichen Gesprächen wurzeln sowohl in oberflächlichem Zuhören als auch in der Annahme, daß man einem anderen Menschen bald sagen kann, wie er sich zu verhalten hat. Statt Interesse für das Individuelle des Mitmenschen bestimmen Schablonen das Gespräch.

Fritz hört lange zu, am Anfang reagiert er kaum. Er nimmt sich Zeit, die Welt von Frau Manzoni auf sich zukommen zu lassen. Bei der Besprechung dieses Gespräches sagt er, daß ihm aufgefallen sei, wieviel und wie sprunghaft die Frau geredet habe. Er habe daraus geschlossen, daß sie nicht unter einem bestimmten Problem leide, sondern daß es ihr eher vage unwohl sei. Die Mitteilung, daß sie eine Arbeit brauche, schlägt bei ihm ein. Er kann sich gut vorstellen, daß eine Beschäftigung ihr wohltun würde. Das wird ihm jetzt zu einer Art Leitidee für das Gespräch: Die Frau braucht Arbeit. Fritz versucht, sie bei ihrem Thema zu halten, während sie eigentlich schon irgendwo anders ist. Auffallend ist seine beharrliche Art. Auf ihre Frage, wo sie eine Stelle finden kann, geht er nicht helfend mit Vorschlägen ein, sondern er forscht offensiv nach ihrem eigenen Beitrag: «Was machen Sie?» Als sie theatralisch reagiert, beharrt er: «Was heißt das?» Im Grunde zwingt er sie zu der Entscheidung: Will sie eine Stelle finden, oder will sie es nicht und sagt nur, sie wolle?

Es wäre verlockend gewesen, Frau Manzoni helfend entgegenzukommen nach ihrer Frage. «Ich könnte A oder B fragen, vielleicht wissen die etwas.» oder: «Reden Sie doch einmal mit unserer Sozialarbeiterin.» Solche Reaktionen sind recht, wenn es sich um Menschen handelt, die wirklich nicht wissen, wo sie suchen müssen, und die wirklich finden wollen. Das ist bei Frau Manzoni nicht so sicher. Hilfsangebote gehen in dem Fall daneben. Kostbare Zeit und Einsatz von Menschen wären verschwendet gewesen.

Etwas dramatisch teilt sie mir mit, daß ihr Telefon dann kaputt war. «Es ging sieben Tage, bis ich es merkte!» Sie erzählt mir umständlich, wie sich das alles begeben hat. Ich befürchte, daß sie jetzt das Thema Arbeitsstelle ausblendet. Und damit wird klar, daß mein Beharren darauf sinnlos war, weil sie sich nicht wirklich mit der Arbeitssuche beschäftigt. Zu meinem Erstaunen kommt sie aber darauf zurück.

«Neulich kam ich am Hallenbad vorbei, dann habe ich reingeschaut. Da saß eine ganz alte, verhuzelte Frau an der Kasse. So gut wie die hätte ich es sicher auch machen können.»

«Aber jetzt ist die Stelle vergeben», vermute ich.

«Wahrscheinlich», reagiert sie, anscheinend bereit, das Thema jetzt ruhen zu lassen. Aber ich bin noch mitten drin. «Haben Sie noch einmal angerufen?» frage ich sie aus.

Frau Manzoni blickt vor sich hin. Sie schweigt eine kleine Weile. «Ich getraue mich nicht», sagt sie leise.

«Was könnte denn geschehen?» forsche ich weiter.

«Eine Absage», gesteht sie mir.

Kristallisiert sich ihre ganze Unsicherheit in der Angst vor einer Absage?

«Eine Absage», ich wiederhole das verletzende Wort, «hm, hm, und eine Absage ist nicht nur eine Absage, sondern das trifft Sie irgendwo ganz tief innen, und darum fragen Sie lieber gar nicht mehr an.»

b) *Herausforderung und Verständnis sollen sich verbinden*

Die seelsorgerliche Kunst von Fritz besteht hier darin, daß er seine Herausforderung nicht stur und eingleisig durchsetzt, sondern mit Momenten von Einfühlung und Anteilnahme zu verbinden weiß. Entstünde jetzt ein Streitgespräch, dann wäre die Gefahr, daß der angegriffene sich nicht ernst genommen und nicht verstanden fühlt. Fritz verhütet das, weil er an Stellen, an denen es angemessen ist, der Frau durch Verständnis zeigt, daß er ihr zuhören und sie ernst nehmen kann. Auf diese Weise bekommen seine Angriffe auch eine bessere Chance. Er versteht die Angst im Wort der Frau: «eine Absage», und versucht klar auszusprechen, was die Angst ausmacht. So kommt er ihr sehr nahe.

Der Wechsel von Herausforderung und Verständnis verhütet oft, daß das Gespräch in eine Rechthaberei von beiden Seiten entartet. Eine endlose Reihe von Aussagen, die alle irgendwie mit «aber» anfangen, zeigten dabei das Sinnlose des Unternehmens. Der Angegriffene verlangt, daß der Andere seinen Widerstand merkt und nicht einfach überspringt. Nur wer behutsam mit Widerständen umgeht, zum Beispiel durch echte Anteilnahme oder durch klares Einfühlen, wie Fritz das macht, kann sie manchmal überwinden.

«Es ist eben nicht nur eine Absage», beschwört sie mich, während sie das Wort «eine» betont und ihre Hand ganz dicht über die Tischplatte hält, «sondern ein ganzer Haufen!» Sie hält ihre Hand jetzt etwa zehn Zentimeter über den Tisch.

«Was sagt Ihnen denn dieser Haufen von Absagen und Enttäuschungen?» frage ich.

Zuerst sieht sie mich erstaunt, skeptisch und fast abweisend an. Aber dann antwortet sie: «Der Herr legt uns nicht mehr auf, als wir tragen können.»

«Nein, das stimmt nicht», erwidere ich, aus einem spontanen Gefühl heraus. Noch nie zuvor hatte ich so stark den Eindruck, daß sie ein Spiel mit mir und mit sich selber spielt.

Sie reagiert sofort auf meinen Angriff: «Doch, das steht in der Bibel», und schaut mich frei, ja fast frech an. Jetzt sind wir plötzlich ebenbürtige Partner. Der anständige, respektvolle Blick, der vorher in ihren Augen war, als sie mich anschaute, ist verschwunden.

Ich kann aber auch kämpfen! Ich bin in einer schlagfertigen Stimmung. «Kann sein», gebe ich zurück, «aber der Haufen da sagt Ihnen etwas Anderes.»

Ich habe sie neugierig gemacht. «Na und?» fordert sie mich heraus.

«Stellen Sie sich vor: dieser Haufen von Absagen und Enttäuschungen redet jetzt zu Ihnen. Sehen Sie den Haufen da auf dem Tisch? Und versuchen Sie zu hören, was sie Ihnen sagt?»

Nach einigem Zögern sagt sie klar: «Du bist eine Niete. Dich nimmt niemand.» Ihr Gesicht verfinstert sich.

«Du bist eine Niete», wiederhole ich. «Dich nimmt niemand. Schöner Aufsteller! Das macht sie natürlich kaputt.»

«Ja.» Das Theatralische scheint von ihr weggefallen zu sein. Sie sitzt ganz hilflos da. Ich sage: «Mich interessiert, wer eigentlich redet, wenn der Haufen von Enttäuschungen so spricht. Hat der Mann vom Hallenbad im Grunde gemeint, daß Sie eine Niete sind?»

«Nö-ö, er hätte mich angestellt, wenn ich ganztags gekommen wäre.»

«Wer redet denn sonst von Niete?»

Sie zuckt die Achseln.

«Vielleicht wollen Sie gerne eine Niete sein, und Sie reden es sich selber ein», sage ich mit innerem Zittern. Gehe ich zu weit?

«Ach was, wer will schon eine Niete sein!» ruft sie aus.

«Alles hat seine Verlockung. Ich kann mir die Verlockungen vorstellen, wenn ich eine Niete wäre. Lebenslange Ferien – ich müßte nicht einmal mehr Inserate lesen – oder höchstens als Täuschungsmanöver.»

«Jetzt hören Sie bitte auf!» sagt sie mir, aber mit einem verstohlenen Lächeln, wie wenn sie sich ertappt fühlte.

«Aufhören? Jetzt wird es gerade spannend. Wir sind am wunden Punkt angelangt. Oder sehe ich es falsch?»

c) Eine Herausforderung soll klar und eventuell hart sein

Herausforderungen sind in der Seelsorge oft nicht wirksam, weil Seelsorger sie nicht offensiv genug einsetzen. Wer zu wenig lang oder zu schwach auf einen Nagel schlägt, treibt ihn nicht in die Wand hinein.

Die Art wie Fritz bei seiner Herausforderung bleibt, scheint mir vorbildlich, weil er sowohl beharrlich und treffsicher ist als auch fair bleibt. Er verletzt Frau Manzoni nicht, macht sie nie lächerlich und macht ihr im Grunde auch keine Vorwürfe. Es schwingt soviel Mitempfinden in seinen Reaktionen mit, daß die Gefahr einer aussichtslosen Diskussion gar nicht aufkommen kann. Und trotzdem zeigt er sich als der Stärkere. Das ist wohl eine Voraussetzung für eine wirksame Konfrontation: In diesem Punkt sieht er klarer und besser als die Frau selber.

Der Unterschied zwischen einem Ratschlag und einer Herausforderung wird im nächsten Teil des Gespräches klar anläßlich der Frage, ob sie schreiben oder telefonieren soll. Ein Ratschlag würde die Verantwortung zum Teil dem Seelsorger übertragen, jetzt aber bleibt Frau Manzoni selber voll verantwortlich. Das bewirkt die nicht ratende, sondern herausfordernde Frageweise von Fritz.

«Ich könnte ihn nochmals anrufen oder schreiben. Soll ich telefonieren oder schreiben?» Ich nehme an, daß sie vom Hallenbad-Chef redet.

«Jetzt sagen Sie wieder: Ich bin eine Niete. Nicht ich weiß, was gescheit ist, sondern der Pfarrer weiß es.»

210

«Sie sind ein Frecher ... Was würden Sie tun?»
«Wie haben Sie es denn das erste Mal gemacht?» frage ich.
«Ich habe telefoniert.»
«Und warum möchten Sie jetzt lieber schreiben?»
Da lacht sie mich auf einmal an: «Aus Feigheit!»
Ich lache mit. «Sie kennen sich selber schon ganz gut!»
Sie sagt: «Doch, ich telefoniere ihm, heute noch. Aber ich merke, daß es mich Überwindung kostet. Ich ziehe mich lieber zurück, aber das will ich doch auch nicht.»
«Und ich gehe wieder nach Hause. Ich habe Sie gern besucht, und ich wünsche Ihnen alles Gute, mit oder ohne Hallenbad!»
In einer gelösten Stimmung verabschieden wir uns.

Dem Inhalt nach ist dieses Gespräch nicht als Seelsorge identifizierbar. Es kommt aber zustande, weil die Frau am kirchlichen Gesprächskreis teilgenommen hat und weil Fritz sich um sie kümmert. Damit steht die Begegnung schon in einem seelsorgerlichen Rahmen. Inhaltlich wird der Frau unausgesprochen verkündigt, daß sie ein geliebter und wertvoller Mensch ist. Der Seelsorger läßt sie ein wenig erleben, daß sie eben keine Niete ist. Er nimmt sie ernst und zusammen mit ihm entdeckt die Frau etwas von ihrer Kraft.

Ich möchte nicht verraten, ob Frau Manzoni wirklich die Arbeitsstelle gesucht und gefunden hat. Das scheint mir für das Ziel dieses Buches unwichtig. Hier geht es um die Frage, wie eine richtige Herausforderung konkret aussehen kann. Die Frage, ob sie wirksam ist, hängt davon ab, ob die Frau auch allein, ohne die Beziehung zum Herausforderer, zu dem stehen will, was sie im Gespräch gesagt hat. Beides kommt vor: Daß Menschen ihre Worte in die Tat umsetzen – und daß Menschen letztlich doch den bequemeren Weg wählen und alles beim alten lassen. Diese letzte Bereitwilligkeit läßt sich im Seelsorgegespräch nicht festnageln, und das ist gut so.

27: Ein überforderter Seelsorger –
Die Kunst des Delegierens

Es gibt ein Kräutergetränk, von dem man behauptet, es helfe gegen alle Qualen, nur nicht gegen kaputte Strümpfe. Wirksame Hilfe in allen oder dann doch fast allen Fällen wird manchmal auch von der Seelsorge erwartet. Oft haben wir Seelsorger selber die Tendenz, unsere Aufgabe zu überschätzen. Das wirkt sich zwar selten in tollkühnen Aktionen aus, öfter aber in Selbstvorwürfen und Versagergefühlen, wenn wir jemanden nicht aus seiner Not befreien können.

Die übersteigerten Erwartungen an die Seelsorger kommen nicht von ungefähr. Ihr Wirkungsgebiet läßt sich nicht klar abgrenzen. Sie sind, wie wenige andere Rollenträger unserer Gesellschaft, für den ganzen Menschen da und nicht nur für einen Bereich. Was bringt man nicht alles zum Seelsorger! Soziale Probleme, seelische Not, Interesse an existentiellen Fragen, Taufe, Trauung, Bestattung und mehr. Diese breite Palette läßt ahnen, daß er ungefähr alles weiß und alles kann.

Ich möchte die umfassende Erwartung, die Menschen oft an den Seelsorger herantragen, nicht lächerlich machen. Gott sei Dank ist wenigstens der Seelsorger noch nicht in der Spezialisierung untergegangen, wie soviele andere in unserer Gesellschaft. Das Ganzheitliche der Seelsorge bietet große Chancen, wenn wir neben ihren Möglichkeiten auch ihre Grenzen beachten. Daß Menschen mit hundert verschiedenen Anliegen zum Seelsorger kommen, muß noch nicht bedeuten, daß er alles selber zu erledigen versucht. Er soll eine rechte Umschlagsstelle sein und die Kunst des Delegierens beherrschen. Er soll eine gute Nase dafür haben, was wohin gehört. Auf diese Weise erfüllt er eine wahrscheinlich unersetzbare Funktion in unserer Gesellschaft.

Reiner Stöckli (37) hat einen guten Ruf als Prediger. Seine rhetorischen Talente und sein persönlicher Stil ziehen viele Menschen in die Gottesdienste, die er leitet. Seit längerer Zeit gehört auch Frau Schneider zu den fleißigen Besuchern. Vor drei Monaten hat sie Reiner um ein Gespräch gebeten. Sie erzählt ihm, daß sie sich schon lange Zeit sehr unglücklich und allein gelassen fühlt. Ihre Ehe gibt ihr nicht, was sie davon erwartet hat. Im Gottesdienst, wenn Reiner predigt, erfährt sie eine starke Ermutigung.

Reiner spürt sofort die starke Bindung, die Frau Schneider zu ihm sucht. Die vereinbarte Stunde wird schwer überschritten und Reiner braucht all seine Entschiedenheit, dem Gespräch ein Ende zu setzen. Ein zweites wird abgemacht. Reiner verhält sich viel aktiver als im ersten Gespräch. Er sagt ihr offen, daß er sich ein wenig bedrängt fühlt. Frau Schneider dankt ihm für seine Offenheit und nimmt seine Worte als eine kostbare Rückmeldung über ihr Verhalten mit nach Hause. Sie sagt, daß die Gespräche mit Reiner ihr gut tun. Am Schluß dieses Gesprächs fragt Reiner, was das Ziel der Gespräche sein könnte. Frau Schneider sagt, daß die Aussprache ihr hilft, sich über sich selber klar zu werden und neuen Mut zu finden.

Im dritten Gespräch untersucht Reiner mit ihr, was ihr eigentlich gut tut und Mut macht. Es wird bald klar, daß sie einfach das Zusammensein mit dem von ihr verehrten Pfarrer genießt. In den nächsten Gesprächen ist ausführlich von ihrer Ehe die Rede. Herr Schneider ist nicht bereit, einmal zu einem Gespräch mitzukommen. Reiner telefoniert einmal mit ihm, aber er ist nicht interessiert.

Das Gewicht, das die wöchentlichen Begegnungen mit Reiner für Frau Schneider bekommen, wird Reiner unheimlich. Sie schreibt ihm Liebesgedichte. Reiner sagt ihr offen, daß er keine Freundschaft mit ihr will. Das nimmt sie hin, sagt sie, aber Reiner hat den Eindruck, daß ihre Hoffnung auf eine engere Beziehung lebendig bleibt.

Vieles ist in den Aussprachen klar geworden. Reiner hat trotz dem Unheimlichen den Eindruck, daß die Gespräche für Frau Schneider sinnvoll sind. Aber als er in den nächsten Gesprächen keinen eigentlichen Fortschritt mehr feststellt, entschließt er sich, Frau Schneider den Vorschlag zu machen, zu einem Therapeuten zu gehen. Er berichtet jetzt über dieses Gespräch:

Frau Schneider erscheint zu der gewohnten Stunde, am Freitagnachmittag. Ich öffne ihr die Türe meines Zimmers.

«Grüezi, Frau Schneider, kommen Sie herein.» Mein Auge fällt sofort auf das farbige Tuch, das sie locker um ihre Schultern trägt.

«Grüezi, Herr Stöckli. Ihre Predigt war wieder herrlich, am Sonntag!»

«Sie fangen mit einem lieben Kompliment an, und ich will Ihnen etwas Schwieriges sagen.» Wir setzen uns wie gewohnt beim Fenster.

Ein wenig erstaunt schaut sie mich an. «Haben Sie keine Zeit mehr für mich? Ich habe schon oft gedacht, ich nehme Ihnen zu viel Zeit weg.»

«Es ist nicht das», sage ich. «Ich habe diese Woche nochmals gründlich über Sie nachgedacht, über alles was Sie mir erzählt haben und auch über die Beziehung, die zwischen Ihnen und mir entstanden ist. Mir ist klar – das haben Sie oft gesagt – daß diese Gespräche und auch ich persönlich Ihnen viel bedeuten. Und doch habe ich den festen Eindruck, daß sie mit mir an eine Grenze gekommen sind. Ich weiß einfach nicht weiter. Und doch bin ich überzeugt, daß es ein Weiter gibt, daß Sie noch viel in sich haben, das sich entfalten kann und soll. Dafür brauchen Sie aber einen Menschen, der in dieser Hinsicht mehr kann als ich.»

Frau Schneider sitzt regungslos auf ihrem Stuhl. Ich glaube, daß sie ziemlich erschrocken ist.

«Wie kommt das bei Ihnen an, Frau Schneider? Erstaunt es Sie?»

«Es macht mich traurig», sagt sie. «Ich komme gern zu Ihnen, Sie helfen mir viel mehr als Sie selber wissen.» Ihre Finger spielen mit den Zipfeln des Tuches.

«Ich habe nicht gemeint, daß Sie nie mehr zu mir kommen sollen. Aber das allein scheint mir zu wenig zu sein», erwidere ich.

«Ah! Soeben hörte ich es wie eine Verbannung», lacht sie. «Ja, bin ich ein so schwieriger Fall?»

«Für mich schon», sage ich, wobei ich ein Lächeln nicht unterdrücken kann. «Sehen Sie, das Wichtigste, daß Sie bei mir finden, ist doch so etwas wie Nähe und Freundschaft, oder das Verlangen danach. Sie brauchen aber mehr Arbeit an sich selber. Auf die Dauer kommen Sie im Kontakt mit mir nicht weiter und das scheint mir schade, denn ich bin überzeugt, daß Sie weiterkommen können.» Ich schweige und sie schweigt. Ziemlich lange ist es still.

«Ich weiß aber nicht, ob ich mich einem unbekannten Menschen öffnen würde. Es braucht bei mir ziemlich viel Vertrauen.» Ich merke, wie stark sie meinem Vorschlag Widerstand leistet. Sie schaut aus dem Fenster. Ich glaube, daß sie das vorher noch nie tat.

«Das sehe ich», sage ich. «Es ist auch nicht sicher ob Sie jemanden finden, der ihr Vertrauen gewinnt.»

«Wissen sie denn überhaupt jemanden für mich? Soll ich zu einem Psychiater?» Das Letzte tönt vorwurfsvoll.

«Das glaube ich nicht», sage ich. «Psychiater arbeiten hauptsächlich mit Medikamenten und Sie brauchen persönliche Klärung, wenn ich recht sehe. Nein, ich habe in eine andere Richtung gedacht. Ich kenne jemanden in Basel, von dem ich weiß, daß er schon mehreren Menschen mit ähnlichen Problemen weitergeholfen hat. Er heißt W. und ist Psychotherapeut. Ich weiß zwar nicht, ob er für Sie sofort Zeit hätte, aber darüber könnte man sich informieren.»

«Aber was finden Sie denn so schwierig an mir? Bin ich so kompliziert?» Jetzt sieht sie mich direkt an, ein wenig keck. Ich will möglichst offen reden.

«Was ich im Kontakt mit Ihnen nicht fertig bringe, ist der Übergang vom Freundschaftlichen zum Therapeutischen. Wir haben zwar viel über Ihre Beziehung zu mir geredet, aber Ihre Sympathie für mich bleibt nach meinem Eindruck der Hauptgrund, weshalb Sie zu mir kommen. Der Schritt zu Ihnen selber, zu Ihren inneren Konflikten, scheint mir nötig zu sein, aber ich sehe nicht, wie er zu machen ist. Da bin ich einfach überfordert.»

Sie schweigt wieder eine Weile. Dann schaut sie mich enttäuscht an und sagt zu mir: «Ich fühle mich so abgeschoben von Ihnen.»

«Zum Teil stimmt das», sage ich. «Die Tatsache, daß Ihnen mein Vorschlag weh tut, bestätigt mir, daß Sie von mir im Grunde anderes erwarten als therapeutische Hilfe. Ich kann mir denken, daß schon allein der Gedanke, weniger Kontakt mit mir zu haben, für Sie schmerzlich ist.»

«Ja, das stimmt.» Ihre Stimme zittert.

«Ihrem Verlangen gegenüber fühle ich mich hilflos. Ich merke einfach, daß ich es nicht erfüllen will. Das ist sicher hart für Sie.»

«Mädchenträume ...», sagt sie. Wieder herrscht Stille. Dann sage ich: «Sind Sie bereit, sich meinen Vorschlag zu überlegen? Ich glaube, die Fähigkeit zu einer intensiven Therapie haben Sie. Sie können sehr offen und echt sein, und im Grunde möchten Sie auch mit sich selber weiterkommen. Aber eine Therapie hat nur einen Sinn, wenn Sie selber wollen.»

«Es ist mir jetzt etwas neu», sagt sie wieder gefaßt. «Aber ich glaube, daß ich dem Therapeuten doch einmal telefoniere. Ich muß ihn erst erleben. Ich möchte schon weiterkommen. Wie heißt er, sagen Sie?»

Ich schreibe ihr den Namen und die Telefonnummer des Therapeuten auf. Sie erzählt mir von einer Freundin, die gute Erfahrungen mit einem Psychologen gemacht habe, aber das habe Erziehungsfragen betroffen und bei ihr liege es tiefer. Die Atmosphäre zwischen uns ist nach einer Dreiviertelstunde etwas nüchterner geworden.

«Telefonieren Sie einmal mit mir, wenn Sie mit Herrn W. geredet haben?»

«Ja, das will ich gerne machen. Ich danke Ihnen ganz, ganz herzlich. Sie haben so viel Zeit für mich gehabt. Danke vielmals!» Wir stehen auf, und ich begleite sie zur Haustüre.

«Ich wünsche Ihnen eine gute Fortsetzung. Ich hoffe, daß unsere Gespräche ein guter Anlauf sind.»

Nach dem Gespräch bin ich ziemlich erledigt. Es war hart für mich, mit dieser Frau so offen sein zu müssen. Die Versuchung, ihr nachzugeben, war groß. Nicht weil ich etwa selber freundschaftliche Interessen gehabt hätte, sondern weil sie so sichtbar verliebt war und mein Nein ihr so weh tat.

Habe ich sie abgeschoben? Glaube ich wirklich, daß ein Therapeut ihr weiterhelfen kann? Ganz sicher bin ich nicht, aber wie soll ich auch? Sicher kann der Therapeut die Übertragungsverwirrungen besser aufnehmen als ich. Eines ist sicher: daß ich überfordert war.

Delegieren – aber wann?

In diesem Gespräch wird ganz klar, daß der Seelsorger die Frau nicht länger beraten will. Was ist für ihn das Kriterium, daß er aufhören will? Er sagt: «Ich weiß nicht weiter», «Sie kommen mit mir nicht weiter», «Ich bringe es nicht fertig, den Übergang vom Freundschaftlichen zum Therapeutischen (zu finden)», «Ich sehe nicht, wie der Schritt zu Ihren inneren Konflikten zu machen ist.» In welchen Situationen soll ein Seelsorger delegieren? Gibt es klare Zeichen oder Signale, die als Indikation zur Weiterleitung dienen können? Welche sind diese Signale?

Wir kommen nicht weit, wenn wir sie bei den Menschen suchen, die vom Seelsorger Hilfe erwarten. Sicher, man könnte versuchen, gewisse Phänomene wie Halluzinationen oder hochgradige Erregtheit als Warnsignal und Grenzstein für den Seelsorger aufzuzählen. Nur ist immer die Frage, wieviel Wert solchen Feststellungen beigemessen werden muß. Was in einem Fall ein klares Zeichen dafür ist, daß delegiert werden muß, ist es in einer anderen Konstellation nicht. Dazu kommt, daß der eine Seelsorger viel mehr kann als der andere. William Oglesby, der ein interessantes Buch über das Problem des Delegierens geschrieben hat (William B. Oglesby jr., «Referral in Pastoral Counseling», Philadelphia, 1968), macht klar, daß wir die Indikationen für das Beiziehen anderer Fachleute an einer anderen Stelle suchen müssen: beim Seelsorger selber! Wenn er auf seine Disposition, das heißt wenn er auf sich selber achtet, ist es möglich, ziemlich genaue Regeln festzustellen. Die eigene Reaktion des Seelsorgers auf den Zustand des hilfesuchenden Menschen ist das Feld, wo die wichtigsten Kriterien für die Entscheidung zum Delegieren oder Nichtdelegieren zu finden sind. Die wichtigste Frage ist, wie der Seelsorger sich selber fühlt und einschätzt in bezug auf die Situation des Hilfesuchenden. Es ist klar, daß auf diese Weise nie objektive Indikationen festgestellt werden können, sondern nur subjektive Einschätzungen des jeweiligen Seelsorgers. Das ist sachgemäß, wegen der unterschiedlichen Begabungen, Fähigkeiten und Situationen, in denen die betreffenden Seelsorger sich befinden.

Ich nenne jetzt die Hauptindikationen, die zum Delegieren führen sollen und stütze mich dabei auf die Thesen von William Oglesby:

a) Zeitliche Überforderung

Eine einfache Indikation für das Delegieren ist die Tatsache, daß einem Seelsorger oft die Zeit fehlt für eine eingehende Beschäftigung mit einem leidenden Menschen. Das scheint vielleicht lieblos. Wir müssen aber nicht vergessen, daß der Seelsorger mehrere Aufgaben hat. Er leitet den Gottesdienst, er besucht die Kranken, er erteilt Unterricht, er organisiert Zusammenkünfte, er leitet Kreise, er ist in leitenden Gremien engagiert und so weiter. Es ist sinnvoll, daß ein Seelsorger soviele Aufgaben hat, auch wenn sich über die Prioritäten streiten läßt. Aber sein Terminkalender bietet in der Regel keinen Spielraum, daß er zum Beispiel eine Begleitung von Alkoholikern einplant. Diese Menschen brauchen mehr Zeit, als er zur Verfügung hat. Auch komplizierte Ehekonflikte verlangen meistens neben der Fachkenntnis mehr Zeit als der Gemeindepfarrer freimachen kann. Er kann es nicht verantworten, zugunsten von einer Familie die ganze Gemeinde zu vernachlässigen.

Natürlich muß jeder Seelsorger sich manchmal übermäßig Zeit für einen Menschen nehmen. Hier sind aber rasch die Grenzen erreicht. Wenn er feststellt, daß er nicht das Maß an Zeit zur Verfügung stellen kann, das nötig wäre für eine effektive und schöpferische Arbeit mit einem hilfesuchenden Menschen, dann ist es nötig, jemand Anderen beizuziehen. Der Seelsorger muß sich dann nicht mal fragen, ob er kompetent und fähig genug wäre, er hat einfach keine Zeit.

b) Fachliche Überforderung

Eine zweite klare Indikation für Delegieren ist fehlende Fähigkeit oder Erfahrung. In diesem Sinne fühlt Reiner sich überfordert. Er traut sich die Fähigkeit zur Beratung von Frau Schneider jetzt nicht mehr zu. Gewiß läßt sich auch diese Fähigkeit nur subjektiv einschätzen. Aber einige selbstkritische Fragen können dabei helfen.

«Verstehe ich, was der andere mir sagen will?» Es braucht manchmal mehr Intelligenz, mehr Phantasie und besonders mehr Einfühlungsvermögen, als wir zur Verfügung haben, um einen Menschen mit Problemen zu verstehen. Besonders wo pathologische Phänomene auftreten (Halluzinationen, Wahnvorstellungen), kommen die Grenzen des Seelsorgers schnell in Sicht. «Kann ich noch verstehen, was das Erzählte für ihn bedeutet oder flüchte ich weg in meine eigenen Interpretationen?» In diesem Fall kann ich wahrscheinlich nichts mehr für ihn tun.

«Traue ich mir zu, mich so zu verhalten, daß sich der Druck, unter dem dieser Mensch leidet, vermindert?» Ich muß ziemlich sicher sein, daß ich nichts Wesentliches übersehe oder falsch verstehe, sonst tue ich mehr Böses als Gutes. Reiner sieht ganz klar und offen, wo er im Gespräch mit Frau Schneider an seine Grenzen kommt. Er findet nicht klar den Übergang von ihren freundschaftlichen Absichten in den therapeutischen Charakter ihrer Beziehung.

Ein wichtiger Hinweis auf eine Überforderung liegt auch in der Zahl der seelsorgerlichen Begegnungen. Nach höchstens einigen Malen sollte sich eine Lösung oder eine Linderung oder eine Perspektive zeigen. Sonst ist die Problematik wahrscheinlich zu schwer und zu kompliziert für einen Seelsorger. Oglesby meint, daß man selten mehr als fünf Abmachungen treffen sollte. Menschen, die mehr Aufmerksamkeit brauchen, haben andere Hilfe nötig. Das gilt vor allem auch dann, wenn die Gespräche sich im Kreise drehen, wie das bei Reiner und Frau Schneider der Fall ist.

Gewiß gilt die Notwendigkeit zu delegieren nur für Begegnungen mit Menschen, mit denen der Seelsorger an einem bestimmten Problem «arbeitet». Es gibt, gerade im Gemeindepfarramt, natürlich auch Menschen, für die eine regelmäßige seelsorgerliche Zuwendung richtig ist, zum Beispiel Chronischkranke. Dort hat die Seelsorge eher eine stützende Funktion. Das Problem des Delegierens tritt am ehesten auf in der beratenden, therapeutischen Seelsorge.

Wenn der Seelsorger trotzdem meint, eine langfristige Beratung mit jemandem durchführen zu müssen, tut er gut daran, sich überwachen zu lassen, also sich mit einem Fachmann oder einem kompetenten Kollegenkreis darüber auszusprechen. Manchmal gerät der Seelsorger in Fallen, die er nicht rechtzeitig erkennt. So werden komplizierte Übertragungssituationen oft falsch beurteilt. Wenn Gemeindeglieder die Tendenz zeigen, sich vom Seelsorger abhängig zu machen, blinkt ein Warnlicht auf. Schwierig wird es, wenn der Hilfesuchende nicht zu jemand anderem gehen will. Besonders der Schritt zum Psychiater ist begreiflicherweise groß. Aber gerade in solchen Fällen ist die einfache Weiterführung der Seelsorge gefährlich, weil sie wegen der kurzfristigen positiven Wirkung eine Behandlung mit langfristiger, gründlicher Wirkung verhindert.

c) Emotionale Überforderung

Ein wichtiges Kriterium in der Entscheidung zu einer seelsorgerlichen Beratung ist die emotionale Stabilität des Seelsorgers. Nun kann der eine Seelsorger mehr Elend, Hilflosigkeit und Frustration in seiner Arbeit ertragen als der andere. Hoffentlich sind es gerade diejenigen Seelsorger, die ein großes Maß an emotionaler Kraft und Reserve haben, welche schwierige Beratungsarbeit tun. Aber auch die emotional starken Seelsorger sind in bestimmten Fällen überfordert. Zum Beispiel ist es schwer und oft unmöglich, Seelsorger für einen engen Angehörigen zu sein. Zusehr ist der Seelsorger dort selber persönlich betroffen, um die nötige Distanz für eine sinnvolle seelsorgerliche Beziehung zu behalten. Wer schwere Beratungsarbeit tut, soll sich selber ganz gut kennenlernen und genau wissen, was er an Unsicherheit, an Bedrohung und Angst erträgt. In den tiefen Abgründen, die er in der Begleitung von Menschen in Not durchwandern muß, ist er oft sehr allein, vielleicht sogar unverstanden. Ohne Gottes Geist geht es nicht, sicher nicht in großer Not. Auf diesen Geist zu hoffen, wenn man selber innerlich zu wenig offen und bereit ist, wäre vermessen. Gott hilft auch keinen schlechten Autofahrern, und der Unfall ist ihre eigene Schuld.

Sobald starke Gefühle den Seelsorger vom Anderen ablenken und er im Grunde mit sich selber beschäftigt ist, hat er seine Grenze erreicht. Sehr bald ist das der Fall, wenn es um Probleme geht, die er in seinem eigenen Leben zu wenig hat lösen können. Unweigerlich beschäftigt er sich in einem solchen Fall mit sich selber. Der Andere, der Hilfe sucht, wird im Grunde nur ausgenützt. Gegen solche Unfälle sollte jeder Seelsorger gefeit sein. Auch wenn er selber eine schwere Zeit erlebt, mit viel Spannung und Erregtheit, kann er oft für andere nicht genug offen sein.

Berüchtigt sind in diesem Zusammenhang die seelsorgerlichen Begegnungen mit Menschen, die zum Seelsorger weitergeleitet worden sind, also wo der Seelsorger selber der beigezogene Fachmann ist. Die Gefahr ist groß, daß der Seelsorger unter einen Leistungsdruck gerät. Manchmal hat er zu wenig emotionale Reserve, um wirklich und nur für den hilfesuchenden Menschen dazusein und nicht für das Publikum. Nochmal weiterweisen ist in manchen Situationen das einzig Richtige.

Delegieren – wohin?

Die Tatsache, daß er nicht nur für einen eng umgrenzten Bereich des Menschen da ist, sondern vielmehr für den ganzen Menschen, fordert vom Seelsorger eine breitverzweigte Vertrautheit mit den unterschiedlichsten Aspekten des Lebens. Gleichzeitig bedeutet das aber, daß er sich nie so in diesen Gebieten spezialisieren kann wie diejenigen, die jeweils nur für einen Bereich zuständig sind. Die Aufgabe des Seelsorgers ist es, rechtzeitig einzusehen, wo sein eigenes Wissen, seine Fähigkeit und Kompetenz aufhört. Dort soll er die Menschen, die zu ihm gekommen sind, weitergeben, damit sie die Hilfe finden, die sie nötig haben.

Reiner hat den festen Eindruck, daß er die Problematik im Zusammenhang mit der Anhänglichkeit und der Bewunderung von Frau Schneider nicht verkraften kann. Das ist keine Schande. Einsicht in und Umgang mit komplizierten seelischen Prozessen gehören im allgemeinen nicht zum Aufgabenbereich eines Seelsorgers.

Der Arzt (Psychiater) und der Psychotherapeut sind wohl die Fachleute, an die ein Seelsorger Menschen am häufigsten weiterleiten muß. Aber auch der professionelle Berater (Eheberater zum Beispiel) wird manchmal bessere Hilfe bieten können als der Allround-Seelsorger. Ebenso kommen Menschen zum Pfarrer, die von einem Sozialarbeiter, von einem Finanzberater oder einem Rechtsanwalt kompetentere Beratung erhalten würden. Auftrag der Seelsorge ist dort die Weiterweisung. Sie ist ein seelsorgerlicher Akt.

Damit wir realistisch delegieren, ist es fast immer nötig, daß wir einige Fachleute persönlich kennen. Besonders Eheberater und Psychiater darf man nicht einfach empfehlen wegen ihrem Titel. Nichts ist wertvoller als eine persönliche Begegnung und Bekanntschaft mit ihnen. Für Frau Schneider ist es sicher erleichternd, daß Reiner den Therapeuten kennt und von seiner guten Arbeit schon gehört hat. So ist der Therapeut nicht mehr ganz ein unbekannter Mensch. Zudem entsteht eine Art Vertrauensbrücke. Frau Schneider wird auch von daher nicht einfach in die Kälte geschickt.

Reiner macht es recht. Er merkt, daß er überfordert ist, aber er erträgt diese Feststellung. Er hat nicht das Bedürfnis, besser zu scheinen, als er ist. Es tönen nirgends Schuldgefühle durch in seinen Worten, wie wenn er versagen würde. Er kann nüchtern und offen über die Weiterweisung reden und nimmt sie in seine Verantwortung. Er macht Frau Schneider keine Vorwürfe, als ob sie nicht richtig mitmachen würde. Wieviel Zeit nimmt er sich, auf die Widerstände von Frau Schneider einzugehen! Er nimmt ihren Wunsch, die Beziehung einfach weiterzuführen, ganz ernst, ohne einzuwilligen. Er läßt ihr damit die Zeit, die sie braucht um von sich selber und ihrem eigenen Wunsch loszukommen und ein Auge dafür zu bekommen, was die Beziehung für Reiner bedeutet. Er gibt sie nicht einfach auf. «Telefonieren Sie einmal mit mir», lädt er sie ein. Er möchte wissen, wie es weitergeht. Vielleicht führt die Beziehung anderer Fachleute zu keinem Ergebnis. Hoffentlich ist der

219

Seelsorger dann bereit, mit dem leidenden Menschen nochmals weiter-
zusuchen.

Die Notwendigkeit, einen Menschen weiterzugeben, ist nicht immer
sofort klar. Es gibt sogar seelsorgerliche Begegnungen, deren Sinn darin
besteht, daß man langsam zur Weiterweisung hinwächst. Oft müssen
Widerstände, zum Beispiel gegen einen Gang zum Psychiater, liebevoll
und vorsichtig abgebaut werden. Reiner versucht vorsichtig, die Widerstände der Frau gegen eine therapeutische Beratung abzuschwächen. Er
macht ihr Mut mit der Bemerkung, daß er meint, sie habe Fähigkeiten
für eine solche Beratung.

Auch gibt es Widerstände von anderen, zum Beispiel von Eltern,
wenn der Seelsorger jemanden weiterweisen will. Äußerlich betrachtet
ist es für den Seelsorger oft einfacher, alles selber in Händen zu behalten, aber damit handelt er möglicherweise verantwortungslos.

Delegieren – eine persönliche Niederlage?

Delegieren heißt immer einsehen, daß man selber etwas nicht kann.
Das ist am einfachsten für Seelsorger, die ein gesundes Selbstbewußtsein haben. Sie wissen, daß sie etwas können und daß sie in manchen Situationen menschlicher Not eine Hilfe sind. Ihre Ehre steht nicht auf
dem Spiel, wenn sie in bestimmten Fällen zur Einsicht kommen, daß ihre Kräfte nicht ausreichen. Schwerer ist es für Seelsorger, die nicht klar
genug entdeckt und erfahren haben, daß sie wertvolle und fähige Menschen sind, und daß sie den rechten Beruf gewählt haben. Sie sind, bewußt oder unbewußt, unsicher über ihre eigene Kompetenz. Für sie
steht in jeder Situation, wo delegieren nötig ist, ihre Identität als Seelsorger auf dem Spiel. Wegen ihrer grundsätzlichen Unsicherheit hat jedes Delegieren für sie den Beigeschmack einer Bestätigung, daß sie tatsächlich unfähig und schwach sind. In diesem Fall ist es schwieriger, sich
zum Delegieren zu entscheiden, weil man für das eigene Empfinden damit gegen sich selber entscheidet. Statt ein seelsorgerlicher Akt zu sein,
an dem der Seelsorger sich von Herzen beteiligt, wird das Delegieren
eine persönliche Niederlage, die er widerwillig oder gar nicht vollbringt.
Diese Versuchung wird wahrscheinlich für jeden Seelsorger von Zeit zu
Zeit aktuell. Besonders fehlende emotionale Stabilität sieht nur selten
jemand ohne weiteres ein. Es ist auch fast ein Teufelskreis: Zur Einsicht, daß man in einem bestimmten Fall über zu wenig emotionale Reserve verfügt, ist nur derjenige fähig, der eine solche Selbsterkenntnis
erträgt, also der die emotionale Kraft zum Erkennen seiner Grenze hat.
Gerade die Unstabilen meinen, daß sie alles können.

Delegieren verlangt noch etwas Anderes von der persönlichen Einstellung des Seelsorgers. Er muß mit seiner Eitelkeit umzugehen imstande sein. Vielen schmeichelt es zu merken, wie sie gefragt, umworben und gebraucht werden. Bestimmte Menschen machen sich gerne vom Seelsorger abhängig. Das macht den Seelsorger groß und größer. Meistens ist das zwar keine verheißungsvolle Größe, aber welcher Seelsorger entdeckt das rechtzeitig? Nur wer seine Anfälligkeit für Anerkennung bis in die Subtilitäten erkennt und erträgt.

Delegieren setzt auch voraus, daß Seelsorger sich Gedanken über ihre Beziehungen machen und sich die Frage überhaupt stellen, wo ihre Kompetenzen liegen und wo sie aufhören. Für solche Bescheidenheit und nüchteren Einschätzung ist desto mehr Raum, je mehr gutes Selbstbewußtsein vorhanden ist.

Die Kraft des Evangeliums

Das Gefühl, beim Delegieren eine Niederlage zu erleiden, kann theologische Konturen bekommen. Die Kraft des Evangeliums, steht sie nicht auch, und zwar an erster Stelle, zur Diskussion, wenn ein Seelsorger einem Menschen sagen muß, daß er ihm nicht helfen kann? Kann Gott dann nicht helfen? Und wird er nicht gerade den Seelsorger dazu einsetzen, wenn ein hilfesuchender Mensch schon zu ihm kommt? Diese Frage wird im besonderen im Umgang mit depressiven Menschen aktuell.

Durch die unkirchliche, sogar antikirchliche Einstellung vieler Ärzte, Psychiater, Psychologen und anderer Berater, wird das Delegieren für die Seelsorger sicher nicht leichter gemacht. Geht es um eine rein organische, körperliche Hilfe, die bei einem Beinbruch oder einer Mandelentzündung nötig ist, gelten diese Bedenken nicht. Aber wo existentielle Fragen aufbrechen, wie bei Selbstmordgefährdeten, oder wo Wertvorstellungen eine Rolle spielen, wie in mancher Eheberatung, dürfen Seelsorger da einfach weiterweisen? Das Problem scheint mir nicht immer so einfach zu lösen zu sein.

Aber es soll uns Seelsorgern klar sein, daß dort, wo unsere Kräfte am Ende sind, die Kraft des Evangeliums nicht aufhört. Seelsorger haben nicht das Monopol des Evangeliums, die Entgleisungen der sogenannten Glaubensheilungen sind allzu bekannt. Und Delegieren muß, wie gesagt, nicht heißen, daß wir uns zurückziehen. Es kann sinnvoll sein, den Kontakt aufrecht zu erhalten, trotz des Delegierens. In allen helfenden Berufen tagt die Einsicht, daß wir vielen Menschen nur in Teamarbeit weiterhelfen können. Zusammen können wir oft mehr als allein. Daß diese Tatsache uns gleichzeitig bescheiden macht und uns mit unseren Grenzen konfrontiert, schadet uns nicht, auch wenn es manchmal weh tut.

Schlußkapitel: Was ist Seelsorge?
Ein kirchliches Amt und ein
aufmerksames Handeln

Die Notwendigkeit einer Begriffsbestimmung

Der Begriff Seelsorge wird in einem breiteren und in einem engeren Sinn verwendet. Es ist nicht schwierig, den breiteren Sinn zu definieren. Mit Seelsorge ist dann alles Zuhören, Mitfühlen, Verstehen, Bestärken und Trösten gemeint, das der eine Mensch einem anderen gewährt. In diesem Sinn hat Seelsorge eine so weite Bedeutung, daß sie fast mit Begriffen wie Menschlichkeit und Herzlichkeit synonym wird. Seelsorge in diesem umfassenden Sinn ist nicht ein Beruf oder an einen bestimmten Beruf gebunden. Sie ist eine Haltung, die jeden Menschen qualifiziert, wenn er mit Mitmenschen in irgendwelcher Not zusammentrifft. Das Verlangen nach dieser Art der Seelsorge wird laut in den Anklagen an eine technisierte, unpersönliche und leistungsbezogene Welt. Von Krankenschwestern und Ärzten, von Betriebsleitern und Lehrern, von allen, die Macht haben und Verantwortung tragen, wird eine aufmerksame Haltung erhofft, die sich in der Bereitschaft zum persönlichen Gespräch und im Interesse für die Probleme der Anderen zeigt. Der Mensch in Not fühlt sich zuinnerst verstanden, beachtet und in diesem Sinne geliebt, wenn ihm jemand seelsorgerlich entgegenkommt.

In diesem Buch geht es aber um Seelsorge im engeren Sinn. Sie ist nicht einfach mit Menschlichkeit oder persönlichem Interesse synonym. Sie zu definieren ist keine leichte Sache. Die Meinungen gehen auseinander, und wichtige Elemente sind schwer greifbar für rationale Reflexion. Eine Definition ist aber nötig. Was ist Seelsorge? Diese Fragen stellen sich erstens die Seelsorger selber, Seelsorge ist ihr Beruf, oder sie gehört zu ihrem Beruf. Viele sind in Bezug auf ihre Aufgabe verunsichert. Was unterscheidet sie von denen, die ebenfalls beruflich mit Menschen und ihren seelischen Problemen zu tun haben, wie Psychiater, Psychotherapeuten, Berater und Sozialarbeiter? Welches charakteristische Profil hat die Seelsorge? Auch innerhalb des Arbeitsbereiches eines Pfarrers stellt sich die Frage, was Seelsorge ist. Was unterscheidet die Seelsorge zum Beispiel von der Verkündigung? Oder gibt es keinen wesentlichen Unterschied?

Zweitens: Nicht nur der Seelsorger selber braucht eine einleuchtende und brauchbare Beschreibung seiner Arbeit. Auch Behörden, die den Seelsorger anstellen, oder diejenigen, die die Kompetenz haben, ihnen den Zutritt zu Institutionen wie Krankenhäusern, psychiatrischen Kliniken und Strafanstalten zu erlauben oder zu verweigern, haben das Recht zu wissen, welche Arbeit Seelsorger tun. Zu oft haben zum Beispiel Direktionen und Verwaltungen von Kliniken kein klares oder gar ein falsches Bild von dieser Arbeit. Im Folgenden will ich versuchen, das Profil der Seelsorge in großen Zügen zu zeichnen. Viele Detailfragen sind in den Kommentaren zu den konkreten Seelsorgebegegnungen besprochen worden. Dieses Kapitel soll die Ergebnisse systematisch zusammenfassen, damit eine Gesamtschau möglich wird.

Das Profil der Seelsorge, vom Adressaten her gesehen

Wer Seelsorge im engeren Sinn definieren will, kann sich am Seelsorger selber orientieren und bei seinen Vorstellungen, Idealen und Zielen ansetzen. So hat unter Anderen Eduard Thurneysen seine Lehre von der Seelsorge konzipiert. («Die Lehre von der Seelsorge», München, 1948) Dieser Ansatz rechnet damit, daß die Frage, ob eine Begegnung als Seelsorge gilt, vom Seelsorger selber entschieden wird, auch wenn die letzten Geheimnisse als unverfügbar dargestellt werden. Im Versuch, das Profil der Seelsorge zu entdecken, möchte ich einen anderen Weg gehen, der nicht beim Seelsorger, sondern beim Adressaten der Seelsorge ansetzt. Was wird vom Gegenüber, vom Empfänger als Seelsorge qualifiziert? Wie sieht die Seelsorge von ihrer Wirkungsgeschichte her aus?

Eine Schwierigkeit dieses Vorgehens besteht in der Unmöglichkeit, die Antwort auf diese Frage direkt zu ermitteln. Selten legen die Adressaten der Seelsorge dar, was sie als Seelsorge bezeichnen würden. Die Analyse von Seelsorgebegegnungen gibt aber in dieser Hinsicht einige Einblicke. Zumindest zwei Elemente treten an den Tag, die jedes für sich eine Begegnung zu einer seelsorgerlichen prägen können:
– der kirchliche Kontext des Seelsorgers
– der religiöse Inhalt des Gesprächs.

Beim ersten Element ist der Inhalt des Gesprächs nicht entscheidend. Es muß nicht auf ein bestimmtes Thema bezogen sein, wie auf den Glauben oder auf Gott. Worte können sogar ganz fehlen oder unwichtig sein. Seelsorgeprägend ist hier die Funktion des einen Partners, nämlich des beruflichen Seelsorgers. Diese Rolle macht die Begegnung für den anderen Partner zu einer seelsorgerlichen Erfahrung. Beim zweiten Element fällt die gesellschaftliche Funktion nicht ins Gewicht. Irgendeine Person kann der Seelsorger sein. Der explizit auf den Glauben bezogene Gesprächsinhalt, meistens in der Form einer Ermutigung, macht

224

für den Angesprochenen die Seelsorge aus. Im Versuch, das Profil der Seelsorge vom Blickpunkt ihrer Adressaten her zu zeichnen, sollen diese zwei Elemente berücksichtigt werden. Ich setze ein beim ersten Element, also bei der Situation, daß jemand mit einem beruflichen Seelsorger zu tun bekommt.

Sobald jemand sich mit Bezeichnungen wie «Pfarrer(in)» oder «Vikar(in)» vorstellt, macht er seinem Gegenüber den sozialen Kontext und die Funktion klar, in denen er steht. Das weckt beim Anderen, meistens ohne daß er sich dessen bewußt ist, eine mehr oder weniger feste Vorstellung über die Ziele und die Umgangsart, die er in dieser Begegnung erwarten kann. Diese unterbewußten Vorstellungen beeinflussen die Haltung, die er dem Seelsorger gegenüber einnimmt, zumindest vorläufig. Der Vorgang
— von Kenntnisnahme des sozialen Kontextes und der Rolle des Gesprächspartners,
— über die eigenen Assoziationen zu diesem Kontext und dieser Rolle,
— bis zur Einnahme einer von diesen Assoziationen bestimmten Haltung
findet an sich in jeder Begegnung statt. In einer Seelsorgebegegnung spielen übrigens auch andere Kontexte unter Umständen eine Rolle. Die Feststellung, daß der Gesprächspartner ein Mann oder eine Frau ist, ob er zu den Jüngeren oder zu den Älteren gehört, bestimmte Kleider trägt oder nicht trägt, löst ebenso Assoziationen und damit Erwartungen aus. Die uns hier interessierende Frage ist, welche Vorstellungen und Erwartungen durch die Tatsache geweckt werden, daß man es mit einem beruflichen oder auch ehrenamtlichen Seelsorger zu tun hat.

Die Vielfalt der Vorstellungen, die Menschen mit einem Seelsorger verbinden und die sich vordergründig in «Kirche, Glaube und Gott» konkretisieren, lassen sich nach ihrem Bedeutungsgehalt zusammenfassen als: *die geistliche Dimension.* Sie ist die Transzendenz, die Sinngebung des Lebens, eventuell die Irrationalität, der letzte Halt, oder, wie sich Paul Tillich ausdrückte: «ultimate concern», «das, was uns unbedingt angeht». Die Dimension des Geistlichen wird in der Begegnung mit einem Seelsorger anvisiert, aber unterbewußt, nicht oder noch nicht klar und formulierbar. Die Schwierigkeit, diese Dimension zu benennen, steht mit der latenten, unterbewußten Art, in der sie anvisiert wird, im Zusammenhang. Dazu kommt, daß jede Person sich diese Lebensdimension wieder in anderen Formen vorstellt. Es ist also kein einheitliches Bild, das der Seelsorger durch seine Funktion hervorruft. Das gemeinsame Element in den unterschiedlichen Bildern läßt sich nur mit einem unscharfen Ausdruck wie ‹geistliche Dimension› benennen.

Es hat Zeiten gegeben, in denen jedermann die Zugehörigkeit des kirchlichen Seelsorgers zu dieser Dimension für selbstverständlich hielt. Diese Zeiten sind vorbei. In der abendländischen Welt weiß aber immer noch jedermann, daß Kirche und Seelsorger den Anspruch auf die Zugehörigkeit zur geistlichen Welt haben. Dieses Wissen ist es, das der Begegnung mit einem Seelsorger ein eigenes Gepräge verleiht.

Was löst diese vom Seelsorger bewirkte Vorstellung beim Gegenüber aus? Mit welchen Erwartungen reagiert er auf diese Vorstellung? Vorstellungen, die Menschen sich von etwas machen, werden zuerst zum Wahrnehmungsfilter. Man trifft eine Auswahl und nimmt mit Vorliebe dasjenige wahr, was dem geweckten Bild entspricht. Das hat schon im Bereich der Umgangssprache Konsequenzen. Bestimmte Ausdrücke können in der Begegnung mit dem Seelsorger eine andere Bedeutung haben als sonst. Wenn ein Pfarrer einen Satz harmlos mit «Sie glauben» anfängt, muß er darauf gefaßt sein, daß sein Gesprächspartner ihn manchmal falsch versteht, nämlich als ob er vom Glauben reden will. Auch die eigenen Erfahrungen, die Menschen im geistlichen, religiösen oder kirchlichen Bereich gemacht haben, beeinflussen ihre Erwartungen. Treue Gottesdienstbesucher erwarten in der Regel Anderes als Menschen, denen die Kirche gleichgültig ist.

Die geweckte Erwartungshaltung wirkt unterschiedlich intensiv. Sie kann so ablehnend sein, daß kein sinnvolles Gespräch möglich ist. Sie kann auch so positiv sein, daß man dem Seelsorger alles abnimmt. Meistens ist die Intensität der Erwartung jedoch weniger stark und die Einstellung dadurch flexibler. Man hat sich zwar ein Bild gemacht und sich innerlich in einer bestimmten Weise auf den Seelsorger eingestellt, aber man ist offen für Neues. Der Seelsorger kann also die Vorstellungen des anderen und damit seine innere Einstellung beeinflussen und ihn zur Korrektur führen, sowohl in gutem als in schlechtem Sinn. Er kann angenehm überraschen, und er kann enttäuschen. Meistens ist also noch ein zweites Element entscheidend für die Art und Weise, wie man einen Seelsorger erlebt, nämlich sein Auftreten. Die Frage, wie die Menschen sich dem Seelsorger gegenüber einstellen, muß deshalb komplex beantwortet werden. Am Anfang ist eine Erwartung und eine Einstellung da, die von ihren eigenen Vorstellungen herkommt. Im Verlauf der Begegnung kann sich diese Einstellung aber wandeln.

Im Besuch des Seelsorgers sind somit zwei Elemente entscheidend für das Profil, wenn wir vom Adressaten her sehen: die Funktion und das Verhalten. So weist das Profil der Seelsorge, wenn es eine Begegnung mit einem beruflichen Seelsorger betrifft, eine Bipolarität auf. Wer nur den einen Pol gelten läßt, sieht das Profil der Seelsorge unvollständig und dadurch nicht richtig. Wer meint, daß nur sein persönliches Auftreten für die Menschen ins Gewicht fällt, übersieht die Wirkung seiner Rolle als beruflicher Seelsorger. Wer aber meint, daß diese Rolle genügt, und sich nicht um das Verhalten kümmert, der fällt in das pfarrherrliche Mißverständnis. Von der Problematik des rechten Verhaltens wird noch zu reden sein.

Wir haben gesehen, daß es auch eine Seelsorge gibt, die nicht mit einem beruflichen Seelsorger im Zusammenhang steht. Sie lebt in Begegnungen, die nicht von Anfang an bewußt oder unterbewußt auf die geistliche Dimension ausgerichtet sind, sondern die sich spontan zu einer seelsorgerlichen Erfahrung entwickeln. Hier entsteht das Profil der Seelsorge durch das Gespräch, in der Verbalität. Inhaltlich geht es auch hier um die geistliche Dimension. Aber erst das explizite Ansprechen bringt diese Dimension in die Aufmerksamkeit. Diese Seelsorge steht nicht im Gegensatz zu derjenigen, die beim beruflichen Seelsorger erlebt wird, aber die Begegnung ist anders strukturiert, weil die Seelsorge erst in der Verbalität entsteht. Seelsorge in diesem Sinn leuchtet ohne Weiteres ein als eine spezifische Art von Begegnung. Ihr Profil ist klar. Die geistliche Dimension ist feststellbar anwesend, nämlich im Gesprächsthema.

Seelsorge im vorher beschriebenen Sinn ist nicht so selbstverständlich feststellbar. Ihr Profil ist komplizierter. Von Anfang an hat die Begegnung mit einem Menschen, der die Rolle des Seelsorgers beruflich oder ehrenamtlich trägt, eine spezifische Disposition für den geistlichen Bereich und damit einen eigenen Charakter. Die Begegnung ist im Keim sofort schon seelsorgerlich, auch wenn noch ein rechtes Verhalten nötig ist, soll der Keim sich entfalten. Damit weist die berufliche Seelsorge auf die kirchliche Beauftragung, auf das Amt, als wichtige Quelle ihrer Kraft. Die Tatsache, daß ein Amt für das Erleben einer Begegnung soviel Gewicht haben kann, verlangt eine nähere Betrachtung.

Entlastung und Einengung durch das kirchliche Amt

In diesem Abschnitt befasse ich mich mit dem ersten prägenden Element für die Arbeit eines beruflichen Seelsorgers: seine kirchliche Beauftragung. Wer das Profil der Seelsorge vom Adressaten her entdecken will, muß diesem Element grundsätzliche Aufmerksamkeit widmen. Im nächsten Abschnitt betrachte ich dann das andere entscheidende Element für die Seelsorgebegegnung: das Verhalten.

Die kirchliche Beauftragung eines Seelsorgers, welche bei seiner Vorstellung und Funktionsangabe erkennbar wird, wirkt sich sowohl äußerlich als auch innerlich aus. Äußerlich öffnet sie dem Seelsorger die Türe zu vielen Menschen. Ohne seine Funktion würde er bei seinen

Haus- und Klinikbesuchen keinen Zugang finden. – Aber auch inner-lich wirkt sich seine Rolle aus. Wenn er sich menschlich benimmt, wird seine Zuwendung als Seelsorge erlebt. Diese Tatsache verlangt jetzt ge-nauere Beachtung. Wie ist das zu verstehen, daß viele Menschen die Seelsorge nicht oder nicht nur am Gesprächsinhalt erleben, sondern an der Person des Seelsorgers? Weshalb hat sein Amt eine so prägende Kraft?

Ich glaube nicht, daß wir alles verstehen, wenn wir in Betracht ziehen, daß viele Menschen in Stunden der Not eine Autorität brauchen. Gewiß dürfen wir die Bedeutung des gesellschaftlichen Ansehens und damit der Autorität eines meistens akademisch gebildeten und von der Kirche feierlich beauftragten Seelsorgers nicht unterschätzen. Trotzdem ist dies nicht der Aspekt, der die Seelsorge prägt. Entscheidend ist der Hinweis auf die geistliche Dimension, der im Seelsorgersein liegt. Man erlebt diesen Hinweis hauptsächlich am beruflichen Seelsorger. Der theologischen Unterscheidung zwischen dem besonderen Dienst der or-dinierten Amtsträger und dem allgemeinen der Gemeindeglieder ent-spricht in der Seelsorge eine spezifische Einstellung der Adressaten zum Amtsträger. Das Gewicht des besonderen Amtes wird in der Theologie durch das allgemeine Priestertum wohl stärker eingeschränkt als im tat-sächlichen Erleben der Gemeindeglieder der Fall ist. Für diese ist das allgemeine Priestertum viel weniger vorstellbar als das der Amtsträger. Die theologische Fragwürdigkeit dieser Sachlage hebt ihre Tatsächlich-keit nicht auf. Nun läßt sie sich auch anders als negativ verstehen. Men-schen haben nun einmal das Bedürfnis, existentielle Bereiche wie die geistliche Lebensdimension in konkreten Verkörperungen zu erleben. Darum sind Priester, Pfarrer und ihresgleichen vonnöten. Ihre Rolle hat einen archetypischen Charakter (s. meine Bemerkungen zur Autorität des Predigers, in: «Du hast mich angesprochen. Die Wirkung von Got-tesdienst und Predigt», Zürich, 1978, S. 67 f.). Diese Tatsache hat auch eine theologische Bedeutung. Die Verkörperung der geistlichen Di-mension wird oft als «Verkörperung» von Gottes Liebe erlebt. So ver-standen ist sie das priesterliche Element der Seelsorge und das seelsor-gerliche Element des kirchlichen Amtes.

Selbstverständlich verlangt eine Funktion, die auf eine so wesentliche und existentielle Dimension des Lebens hinweist, qualifizierte Träger. Auch wenn die beauftragende Kirche nicht alles prüfen kann (in Wirk-lichkeit prüft sie meistens nur die intellektuelle Begabung), setzt sie doch voraus, daß derjenige, der sich um das Seelsorgeamt bewirbt, ho-hen Maßstäben entspricht. Seelsorgersein ist keine Tätigkeit nur für Bürostunden, es ist eine Lebensqualifikation. Wie in wenig anderen Be-rufen wird eine totale innere Beteiligung vorausgesetzt. In der katholischen Amtstheologie gilt der Ausdruck «character indelebilis». Er spielt auf den Ernst und den ganzheitlichen Einsatz an, der mit dem Seelsorgeramt verbunden wird. In diesem Zusammenhang ist es nötig, die These zu präzisieren, daß nicht die Person, sondern die soziale Rolle eines Seelsorgers den Hinweis auf die geistliche Dimension auslöst. Das gilt, wenn man gleichzeitig daran denkt, daß diese Rolle nicht jeder Person zuerkannt wird, sondern nur ganz bestimmten. Denn zwischen Rolle und Person ist eine tiefe Verbindung. «Verkörperung» von Gottes Aufmerksamkeit zu sein, verlangt vom Rollenträger einen hohen Grad der Zuverlässigkeit und der verantwortlichen Lebensführung. In den Pastoralbriefen gibt es schon Versuche, diese Eigenschaften weiter zu konkretisieren.

Die Tatsache, daß das kirchliche Amt für die Adressaten der Seelsorge einen Hinweis auf die geistliche Dimension bildet, entlastet den beruflichen Seelsorger von der Aufgabe, seinen Begegnungen ein spezifisch seelsorgerliches Gepräge zu verleihen: diese Arbeit ist schon gemacht. Damit ist nicht alle Arbeit getan, darüber wird noch zu reden sein. Aber es ist überflüssig, dem Gesprächspartner durch gewollte Signale zu erkennen zu geben, daß es sich in der Begegnung um Seelsorge handelt. Gestellte Seelsorgeterminologie kann sogar verheerend wirken. Die Auffassung, daß ein Seelsorger versagt, wenn er nicht zur expliziten Verkündigung kommt, ist mit eine Ursache für viele schlechte Seelsorge. Oft wird als echte Seelsorge erlebt, daß der Pfarrer keinen Bezug auf den Glauben oder auf die Bibel nimmt. In bestimmten Situationen beweist der Seelsorger nämlich auf diese Weise, daß er wirklich für den Anderen da ist. «Das Evangelium von der Liebe Gottes zum Schwachen und Schuldigen wird oft verständlicher als durch religiöse Worte durch das Engagement des Seelsorgers oder durch die Klärung des menschlichen Konfliktes im Gespräch ausgelegt.» (W. Neidhart, «Seelsorge», in: «Praktisch Theologisches Handbuch», hg. von G. Otto, Hamburg, 1970, S. 429)

Die Implikationen des kirchlichen Amtes sind aber nicht eitel Freude für den Amtsträger. Die Amtlichkeit des Seelsorgers kann einer Begegnung im Wege stehen oder sie verunmöglichen. Alles hat seinen Preis. Für den Seelsorger sind noch schwieriger die sozialen Erwartungen, die man an ihn hat. Verstöße gegen die bürgerliche Moral werden normalerweise als Infragestellung seines Christseins aufgefaßt. Kein Wunder, daß nicht jeder sich durch dieses Amt beeinträchtigen und sich zur bequemen Zielscheibe machen lassen will. Die Frage ist nämlich, inwieweit der Seelsorger in diesem Rahmen noch er selber sein kann. Dieses Problem muß jeder Seelsorger neu lösen. Dort, wo die soziale Kontrolle streng und dicht ist, bleibt ihm manchmal wenig Spielraum. Trotzdem zeigt die Erfahrung der meisten, daß dieses Problem in der Praxis weniger schwer ist als in theoretischen Vorüberlegungen.

Trotz den Nachteilen, die die Amtlichkeit der beruflichen Seelsorge aufweist, sind die Möglichkeiten, die sie bietet, groß. Es ist eine Chance, daß bestimmte Funktionsträger zu tiefen und irrationalen Assoziationen Anlaß geben. Die Möglichkeit, einen Menschen als Verkörperung oder als Hinweis des Transzendenten, der göttlichen Hilfe und Führung zu sehen, hat einen unschätzbaren Wert, vor allem in Situationen von Elend und Hilflosigkeit.

«Amt» soll aber nicht legalistisch verstanden werden. Menschen erleben Seelsorge im engeren Sinn nicht ausschließlich an ordinierten Priestern und Pfarrern. Mit «Amt» ist ein breiteres Feld gemeint. Gemeindehelfer, Vikare und auch Mitarbeiter in kirchlichen Besuchsdiensten, ja alle Gläubigen können unter Umständen im gleichen Sinne erlebt werden wie ordinierte Amtsträger. Die Grenzen sind unscharf.

Die Qualifizierung einer Beziehung durch das Amt des Seelsorgers verschwindet im Laufe der Begegnung kaum mehr. Eine schlechte Beziehung prägt das Bild, das Menschen sich von Seelsorge und Kirche machen, oft über Jahrzehnte. Also ist jetzt die Frage fällig, welches Verhalten sich zur amtlichen Qualifizierung fügen soll, damit es im seelsorgerlichen Rahmen, der schon gegeben ist, zur Seelsorge kommt.

Aufmerksames Handeln

Es gibt Begegnungen, die für die Betreffenden schon durch die Tatsache, daß ein Amtsträger zu ihnen kommt, eine Hilfe und ein echter Segen sind. Sogar wenn der Seelsorger nicht das Richtige tut und sagt, können sie es unbewußt so umdeuten, daß ihre Erwartungen für ihr eigenes Empfinden erfüllt werden. Ärzte kennen eine ähnliche Wirkung auf bestimmte Patienten: den Placebo-Effekt. Auch wenn sie Kalktabletten verschreiben, erleben die Kranken eine wohltuende Wirkung. In einer Kultur, die stark naturwissenschaftlich geprägt ist, scheinen solche Wirkungen natürlich lächerlich, weil eine effektive Wirkung von äußerlich feststellbaren Größen wie Apparaten und Chemikalien abgeleitet wird. Daß eine Person, oder noch abstruser: ein Amt, eine Funktion, an sich schon Wirkung haben kann, scheint nur zu Naiven zu passen. Und doch ist diese Erscheinung eine Realität, mit der wir rechnen müssen. Seelsorge im Sinne des Placebo-Effektes ist nicht schwierig, weil ungefähr alles recht ist. Es kann aber angemessen sein, solche Effekte in Frage zu stellen. Manche Militärseelsorger haben das getan, wenn sie feststellten, daß ihre Anwesenheit nur der Unterstützung nationalistischer Tendenzen diente.

230

Die große Mehrzahl seelsorgerlicher Begegnungen verlangt aber außer dem kirchlichen Amt ein zweites Element, nämlich ein angemessenes Verhalten des Seelsorgers. Sein Handeln soll aufmerksam sein. «Aufmerksamkeit» scheint mir der Begriff, der am besten das rechte Verhalten des Seelsorgers benennt.

Was ist nun aufmerksames Handeln konkret? Seine Komponenten fasse ich in die drei Aspekte zusammen, die der Psychotherapeut Carl Rogers herausgearbeitet hat: *Interesse* für *und Respekt* vor der anderen Person, *Einfühlung* in seine Welt und *Echtheit* des eigenen Verhaltens (s. «Entwicklung der Persönlichkeit», Stuttgart, 1973, S. 51).

Kann Seelsorge in einer psychologischen oder psychotherapeutischen Terminologie definiert werden? Damit wir hier klar sehen, müssen wir zwischen Inhalt, Kontext und Methodik der Seelsorge unterscheiden. Ihr Spezifikum liegt im Inhalt und im Kontext, nicht in der Methodik. Die Skizzierung ihres Inhalts und Kontextes verlangt theologische Kategorien wie geistliche Dimension, Kirche und evangelische Gemeinschaft. – Methodisch ist die Seelsorge aber vergleichbar, und zwar nicht nur mit der Psychotherapie, sondern auch mit anderen menschlichen Beziehungen wie Freundschaft und Erziehung. Auch in der Dogmatik, der Exegese und der Kirchengeschichte werden keine exklusiven Methoden angewandt. Ihre Objekte, nicht ihre Arbeitsweisen sind ihre Charakteristika. Merkwürdigerweise wird die Verwendung philosophischer, philologischer und historischer Methoden in der Theologie selten oder nie in Frage gestellt, aber psychologische Methoden wecken immer noch Verdacht.

Obwohl es also grundsätzlich in keiner Weise illegitim ist, psychologische Methoden im Rahmen der Seelsorge ernst zu nehmen, wäre es nicht richtig, Rogers' Konzept ohne weiteres zu übernehmen. Seine Ausdrücke formulieren die Bedingungen jeder guten menschlichen Kommunikation. Diese Ausdrücke brauchen in jedem konkreten Kontext die spezifische Nuancierung, die zu diesem Kontext gehört. Auch in der Seelsorge färben sich die von ihm genannten Komponenten in einer eigenen Art. So treten im Vergleich von Seelsorge und anderen menschlichen Beziehungen Unterschiede an den Tag im Gebrauch der Methoden, nicht in den Methoden selber. In den letzten Abschnitten dieses Kapitels möchte ich weiter darauf eingehen.

Wenn die Seelsorge die gleichen Methoden verwenden kann wie die Psychotherapie, ist es klar, daß Seelsorge therapeutische Effekte haben kann. Therapie ist kein Monopol der Psychotherapeuten. Auch Freundschaft und Arbeit können therapeutisch wirken. Therapie ist eine Aktivität, die jeder ausüben kann. Nur in ihrer komplizierten und bewußt reflektierten Gestalt ist sie die Sache eines Experten. Seelsorge kann

Therapie umfassen. Nur ist sie nicht auf sie angewiesen. Auch ohne therapeutischen Effekt gibt es Seelsorge. Deshalb kann man Seelsorge und Therapie nicht direkt vergleichen. Sie gehören nicht der gleichen Kategorie an.

Dietrich Stollberg hat vor einigen Jahren formuliert, Seelsorge sei Psychotherapie im kirchlichen Kontext («Mein Auftrag – deine Freiheit, Thesen zur Seelsorge», München, 1972, S. 33). Aus zwei Gründen finde ich diese Formel nicht richtig. Erstens wird in ihr der prägende Einfluß nicht klar, den der kirchliche Kontext auf das Verhalten des Seelsorgers und auf die Verwendung der Methoden ausübt. Auf diese Weise gibt die Formel, wohl ungewollt, Anlaß zu einer Psychologisierung der Seelsorge. Seelsorge würde wesentliche eigene Merkmale verlieren, wenn sie im Vollzug der Psychotherapie gleich käme. – Zweitens beschränkt Stollbergs Definition den Inhalt der Seelsorge auf ihren therapeutischen Gehalt. Damit sind die zahllosen untherapeutischen Begegnungen wie manche Kontaktbesuche, Taufgespräche und auch Krankenbesuche aus der Seelsorge ausgeklammert. Diese Auffassung verstärkt die Tendenz mancher Pfarrer, ihre Arbeit zu sehr an therapeutischen Ansprüchen zu messen und die traditionelle Seelsorgearbeit wie den Hausbesuch zu vernachlässigen. Vielleicht ist die These Stollbergs auch ein Symptom dieser Tendenz.

Ich schließe dieses Kapitel mit der Beschreibung der drei Aspekte aufmerksamen Verhaltens ab, wie sie sich in der Seelsorge verwirklichen. Damit das Profil der Seelsorge klar wird, vergleiche ich sie mit der Psychotherapie. An sich ist die Seelsorge mehr mit der Freundschaft als mit der Therapie verwandt. Weil sie aber heute in der Regel mit der Psychotherapie in Verbindung gebracht wird, scheint es mir sachdienlich, das Profil der Seelsorge von der Psychotherapie abzugrenzen. Schon die Formulierung der drei Aspekte soll die eigene Färbung der Seelsorge zeigen. Interesse und Respekt beinhalten für den Pfarrer und andere von der Kirche Beauftragte, daß sie *freimütig Initiativen ergreifen.* – Die Einfühlung ist in ihrem Vollzug zunächst nichts Anderes als bei anderen Begegnungen. Immer ist einfühlendes Verstehen *ein Weg* des einen Menschen *in die fremde Welt* eines anderen. Nur kommen Seelsorger in der Regel in Berührung mit Problemen anderer Art, als dies in der therapeutischen Beratung der Fall ist. Die Schwergewichte der Einfühlung liegen dadurch anders. – Die Echtheit wird klar von der spezifischen Situation des Seelsorgegesprächs geprägt. Die *Authentizität* eines Seelsorgers zeigt sich nicht nur wie in anderen Berufen in der persönlichen Echtheit, sondern auch in der *Thematisierung des Glaubens*, wenn die Situation dies verlangt.

232

a) Die freimütige Initiative

Ärzte, Rechtsanwälte und Psychotherapeuten lassen ihre Kundschaft zu sich kommen. Zu den Menschen gehen sie nur, wenn man sie gebeten hat. Seelsorger kommen meistens ungebeten. Das hat seinen tiefen Sinn. Niemand in unserer Gesellschaft hat ein so klares Interesse am Menschen wie der Seelsorger. Das sagt sein Kommen aus eigener Initiative aus. Der Freimut, mit dem Seelsorger die Initiative zu den meisten ihrer Besuche ergreifen, bildet einen der wichtigsten Unterschiede zur Psychotherapie und anderen Arten von Hilfeleistung. Natürlich ist das Interesse am Menschen auch in den anderen Beziehungen für einen guten Kontakt unumgänglich. Insofern man das Interessezeigen als eine Methode betrachten kann, gilt auch hier, daß die gleiche Methode außerhalb der Seelsorge ebenfalls existiert. Nur die Art, wie sich diese Methode gestaltet, ist in der Seelsorge spezifisch. Es geht dabei nicht nur um den Anfang des Kontaktes, die Initiative wirkt sich auch im Verlauf der Beziehung aus. Sie prägt den Kontakt, weil der Seelsorger mit der Initiative auch die Hauptverantwortung für die Begegnung trägt. Im Kapitel über den Hausbesuch habe ich klargemacht, welche weitreichenden Konsequenzen diese Disposition hat (s. S. 183). Sie ermöglicht Prozesse, die sonst nicht in Gang kommen. Menschen werden in ihren Problemen und Nöten gefunden, ohne daß sie sich suchen ließen. Weiter macht die Initiative eine Verbindlichkeit des Seelsorgers erkennbar. Man darf von ihm erwarten, daß er für einen da ist. Therapeuten können eher jemanden abweisen als Seelsorger. Das drückt sich auch finanziell aus. Zum Seelsorger hat man einen freien Zugang, den Therapeuten muß man bezahlen. Es versteht sich, daß diese Disposition nicht immer hilfreich ist. Sie kann in eine paternalistische Haltung entarten, die Abhängigkeiten züchtet, bestätigt oder verstärkt.

Daß Seelsorger ungebeten kommen, ist den Menschen weit und breit bekannt und vertraut. Es weckt selten Verwunderung. Man ist eher erstaunt, wenn er nie kommt. Wohl jeder Seelsorger ärgert sich ab und zu darüber, mit welcher Selbstverständlichkeit von ihm erwartet wird, daß er einfach kommt. Wenn er die Initiative den Leuten zuspielt und nur zu denen geht, die ihn rufen, weckt er aber berechtigten Ärger. Denn zur Seelsorge gehört die Initiative. Sie hat ihre Wurzel im Evangelium. Die Beziehung zwischen Gott und Mensch fängt für den christlichen Glauben bei Gottes Heilswillen an und nicht beim Suchen des Menschen. Die seelsorgerliche Initiative ist eine Strukturparallele zur göttlichen Erwählung und zur zuvorkommenden Gnade. Diese Parallele ist ihre theologische Grundlage. Dafür haben die Menschen erstaunlicherweise eine gute Intuition, auch wenn sie sich das nicht oder selten bewußt machen und wenn sie an ihre Seelsorger manchmal unrealistische Anforderungen stellen.

Was bisher über das seelsorgerliche Interesse gesagt wurde, gilt hauptsächlich vom beruflichen Seelsorger. Wir haben aber gesehen, daß es auch eine andere, spontane Seelsorge gibt, ohne Amtsträger. Dort ist die Bedeutung der Initiative anders gelagert. Sie zeigt sich oft im mutigen Schritt, ein heikles Thema aufzunehmen oder jemandem Trost zuzusprechen und damit ein Bekenntnis abzulegen. Die Tatsache, daß eine gewöhnliche Beziehung zur Seelsorge werden kann, nimmt ihren Anfang oft in einer solchen Initiative.

Eine Initiative zum Besuch zeigt ein klares Interesse am Menschen. Was ist das Ziel dieses Interesses? Die Antwort auf diese Frage ist umstritten. Sie ist die Definition der Seelsorge überhaupt, jetzt vom Blickpunkt des Seelsorgers aus gesehen. Oft werden zwei Möglichkeiten genannt (s. u. A. Richard Riess, «Seelsorge. Orientierung. Analysen. Alternativen», Göttingen, 1973, S. 153 ff.):

– Seelsorge wird diakonisch, «partner-zentriert» verstanden, als ein Versuch, dem anderen Menschen zu dienen.
– Seelsorge wird kerygmatisch verstanden, als ein Versuch, den anderen Menschen zum rechten Glauben zu führen.

Die Trennung von Diakonia und Kerygma ist kompliziert, weil Kerygma als der beste Dienst am Mitmenschen und Diakonia als ein nichtverbales Kerygma verstanden werden kann. Im Vollzug der seelsorgerlichen Beziehung zeigen sich aber erhebliche und formulierbare Unterschiede. Thomas Klink, den ich als Vertreter der ersten Auffassung wähle, definiert Seelsorge als die Perspektive auf das Persönliche und Charakteristische eines Menschen. («Depth Perspectives in Pastoral Work», Englewood Cliffs, 1965) Jeder Mensch vereinigt in einer einzigartigen Weise eine Vielfalt von Kräften, Erwartungen, Ängsten und Mustern des Verhaltens und des Empfindens. Seelsorge ist die Aufmerksamkeit für dieses Einzigartige, diesen individuellen Kern des Lebens. In einer Begegnung treffen sich zwar zwei Welten, aber ein Seelsorger soll sich an der Individualität des Mitmenschen orientieren. Die Gefahr dieses Seelsorgeverständnisses ist, daß der Seelsorger seiner spezifischen Rolle zu wenig Rechnung trägt und sich in unfruchtbarer Weise am Mitmenschen verliert (s. Thomas C. Oden, «Recovering Lost Identity», in: The Journal of Pastoral Care, 34. Jg., 1980, S. 4 ff.). Eine andere Gefahr ist, daß Seelsorge hier mit Hilfe identifiziert wird. Das gibt zu einseitiger Anlehnung an der psychotherapeutischer Berufsidentität Anlaß (so bei Joachim Scharfenberg, «Seelsorge als Gespräch. Zur Theorie und Praxis der seelsorgerlichen Gesprächsführung», Göttingen, 1972; und bei Dietrich Stollberg, s. S. 232).

Wo die Seelsorge dem Kerygma zugeordnet wird, wachsen andere Einseitigkeiten. Dem Interesse für die Individualität wird auch hier Platz eingeräumt, aber es gibt dazu noch eine Aufgabe: die Verkündigung des Wortes. Erst in der Erfüllung dieser Aufgabe sieht diese Auffassung die eigentliche Seelsorge (so u. A. Eduard Thurneysen, a. a. O., S. 199; und Helmut Tacke, «Glaubenshilfe als Lebenshilfe. Probleme und Chancen heutiger Seelsorge», Neukirchen-Vluyn, 1975, S. 32). Hier werden Seelsorge und Verkündigung identifiziert. Die Gefahr dieses Seelsorgeverständnisses ist erstens, daß die Adressaten der Seelsorge sich zu wenig ernst genommen fühlen, weil die Verkündigung unbedingt Platz finden soll, und zweitens, daß die nichtverbale Dynamik der Seelsorge zu Gunsten einer gedanklichen Verbalität nicht oder zu wenig beachtet wird.

Man kann die Seelsorge auch der Koinonia zuordnen: Die Seelsorgebegegnung ist ein Ausdruck christlicher Gemeinschaft. Die Zusammengehörigkeit ist das Wesentliche. Die Frage, ob die Begegnung einen kerygmatischen oder einen diakonischen Charakter bekommen soll, ist zweitrangig. Der Seelsorger ist nicht unbedingt Prediger oder Helfer. Aber er ist unbedingt freund-lich. Freundschaft ist ein besseres Orientierungsbild für den Seelsorger als Verkündigung oder Dienst. Wenn die Koinonia das Seelsorgeverständnis bestimmt, muß die Frage, ob eine Wortverkündigung nötig ist, nicht ausdrücklich erwogen werden. Sie erfolgt, wo der Kontakt das angemessen erscheinen läßt. Ebensowenig muß der Seelsorger die seelischen Probleme seines Gegenübers entdecken. Er ist nicht frustriert, wenn er keine therapeutischen Ziele verfolgen kann. In einem Zusammensein freundschaftlicher Art hat sowohl das Interesse am Mitmenschen als auch die Lust und die Bereitschaft zur Verkündigung Raum. Die kerygmatischen und diakonischen Konzepte haben die Tendenz, methodisch einengend zu wirken.

b) Der Weg in die fremde Welt

Aufmerksames Handeln verwirklicht sich auch in der Einfühlung, in der Empathie. Das ist ihr zweiter Aspekt. Sie ist am Anfang einer Begegnung schon nötig, in bezug auf das Maß an Intensität, zu dem der vom Seelsorger besuchte Mensch bereit ist. Zur Sensibilität eines Seelsorgers gehört eine richtige Einschätzung dieses inneren Beteiligungsgrades. Kontakte, in denen der Besuchte seine Tiefen öffnet, verlangen vom Seelsorger eine Abstimmung, die der Intensität seines Anliegens gerecht wird. Aber nicht jeder Besuchte möchte sich sehr persönlich unterhalten. Es gibt relativ viele Menschen, die gerne mit einem Seelsorger reden, aber in einem Konversationsstil, der die Berührung persönlicher Probleme vermeidet. Sie besprechen sie vielleicht mit Anderen oder sie wollen sie überhaupt nicht mit jemandem besprechen. Dazu haben sie das Recht. Dieses Recht soll der Seelsorger respektieren. Er steht in einer anderen Position als der Psychotherapeut, den man aus eigener Initiative und mit der vorausgesetzten Bereitschaft zur persönlichen Offenheit konsultiert. Mit guter Konversation respektiert der Seelsorger einen weniger hohen Grad innerer Beteiligung seines Gegenübers, ohne den Kontakt mit ihm abzuwerten, weil gute Konversation heiter ist und Freundlichkeit ausstrahlt.

In jedem tieferen menschlichen Kontakt ist die Empathie wohl der wichtigste Weg der Begegnung. Wer einfühlend versteht, nimmt innerlich daran teil und vollzieht gefühlsmäßig das nach, was der andere Mensch ihm mitteilt, als ob ihm das selber widerführe. Er konzentriert sich ganz auf den Anderen und versetzt sich gleichsam in ihn hinein. Dieser fühlt sich verstanden und ernstgenommen. Aus der Einfühlung strömt eine Zuwendung, die es vielen Menschen erst recht ermöglicht, schwere Situationen in ihrem vollen Umfang vor Augen zu sehen und große Schmerzen bewußt zu erleben. Erst wenn sie innerlich nicht allein sind, wagen sie sich an ihr Elend heran.

Einfühlung verlangt eine intensive Konzentration auf die Welt des Mitmenschen. Deshalb entsteht sie kaum oder nur gering, wenn der Seelsorger eigene Ziele verfolgt, die dem Bewußtsein des Anderen jetzt nicht naheliegen. Nur wer sich von allem Eigenen lossagt, wird frei für das einfühlende Verstehen. Diese Einstellung ist mit Ausdrücken wie «partnerzentrierte», «klientenzentrierte» und «nichtdirektive Gesprächsführung» gemeint.

Einfühlung verlangt auch die Fähigkeit, die eigenen Wertmaßstäbe vorübergehend auf die Seite zu schieben. Einfühlen ist «nicht wertend». Die Erfahrung zeigt, daß Menschen sich tiefer öffnen, wenn sie merken, daß sie nicht beurteilt werden. Sobald eine Wertung ihres Verhaltens oder ihrer Gedanken auf sie zukommt, ziehen sie sich zurück, entweder weil sie Angst vor einer Verurteilung haben, oder weil sie sich nicht auseinandersetzen wollen. Das darf nicht als Bedürfnis nach Bestätigung interpretiert werden. Sie verlangen nur, daß die Wertungen des Seelsorgers sein Zuhören und Verstehen nicht beeinflussen. In der Begegnung mit dem Mann, der einen Selbstmordversuch unternommen hatte, ist anschaulich geworden, worum es hier geht (s.S. 47). Der Einwand gegen eine nichtwertende Haltung in der Seelsorge lautet, daß Seelsorger sich auf diese Art verstecken und ihr eigenes Profil verleugnen. Diese Gefahr ist tatsächlich dann nicht fern, wenn man aus dem Nichtwerten ein Prinzip macht. Ein Seelsorger kann in einem einfühlenden Gespräch sehr wohl seine eigene Meinung sagen. Die Frage ist nur, in welchem

Moment und wie er das tut. Wer es zu früh tut, zeigt möglicherweise nicht Profil, sondern nur Ungeduld.

Einfühlen ist nicht eine komplizierte Methode, sondern eine allgemein menschliche Fähigkeit. Berufe wie Seelsorger und Therapeut zeichnen sich nur aus durch die besonders häufige und intensive Inanspruchnahme des Einfühlvermögens. Die nichtdirektive Gesprächstherapie, wie sie von Carl Rogers entwickelt wurde, ist – anders als die Psychoanalyse – eine disziplinierte Intensivierung eines allgemeinen Verhaltens, das jedem Menschen zugänglich ist. Das ist mit ein Grund, daß Seelsorger hier von der Psychotherapie lernen können. Sie entfernen sich damit nicht grundsätzlich von ihrem traditionellen Tun, wie sie es zum Beispiel mit Traumanalysen tun würden. Überall wo Menschlichkeit verlangt wird, ist hauptsächlich Einfühlung gemeint. Deshalb erwartet man sie selbstverständlich auch vom Seelsorger. An der Frage, ob er sich hat einfühlen können, entscheidet sich in den meisten Besuchen, ob sich gute oder schlechte Seelsorge ereignet hat.

Zusammen mit der Konzentration auf den Partner und einer nichtwertenden Haltung verlangt die Einfühlung vom Seelsorger, daß er mit seiner Angst umzugehen weiß. Wer die Welt eines anderen Menschen besucht, trifft bald auf das Elend in seinen vielen Gestalten und in seinem Gewicht. Das löst Angst aus, es berührt eigene ungelöste Probleme, es macht hilflos. Die natürliche Reaktion darauf ist die Flucht, wenn auch meistens unbewußt. Konkret zeigt sie sich als verfrühter, billiger Trost, als Rationalisierung oder als Themawechsel. Einfühlung ist nur weiter möglich, wenn der Seelsorger seine Angst aushält. An seiner Frustrationsgrenze hört sein Einfühlungsvermögen auf.

Die bisher beschriebenen Bedingungen, die zur Einfühlung gehören, sind nicht charakteristisch für die Seelsorge. Sie gelten in jedem menschlichen Kontakt. Typisch für die Seelsorge ist in diesem Zusammenhang eher die Art der Probleme, die man dem Seelsorger vorlegt. Durch die Art der Kontaktnahmen, die ja sehr oft auf Initiative des Seelsorgers hin stattfinden, werden in der Regel Probleme sichtbar, die in der Psychotherapie wenig vorkommen. Der Schritt, der nötig ist, sich bei einem Therapeuten anzumelden, setzt ein Maß an Mut und Entschlußkraft voraus, das vielen Menschen fehlt. Deshalb suchen viele Menschen, obwohl sie große Probleme und Sorgen haben, keine Hilfe. Der Seelsorger trifft sie aber an, beim Hausbesuch oder im Krankenhaus. Sehr viele dieser Menschen sind innerlich unselbständig oder in Situationen, in denen sie vorübergehend unselbständig sind. Das Schlagwort «Hilfe zur Selbsthilfe», so wichtig und menschlich es in bezug auf kräftigere Seelen ist, prallt an ihnen ab. Sie brauchen Stütze, Trost, Autorität und ungefähr alles, was für «mündige» Menschen ein

Greuel ist. Ich-schwache Menschen verhalten sich im Grunde wie kleine Kinder, die eine Mutter oder einen Vater suchen. Aber auch stärkere Naturen können in Situationen geraten, in denen sie nicht anders als regressiv reagieren können. Seelsorger kommen häufig in Situationen, in denen sie nur als Vater oder Mutter den Zugang zum anderen Menschen finden können. Hier läßt sich vom Psychotherapeuten nichts lernen, weil er mit diesen Situationen zu wenig Erfahrung hat. Einfühlen heißt hier verstehen, daß die eigenen Kräfte nicht mehr da sind oder dermaßen gebunden, daß ein Nichtkönnen einem Nichtwollen über den Kopf gewachsen ist.

Ein Gespräch ist dort nicht immer das rechte Mittel, zum Beispiel im Kontakt mit manchen Pflegebedürftigen und Chronischkranken. Seelsorge ist aber mehr als ein Gespräch. Sie ist eine Begegnung, in der verbale und nichtverbale Kontaktmöglichkeiten gegeben sind. Einfühlung, besonders in regressiven Situationen, verlangt vom Seelsorger, daß er weiß, wie er mit seiner Hand, seinen Armen und seinen Fingern, mit seinem Schoß und seinem Angesicht Seelsorger sein kann. Ich verweise auf die Begegnung mit der pflegebedürftigen und mit der sterbenden Frau (s. S. 56 und S. 176).

Auf einer anderen Seite sind die Psychotherapeuten den Seelsorgern in der Regel überlegen, nämlich wo die seelischen Probleme sehr kompliziert sind. Angemessene Seelsorge besteht dort im rechten Delegieren. Es setzt voraus, daß der Seelsorger sich im Angebot der therapeutischen Möglichkeiten einigermaßen auskennt.

Der Aspekt der Einfühlung in der seelsorgerlichen Begegnung muß auch theologisch gesehen werden, gerade wenn wir das Profil der Seelsorge vom Adressaten her zu entdecken versuchen. Man erlebt die Begegnung mit einem Seelsorger anders als die mit einem Psychotherapeuten, auch wenn das Gleiche gesagt wird. Hier macht sich das erste Element geltend, das ich in diesem Kapitel besprochen habe, das kirchliche Amt. Der Kontext, die geistliche Dimension, färbt das Erleben auch der Einfühlung. Weil in der Einfühlung der Kontakt intensiv wird, kann die geistliche Dimension kräftig und lebendig werden. Das Eindringen des Seelsorgers in die Welt eines Mitmenschen wird von diesem manchmal im Zusammenhang gesehen mit Gottes Zuwendung. Gesprächstechnisch ist die einfühlende Zuwendung des Seelsorgers möglicherweise genau derjenigen eines anderen Menschen gleich. Im Erleben assoziiert und füllt sie sich aber mit transzendenter Kraft. In der Begegnung mit der Sterbenden wird das anschaulich klar (s. S. 178).

Das einfühlende Verständnis ist ein Weg in die fremde Welt eines anderen Menschen. Hier stoßen wir zunächst auf eine Strukturparallele zur Christologie. Jesus ging in die Fremde. In der Seelsorge ereignet sich aber offenbar nicht nur eine Parallele zum Weg Jesu Christi. Menschen erleben in bestimmten Begegnungen die Zuwendung Gottes. Das ist mehr als eine Parallele im Strukturellen der Christologie. Die Liebe Gottes verwirklicht sich in der Aufmerksamkeit. Die treue Führung Gottes gestaltet sich im Zuspruch und Trost. Die Prophetie zeigt sich in der Herausforderung. (s. Dietrich Stollberg, «Therapeutische Seelsorge. Die amerikanische Seelsorgebewegung», München, 1972, besonders über Thomas C. Oden, S. 342 ff.). Diese kühnen Beziehungen zwischen der Theologie und der seelsorgerlichen Praxis wären vermessen, wenn sie nicht aus dem Blickwinkel des Adressaten der Seelsorge erkennbar würden. Vom Seelsorger verlangen sie kein besonderes Bemühen. Sie sind durch Suchen nicht zu finden, sie geschehen. Aber es ist seine menschliche Einfühlung, die zu solchen transzendenten Perspektiven Raum schafft.

c) Authentizität

In Seelsorgekontakten wie in allen Beziehungen zwischen Menschen gilt noch eine dritte Bedingung für ein gutes Gelingen, nämlich die Echtheit. Der Seelsorger soll nicht allein auf seine Gesprächspartner, sondern auch auf sich selber aufmerksam sein und sich so verhalten, wie er wirklich ist.

Persönliche Echtheit

Mit Echtheit ist in erster Linie gemeint, was man mit dem Wort Kongruenz zwar komplizierter, aber auch genauer ausdrückt. Kongruenz herrscht vor, wenn das Verhalten zum Empfinden paßt, wenn die äußere, sichtbare und hörbare Handlung der Ausdruck von vorhandenen Emotionen ist, wenn Taten und Gefühle zueinander gehören. Das ist nicht der Fall, wenn man äußerlich Ruhe zeigt, während man innerlich bewegt ist, wenn einer in verurteilender Art von Vergebung redet oder wenn einer jemanden streichelt, für den er keine warmen Gefühle hat. Menschen haben in der Regel ein feines Gespür für das Maß an Echtheit ihres Gesprächspartners. Das hängt mit der Tatsache zusammen, daß sich die innere Einstellung des Gesprächspartners in nichtverbaler Weise äußert, ohne daß er es selber bemerkt. Und gerade die nichtverbalen Mitteilungen haben einen hohen Überzeugungsgrad, höher als die verbalen. Diese nichtverbalen Zeichen nimmt man zum größten Teil unbewußt wahr, aber sie verschaffen einen klaren Eindruck über den inneren Zustand des Gesprächspartners. Masken verhindern einen guten Kontakt. Eine Beziehung hat in dem Maß Zukunft, wie Kongruenz vorherrscht.

Die Hemmung, spontan ihre Betroffenheit zum Ausdruck zu bringen, wurzelt bei Seelsorgern oft in der Auffassung, daß das offene Zeigen ihrer eigenen Gefühle für den anderen Menschen störend oder nicht sachdienlich ist. Es wird dabei nicht berücksichtigt, daß in der Zurückhaltung auch Wärme und Herzlichkeit verschwinden. «Haltung» erzeugt eine kühle Distanz. Die Hemmung hat meistens noch tiefere Wurzeln. Distanz als Grundhaltung ist das Symptom einer Hingabestörung. Das führt zur Frage, was eigentlich unter «echt» zu verstehen ist. Ist nur derjenige echt, der sich spontan zeigt? Es gibt doch zurückhaltende Menschen? Sie sind doch nur echt, wenn sie eben zurückhaltend sind? Es wäre sicher unrealistisch, von allen Seelsorgern ein gleichartiges Verhalten zu verlangen. Nur gibt es in der Polarität zwischen spontaner Offenheit und beherrschter Zurückhaltung gewisse Grenzen zum einen oder zum anderen hin. Wenn sie überschritten werden, entstehen Kontaktstörungen. Ein zu hohes Maß entweder von Offenheit oder von Zurückhaltung beeinträchtigt die Kommunikation. Aufdringlichkeit und Verschlossenheit liegen außerhalb des Spielraums, in dem eine gute Beziehung möglich ist. Sie sind auch nicht im eigentlichen Sinne echt und wurzeln in einer persönlichen Problematik.

Noch eine weitere Frage stellt sich: Steht die Echtheit, die man auch vom Seelsorger erwartet, nicht im Widerspruch zu den Erwartungen, die ich unter dem Ausdruck der geistlichen Dimension zusammengefaßt habe? Die Wirklichkeit ist paradox. Menschen erleben gleichsam durch die Person des Seelsorgers hindurch und von ihr unabhängig die Dimension des Transzendenten, und sie haben zugleich und dennoch das Verlangen, daß der Vertreter dieser Dimension sich schlicht und echt benimmt. Je menschlicher, spontaner und normaler der Seelsorger sich gibt, desto stärker erlebt man an ihm die geistliche Dimension. Die wird ja gerade nicht von ihm selber, sondern durch sein Amt geweckt. Wer sie mit einem feierlichen Gehabe zu machen versucht, vergreift sich am Geheimnis der geistlichen Welt und macht sich lächerlich.

Schlichtes, echtes Verhalten verzichtet auf den Versuch, über das Unverfügbare zu verfügen. Es läßt den Platz frei für den Heiligen Geist, damit dieser tut, was nur von ihm getan werden kann. Das ist die theologische Bedeutung der Authentizität in der Seelsorge.

Die Forderung eines kongruenten Verhaltens muß allen tieferen menschlichen Beziehungen gestellt werden. Spezifisch für die Seelsorge ist die Echtheit darin, daß Glaube manchmal zur Sprache wird.

Die Thematisierung des Glaubens
Wann ist ein Seelsorger echt? In der Antwort auf diese Frage gibt es viel Spielraum. Für jeden einzelnen Seelsorger gelten andere Bedingun-

gen. Was für den einen echt ist, kann beim anderen eine Kopie sein und damit unecht. Aber trotzdem ist der Spielraum nicht unbeschränkt. Ein Seelsorger hat nicht die Möglichkeit, kein Seelsorger sein zu wollen. Er kann sich innerlich nicht von seinem Amt, von seinem Kontext distanzieren, ohne unglaubwürdig zu werden. Selbstverständlich hat auch er seine Anfechtungen, mit Gott, mit der Kirche, mit den Christen. Die verbinden ihn mit den Menschen. Wie könnte er sich in Angefochtene einfühlen, wenn er nicht von Zeit zu Zeit selber angefochten wäre? Aber er hat einen Beruf gewählt, der unlöslich mit der Hoffnung auf Gott verbunden ist. Auch in der Anfechtung leben Christen aus der Erinnerung, daß Gott ihnen lebendig war, und in der Erwartung, daß er wiederkommt. Ohne diese Haltung des Erinnerns und Erwartens kann niemand Seelsorger sein.

Weil die Seelsorge verwurzelt ist im Evangelium und im Glauben, ist die Erwartung angemessen, daß ein Seelsorger immer bereit ist, mit einem vom Glauben und von Gott zu reden. Die Tatsache, daß das Reden von Gott in unserer Gesellschaft ziemlich tabuisiert ist, macht es für den Seelsorger nicht leicht. Man erwartet von ihm, was Menschen im allgemeinen eher Mühe macht. Oft hat der Seelsorger nämlich auch Mühe mit einem offenen Reden in dieser Hinsicht.

Die Situation, in der jemand selber vom Glauben zu reden beginnt, ist nicht die schwierigste für den Seelsorger. Dort übernimmt der Andere die Verantwortung dafür, daß das Thema jetzt aufgegriffen wird. Schwieriger ist es, wo man eine Initiative dazu vom Seelsorger erwartet. Unzählige Menschen sehnen sich nach einem einfachen, aber doch klaren geistlichen Gespräch, nur fehlt ihnen der Mut, selber anzufangen. In der Regel ist es eine Überforderung, die Initiative von ihnen zu verlangen. Dort ist es angebracht, wenn der Seelsorger den ersten Schritt macht.

Welches Kriterium ist brauchbar für die Entscheidung, wo eine Thematisierung des Glaubens angemessen ist? Wo soll die «Bruchlinie» (der Ausdruck stammt von Eduard Thurneysen, a.a.O., S. 114) überschritten werden? Es werden an diesen Stellen manchmal Methoden angewandt. Sie sind problematisch: Die kerygmatische Methode, die kühn ein religiöses Wort in jedwelche Situation hineinspricht, vergewaltigt die Wehrlosen und weckt zu Recht den Widerstand der Wehrbaren. – Die zurückhaltende Methode, die auf klar ausgesprochene religiöse Bedürfnisse wartet, überfordert viele hilflose Menschen, die ein tröstendes Wort vom Seelsorger brauchen, und macht es anderen, die eine Herausforderung brauchen, zu bequem. Mit Methoden läßt sich das Problem des Kriteriums nicht lösen. Nur ein feines Gespür, das die Erkenntnisse und Vermutungen über die Bedürfnisse des Mitmenschen mit dem eigenen Glauben zu einer Einheit integriert, kann hier einen rechten Weg finden. In den erzählten Begegnungen ist dieses Gespür einige Male erkennbar geworden, sowohl dort, wo eine Thematisierung des Glaubens stattfand (s.S.120), als auch dort, wo darauf verzichtet wurde (s.S.52).

Die Thematisierung des Glaubens hat verschiedene Gestalten. Neben rituellen Handlungen wie Lesen aus der Bibel und Beten (s.S.203) läßt sich im freien Gespräch noch zwischen dem Reden über Gott und Glauben (s.S.82ff.) und dem Reden von Gott und vom Glauben unterscheiden: Das Erstere ist mehr eine Diskussion, ein Austausch oder eine Belehrung, mit einem reflektierenden Charakter. Das Zweite betrifft mehr den Zuspruch, den Trost, die Verkündigung (s.S.198). Die direkte, persönlich ausgerichtete Verkündigung ist wohl das, was Menschen sich am ehesten unter Seelsorge vorstellen. Seelsorge ist zwar vielfältiger. Verkündigung wäre in vielen Situationen deplaciert. Doch gehört sie oft zum seelsorgerlichen Gespräch. In Verkündigung und Trost werden Bezüge erlebt und Beziehungen realisiert, die wir in theologischen Kategorien verstehen müssen. Im Zuspruch des Seelsorgers liegt die Perspektive auf Christus, den Hirten, und auf den Heiligen Geist, den Tröster.

Die nüchterne Formulierung von der Thematisierung des Glaubens könnte den Eindruck wecken, daß dieses Thema wie ein anderes angesprochen werden kann. Die Wirklichkeit ist anders. Dieses Thema kommt nur sinnvoll zur Sprache, wenn es von Erleben, von Erwartung und Hoffnung gefüllt ist. Nur wer selber für die geistliche Dimension offen ist und mit den Fragen des Glaubens und des Unglaubens ringt, kann einem anderen Menschen in diesen Dingen ein Seelsorger sein. Intuitiv merken Menschen es ihrem Seelsorger oft an, ob er selber Gott ernsthaft sucht. Es ist leichter, mit jemandem von Gott zu reden, wenn man den Eindruck hat, daß ihm das innerlich vertraut ist. So beeinflußt der Seelsorger die Erwartungen und das Verhalten seiner Gesprächspartner durch das, was er selber ist.

Übrigens darf die Dynamik eines Glaubensgesprächs nicht einseitig verstanden werden, als ob nur der Seelsorger austeilt und sein Gegenüber nur empfängt. Neben den Begegnungen, in denen Seelsorger viel geben müssen, gibt es Gespräche, in denen sie genau soviel oder mehr empfangen als geben. Das macht mich zurückhaltend, von Seelsorge als Ausrichtung des Wortes Gottes zu reden, als ob der Seelsorger darüber verfügen würde.

Das ganze seelsorgerliche Unternehmen will in jenem Sinn Ausrichtung des Wortes Gottes sein, als es zeichenhaft auf Gottes Liebe für die Menschen hinweisen will. Für den Seelsorger ist es aber besser, sich nicht um diese Absicht zu kümmern. Die Aufgabe, aufmerksam zu handeln, gibt ihm genug zu tun. Daß seine Arbeit dann als Seelsorge erlebt wird, ist ein Geheimnis, das sich seiner Verwaltung entzieht. Und zwar souverän!

Sachregister